Livia A. Colonna

Die sieben Skorpione der Isis

*Eine Zeitreise zu den Mysterien
des alten Ägypten*

Aus dem Englischen
von Franchita Mirella Cattani

ARKANA
Goldmann

Übersetzung ins Englische
und Mitarbeit von Fiorenza Colonna

Umwelthinweis:
Dieses Buch wurde auf chlorfrei gebleichtem Papier gedruckt.
Die Einschrumpffolie (zum Schutz vor Verschmutzung) ist aus
umweltfreundlicher und recyclingfähiger PE-Folie.

1. Auflage
Originalausgabe
© 2002 Wilhelm Goldmann Verlag, München,
in der Verlagsgruppe Random House GmbH
Umschlaggestaltung: Design Team München
Umschlagabbildung: Livia A. Colonna
Redaktion: Gerhard Juckoff
Satz: Barbara Rabus, Sonthofen
Druck: GGP Media, Pößneck
Printed in Germany
ISBN 3-442-33652-X
www.goldmann-verlag.de

Für meinen Vater Landolfo, der mit stetem stillem Beispiel alle Meister übertraf und uns Kinder auf seine Suche nach Reinheit mitnahm.

Inhalt

Einführung
Isis – die große Magierin

Ich gehe am Ufer des Nils unter dem hellen, sternübersäten Himmel auf und ab und warte auf meine Freunde. Ich drehe mich um und sehe eine Barke auf mich zukommen. Eine weiß gekleidete Frau steht darin.

Das kleine Boot naht geschwind – ich weiß nicht, wodurch es angetrieben wird. Die Frau ist wunderschön; ihr Gesicht leuchtet in einem hellen Grün, das die Farbe des Nils zu spiegeln scheint. Ihr Haar ist pechschwarz und wird von einem goldenen Haarreif geschmückt. Sie trägt ein eng anliegendes, in Falten gelegtes Gewand, aber keine Sandalen an den Füßen.

Die Barke gleitet ans Ufer, und die Frau winkt mich an Bord. Ich steige hinter ihr in das kleine, völlig leere Boot, das mich an eine perfekt geformte Muschel erinnert, und bemerke plötzlich sieben Skorpione auf dem Bootsrand.

Wir nehmen die stille Fahrt auf einem Lichtstrahl im Wasser wieder auf – der Spiegelung des Mondes vielleicht. Büsche, Flügelschlagen, aufleuchtende Augen, das Streifen eines Papyrusblattes lassen mich erschauern, doch beim Vorbeigleiten schwindet alles wieder.

Schon kündigt das erste Licht die Morgendämmerung an, als die Barke wieder auf das Ufer zuhält. Die Frau be-

deutet mir, an Land zu gehen. Dann hebt sie an zu sprechen: »Ich bin Isis«, sagt sie und öffnet die Hand, in der ein
großer, schillernder Skarabäus sichtbar wird. »Ich schenke
ihn dir. Der Skarabäus ist ein überaus wichtiges Symbol,
und im ägyptischen Gedankengut taucht er immer wieder
auf. Ich will dir alle Bedeutungen, die man ihm zuschreibt,
als Vorbereitung für deine Reise erklären. Trage ihn bei dir
und kleide dich immer in Weiß.«

Sie reicht mir den Skarabäus und beginnt mit einer langen, faszinierenden Erklärung:

»Der Skarabäus ist das Symbol des Lebens, des Todes
und der Wiedergeburt. Er steht für alle Wissenschaften. Er
hat die Farbe des Himmels, die sich zusammen mit der
Spiegelung des Sonnenlichts im Wasser grün wie der Nil
auskristallisiert. Die Sonne erhellt das Weltall. Das Licht
der Sonne steht für Erleuchtung durch Offenbarung, die
sich mit dem Wasser zu Wissen verbindet.

Grün ist eine Sekundärfarbe. Sie wandelt sich ständig
und ist somit lebendig. Grün ist die Farbe der Wissenschaft
und Transformation.

Im Skarabäus sind alle geometrischen Formen enthalten.
Sein Kopf ist eine Pyramide. Der Rücken wird durch eine
den Horizont darstellende Linie in zwei Abschnitte –
Himmel und Erde – geteilt. Auf diesen Hälften befinden
sich auch die das Element Luft symbolisierenden Flügel.
Unter dem linken Flügel stellt eine kleine Gravur das Herz
dar.

Der Bauch ist ein Kegel, in welchem der Darm eine Spirale mit sieben Windungen bildet, die den sieben Graden

der Erkenntnis und Evolution entsprechen. Sieben ist die vollkommene Zahl, die Zahl der *Ka* oder Schwingungen. Sie ist auch die Zahl der Elemente. Es gibt sieben Hauptplaneten, sieben Regenbogenfarben, sieben geometrische Figuren, sieben Metalle und schließlich sieben Hauptwürdenträger des Tempels:

Adcem-Nut, der Obermumifizierer,
Betonthep, der Großpriester, der die Isismysterien
  offenbart,
Kaharbnam, der Astronom und Physiker,
Sumhat, der Pharmakologe und Naturheilkundige,
Nebdukhem, der Architekt und Städteplaner,
Tehephron, der Chirurg und Zahnarzt,
Mehervnut, der Wasserbauingenieur und Agronom.

Der Bauch des Skarabäus wird von einem Rand mit zwei Voluten eingefasst. Dieser Rand ist auf jeder Seite in 21 Abschnitte eingeteilt, was 42 Abschnitte ergibt. Diese entsprechen der Anzahl der Tempelpriester. Darunter befinden sich zusätzlich zu den sieben erwähnten Hauptwürdenträgern die Techniker, die sich um die astronomischen und chirurgischen Instrumente kümmern, die Apotheker und Impfstoffhersteller, die Organkonservierer, die Anatomie- und sonstigen Lehrer für angehende Priester und weitere mehr.

Doch zurück zu den geometrischen Figuren im Skarabäus. Der pyramidenförmige Kopf wird von einer kleinen Halbkugel mit prismenförmigen Augen gekrönt. Im Körperinneren stellt eine Kugel das Gehirn dar. Der Rumpf über dem kegelförmigen Bauch ist ein Würfel. Die Beine sind Parallel-Epipede. Der Bauch mit der Darmspirale endet im zylinderförmigen Anus.«

Während ich den Skarabäus in meiner Hand genau betrachte, fährt Isis fort:

»Der Skarabäus steht für das Leben, den Tod, das Leben nach dem Tod, den Fötus, die Wiedergeburt und das Ei, an das seine Form erinnert. In Ägypten symbolisiert das Ei das Weltall. Das Eigelb ist die Sonne, das unserem Sonnengeflecht entsprechende Energiezentrum. Das Eiweiß stellt den Kosmos um die Sonne dar. Die Ägypter wissen, dass die Erde rund ist wie die Sonne und die Planeten. Sie wissen, dass Saturn von zahlreichen Satelliten gebildete Ringe besitzt.

Nun noch einmal zum Skarabäusbauch: Die sieben Spiralwindungen stellen die Grade der Realitätswahrnehmung dar, die durch aufeinander folgende Offenbarungen erlangt werden, die Evolution vom Menschlichen zum Göttlichen durch Läuterung und Entmaterialisierung. Die Spirale entspricht dem Darm, der den Kot – oder Tod – erzeugt. Durch sie werden wir befreit, um uns mit der Natur zu verbinden, wiedergeboren zu werden und uns erneut mit dem Kosmos zu vereinen. Die Trennlinie auf dem Rücken des Skarabäus stellt den Nil dar. Die von den Flügeln zum Kopf gezogenen Einkerbungen erinnern an sein Delta, die Grünfärbung an die Fruchtbarkeit, die wir ihm verdanken.

Der Nachthimmel mit den Konstellationen wird auf manchen Skarabäen durch kleine Höcker auf Kopf und

Rücken angedeutet. Bei anderen sind stattdessen medizinische, physikalische oder mathematische Formeln auf dem Bauch eingraviert. Der Rücken des Skarabäus weist zum Himmel und symbolisiert das Firmament sowie die Astrologie. Sein Bauch ist zur Erde gewandt und stellt die übrigen Wissenschaften dar.«

Nach einer kleinen Pause beendet Isis ihre Ausführungen:

»Ägyptische Städte sind skarabäusförmig angelegt. Der pyramidenförmige Kopf enthält die Kugel und Prismen, denen die Standorte der Tempel sowie der beiden Pharaonenpaläste entsprechen. Am Standort des linken Auges — oder Prismas — liegt der Nachtpalast des Pharaos. Es ist die mir — Isis — gewidmete weibliche Seite. Der Tagespalast liegt beim rechten Auge; es ist die Osiris gewidmete männliche Seite.

Im würfelförmigen Rumpf befindet sich die Gemeindeverwaltung, während die Wohnhäuser für das Volk in den Parallel-Epipeden — den Beinen — untergebracht sind. In den Stadtteilen, die Bauch und Anus entsprechen, befinden sich die Grabdenkmäler. Die Spirale im Bauch entspricht der ägyptischen Klassengesellschaft. Zuoberst steht der Pharao an der Spitze einer Gesellschaft, die sich aus verschiedenen Schichten in ansteigenden Entwicklungsgraden zusammensetzt.

Darstellungen, auf denen der Skarabäus die Sonne umfängt, weisen darauf hin, dass das ägyptische Volk den Gipfel seines menschliches Potenzials erreicht hat. Es hat Licht in alles gebracht, wovon es auf dieser Erde umgeben wird.

Der Skarabäus hat das Eigelb verdaut und wieder erbrochen. Jetzt bietet er es der Sonne, dem Zentrum des Universums, als Zeichen der Vollendung und Wiedergeburt in göttlicher Form dar.«

Während Isis spricht, sind die Skorpione aus der Barke gestiegen und haben sich bei Berührung des Bodens in Männer verwandelt. Ich bin überglücklich, als ich in ihnen meine Freunde erkenne. »Ich vertraue dich meinen treuen Priestern an, den Hütern meines Wissens. Du wirst sieben Tage mit ihnen verbringen«, sagt Isis.

Ich blicke zur aufsteigenden Morgenröte. Isis hat sich bereits wieder auf den Weg gemacht und fährt rasch in ihrem Boot davon. Meine sieben Freunde und ich machen uns langsam auf den Weg durch den Sand. Am Horizont taucht eine prachtvolle, in rosa und goldenes Licht gebadete Stadt wie eine Fata Morgana auf. Scheinbar nur wenige Schritte später erreichen wir ein großes Portal in einer von Palmen überschatteten, gewaltigen Mauer.

Ich werde meine Freunde Adcem-Nut, Betonthep, Kaharbnam, Sumhat, Nebdukhem, Tehephron und Mehervnut zu Beginn des jeweiligen Tages vorstellen, den ich mit jedem verbringe. Sie sind Priester und Gelehrte, die nach mehreren tausend Jahren Abwesenheit zurückgekehrt sind, um ihr Wissen zu offenbaren.

Adcem-Nut

Adcem-Nut ist Obermumifizierer. Er ist mein Führer und war der erste meiner ägyptischen Freunde. Durch ihn habe ich die anderen kennen gelernt.

Adcem-Nut ist groß. Sein schwarzes Haupt- und Barthaar ist nur von einer Spur Weiß durchzogen und unter den Ohren gerade abgeschnitten. Er hat goldbraune, lächelnde Augen mit dennoch festem Blick. Sein schwarzer Hut hat die Form eines abgeschnittenen Kegels, der denen koptischer Priester ähnelt. Seine helle Haut bildet einen starken Kontrast zu seinen dunklen Gewändern, deren undefinierbare Schattierungen zwischen Indigo und Schwarz ihm ein asketisches Aussehen verleihen.

Adcem-Nut ist ein wunderbarer Freund und Gefährte. In ihm vereint sich großes Wissen mit einem herrlichen Humor.

Erster Ka

Adcem-Nut – der Obermumifizierer

Am ersten Tag ist Adcem-Nut mein Führer. Es ist noch früh am Morgen. Die Tore in den Grenzmauern des Tempels werden für uns geöffnet. Wir treten ein und werden von zwei hochgewachsenen Wächtern gegrüßt. Ich frage Adcem-Nut, ob unsere Freunde uns folgen, worauf er sagt: »Den heutigen Tag verbringe ich mit dir. Wir treffen sie bei Sonnenuntergang wieder.« Ich blicke mich um und sehe sie nicht mehr.

Wir befinden uns auf einer breiten Allee, die zum Tempel führt und beiderseits von großen Sphinxstatuen gesäumt wird. Am Ende erkennen wir den Haupteingang des Tempels. Ich frage Adcem-Nut, weshalb es hier so viele Sphingen gibt. Adcem-Nut erwidert: »Die Alleen, die zu einem Tempel führen, sind meistens von Sphingen gesäumt. Die Sphinx ist für uns das Symbol der Intuition, Stille, Passivität, Intelligenz und Erleuchtung. Sie stellt die Wandlung vom tierischen zum göttlichen Wesen durch Offenbarung und Meditation dar. Ihre blinden Augen sind der Sonne zugewandt. Die Transformation geschieht durch schweigendes Denken. Die innere Entwicklung vollzieht sich in der Stille. Die Sphinx stellt übrigens auch die Chemie als Wissenschaft dar.

Die Aufreihung gleicher Statuen entlang der Allee soll

uns an die sich stets wiederholenden Evolutionszyklen und die unsichtbare Entfaltung des kosmischen Wachstums erinnern. Um den Kopf der Sphinx windet sich häufig eine Schlange, gewöhnlich eine Kobra, die ihren Kopf direkt über dem dritten Auge – dem Auge der Hellsichtigkeit und des Weitblicks – auf der Stirn der Sphinx in die Höhe hält. Auch der Schlange wird Weitblick zugesprochen. Sie stellt die Lebens- und Geisteskraft dar. Ihre gespaltene Zunge ist ein Symbol für den im Geschlechtsakt mit der Frau verbundenen Mann.«

Beim Weitergehen erläutert Adcem-Nut: »Die Tempel sind in der Regel sehr groß. Jede Stadt besitzt je nach Größe und historischer Zeit einen bis sieben Tempel. Der wichtigste ist immer der an den Pharaonenpalast angrenzende Tempel, den wir dir zeigen wollen. Er dient vielerlei Zwecken, ist Mittelpunkt des religiösen Geschehens, aber auch Universität und Hauptverwaltung. Er enthält Konferenzräume, Laboratorien, Apotheken, ein Krankenhaus, Bäder, eine Sternwarte, Eiskeller, Küchen und Lagerräume. Wir werden dir nach und nach alles zeigen. In der ägyptischen Kultur und Zivilisation ist der Tempel Sitz der gesamten Macht. Wir Priester sind diejenigen, die das Wissen der Isis weitergeben. Der Tempel dient uns als Wohnung und als Kloster sowie zu Studienzwecken. Wir leben im Tempel. Wir sind stolz auf den dort erlangten Grad an Kultur und Reichtum. Wir streben ständig den geistigen Fortschritt und die Förderung der Kultur unseres Landes an.«

Unterdessen ist Adcem-Nut mit mir vor dem Tempel angelangt. Wir steigen einige Stufen hoch, gehen zwischen

Säulenreihen hindurch und gelangen in einen großen, auf drei Seiten von Gebäuden eingeschlossenen Hof.

Neben dem Haupteingang vor uns stehen Wachen mit drapierten Gewändern aus weißem Stoff, das schulterlange Haar wird von einem Stirnband zusammengehalten. Die Wachen vor den Mauern hingegen trugen eine kurze Tunika aus gröberem Stoff mit einem Gürtel und hohe Stiefel, vielleicht zum Schutz. Bis auf einen kurzen, zu einem Zopf geflochtenen Bart waren sie kahl rasiert.

Adcem-Nut nimmt seine Ausführungen wieder auf: »Nicht alle Tempel sind gleich gebaut. Das Gebäude rechts des Hofes ist eine Apotheke, die auch für den Anatomieunterricht genutzt wird. Diese Apotheke hat zwei Türen: Die eine führt in einen zweiten Hof, die andere zu den Gärten. Links ist ein Laboratorium für Heilkräuter. Es gibt noch eine weitere Tempelapotheke am Grenzwall, die öffentlich zugänglich ist. Dort bereiten wir Heilmittel zu, die wir gegen notwendige, aber nicht immer im Tempel gelagerte Ingredienzen eintauschen. Außerhalb des Tempels haben wir Lieferanten für schwer erhältliche Zutaten, entweder weil sie rar und wertvoll sind oder aber ganz frisch sein müssen. In der äußeren Apotheke handeln wir mit der Bevölkerung, und dort verteilen wir auch kostenlos Arzneien und Impfstoffe, wenn das Volk von einer Epidemie heimgesucht wird. In solchen Fällen ist es Pflicht, unsere Medizin einzunehmen, denn die Gesundheit der Arbeiter ist der Reichtum des Landes.«

Wir treten durch das bewachte Tor und befinden uns nun in einem zweiten, auf allen Seiten umschlossenen Hof mit einem Säulengang wie in einem Kloster. Adcem-Nut führt aus: »Dieser Hof wird von den Schülern, die sich auf das Priestertum vorbereiten, für einige ihrer Freizeitbeschäftigungen genutzt. Jetzt begeben wir uns in einen Teil des Tempels, zu dem nur die Priester und der Pharao Zugang haben. Die Pharaonenpaläste sind durch unterirdische Gänge mit dem Tempel verbunden. Der Pharao besitzt zwei Paläste, die durch die beiden prismenförmigen Augen des Skarabäus dargestellt werden. Der linke Palast ist der Nacht- und Mondpalast, der Isis und dem Weiblichen gewidmet ist. Der rechte Palast ist der Tages- und Sonnenpalast, der Osiris und dem Männlichen geweiht ist. Dort verbringt der Pharao den Tag mit den Hohepriestern zu seiner Unterweisung, und dort regiert er mit ihnen. Er begibt sich nur zu religiösen Zeremonien in den Tempel.«

Während Adcem-Nut noch spricht, haben sich weitere Türen geöffnet. Wir treten ein, doch kann ich, noch von der Sonne geblendet, nichts unterscheiden. Hier drinnen ist es sehr kühl. Der Raum wirkt sehr groß und ist von riesigen Säulen umgeben. Ich höre Adcem-Nut nach mir rufen und sehe, wie plötzlich ein Lichtstrahl auf ihn fällt. Ich gehe auf ihn zu, und er erklärt: »Wir befinden uns im großen Versammlungssaal, von dem aus man direkt in einen den drei Hauptgöttern Isis, Osiris und Horus gewidmeten Raum gelangt. Später wurden die drei Götter von der Verehrung der Sonne – Ra oder Re – abgelöst. Der Raum ist gewöhnlich kreisrund und grenzt an einen vollkommen quadratischen oder vielmehr würfelförmigen, der einem einzigen Gott geweiht ist. Die Malereien auf den Wänden beschreiben die Geschichte und Taten des betreffenden Gottes. In jenem Gemach gibt es nur ein quadratisches Fenster auf der linken Seite, und zwei kleine Türen führen wieder in den Versammlungssaal, in dem wir uns jetzt befinden.

In dieser großen Halle stehen 42 Säulen, je eine für jeden Priester und sieben für die sieben Hohepriester. Meistens sind die 42 Säulen in 21 auf jeder Seite unterteilt, doch das variiert je nach Grundriss des jeweiligen Tempels. Wie du siehst, gibt es hier auch sieben kleine Fenster.« Ich sehe mich um. Im Vergleich zur Größe des Saales sind sie tatsächlich winzig und lassen kaum Licht ein.

Adcem-Nut fährt fort: »Der Versammlungssaal liegt zur besseren Konzentration im Halbdunkel. Wir kommen hier zusammen, um Gedanken auszutauschen und um Konferenzen abzuhalten. Wir reden selten miteinander, sondern kommunizieren telepathisch auf eine Weise, die ich dir später noch erkläre. So teilen wir einander Ideen und Informationen mit und erweitern unser Wissen.

Jeder Priester hat seine eigene Säule. Auf jeder sind diverse Hieroglyphen und Symbole eingraviert, welche die verschiedenen Wissenschaftszweige kennzeichnen. Wenn die Priester zusammenkommen, lehnen sie sich mit der linken Schulter an ihre Säule, und die rechte stützen sie an der hohen, schmalen Rückenlehne des dreibeinigen Stuhles ab, auf dem sie sitzen. Das stille Gespräch findet in fast völliger Dunkelheit statt, denn gewöhnlich kommen sie bei Sonnenuntergang zusammen, und wie wir sehen, ist der Saal auch an einem strahlenden Tag nur schwach erleuchtet.

Andere Besprechungen, beispielsweise zu Verwaltungszwecken, werden tagsüber in helleren Tempelteilen abgehalten. Die Stunden um die Morgendämmerung dienen den Konzentrationsübungen sowie der Meditation anhand von Atemübungen und bestimmten Bewegungsabläufen.

Auf dem Dach dieses mittleren Tempelteils befinden sich hängende Gärten mit einem kleinen, Isis geweihten Tempel, der vom Großpriester als Studien- und Meditationsraum genutzt wird. Der Großpriester offenbart den Schülern zum Abschluss ihrer Einweihung die Isismysterien. Der Isistempel ist rund, und sein kegelförmiges Dach wird von sieben Säulen getragen. Eine Öffnung zuoberst im Dach lässt das Licht des Vollmondes herein. Der Boden besteht aus gestampfter Erde. Die astronomischen Aufzeichnungen darauf werden bei jedem Vollmond geändert. Der kleine Tempel symbolisiert das dritte Auge, das Auge der Hellsicht. Morgen wirst du dort Betonthep treffen. Er wird dir die Isismysterien erklären und den letzten Ausbildungsteil der Schüler erläutern, bevor sie Priester werden.

Du hast jetzt alle Gemeinschaftsräume gesehen. Im Tempel gibt es zahlreiche weitere, verschieden große Gemächer, die den Priestern zum Studium und als Laboratorien dienen.

Unter dem Erdgeschoss des Tempels liegt ein riesiges Kellergeschoss mit allen Lagerräumen zur Rechten, so etwa die Eiskeller, in denen unter anderem Leichen vor der Mumifizierung aufbewahrt werden, aber auch Lagerräume für die diversen Laboratorien. Links sind die Küchen, Destillen, die Brauerei, Speisekammern und Kornspeicher untergebracht. Entgegen jeder Erwartung ist die Luft in diesen unterirdischen Gewölben sehr gut. Der Luftstrom ist konstant – besonders im Aufbewahrungsbereich der Leichen. Dank einer hervorragenden Belüftung durch Luftkanäle und Wetterschächte entstehen keine üblen Gerüche, weil die Luft ständig zirkuliert und die Temperatur stets gleich bleibt.

In der Mitte der Kellergewölbe speist ein Kanal mehrere große Wasserbecken und zahllose kleinere Kanäle, die sich über die gesamten Tempelanlagen erstrecken und Gärten und Obstanlagen bewässern. Das Wasser wird aus dem Nil hergeleitet. Wir achten darauf, dass es auch bei Dürre im Tempel, in den Pharaonenpalästen und den Gärten nie daran mangelt.

In den Destillen auf der Küchenseite werden große Mengen Trinkwasser und Wasser für die Arzneiherstellung destilliert. Daneben liegt die Brauerei, wo Bier für den Tempel, die Pharaonenfamilie und eine Reihe von hohen Würdenträgern gebraut wird. Wir stellen auch Wein her; es ist jedoch nicht derselbe Wein, den ihr heutzutage trinkt.

Eine Tempelspezialität ist Dattellikör. Außer diesem werden noch verschiedene andere Spirituosen erzeugt, die man meistens mit Wasser oder Fruchtsäften mischt. Die Ägypter mögen keine stark alkoholhaltigen Getränke, sondern ziehen erfrischende Durstlöscher vor. Sie mögen auch Zitroneneis oder Eis mit Jasmin- oder Rosengeschmack, das auch für die Herrscherfamilie in den Tempelküchen zubereitet wird.

Die Priester fasten häufig und trinken dann nur destilliertes Wasser. Entgiftende, reinigende Fastenkuren dauern drei, sieben oder 21 Tage und fördern die Klarheit des Geistes. Auch Schüler fasten und trinken vor einer schwierigen Aufgabe nur Wasser. Wir werden noch ausführlich auf das Fasten zu sprechen kommen. Ich will nur noch erwähnen, dass wir dem Wasser, das wir an Fastentagen trinken, meistens Mineralsalze und getrockneten Schlamm aus dem Nil beifügen. Der frische Schlamm wird in einem der Gewölbe aufbewahrt. Auch unsere Ärzte wissen seine Heilkräfte hoch zu schätzen und setzen ihn auf vielerlei Arten ein.

Wie du gesehen hast, werden die Tempelanlagen von sehr hohen Mauern umgeben, um Unberechtigten den Zugang zu verwehren. Unter den äußeren Gärten, die zwischen der Außenmauer und den Tempelanlagen liegen, befinden sich weitere Laboratorien. Sie sind durch unterirdische Gänge, die zum Teil bis zu einem Kilometer lang sind, mit dem Tempel verbunden. Nur wenigen ist der Zutritt zu diesen gestattet, da sie diversen Experimenten wie Bakterienkulturen, dem Einbalsamieren, chemischen Versuchen und praktischen Anatomiestunden an Leichen dienen.

Es wurde immer wieder gesagt, Archäologen, die ägyptische Grabstätten entdeckten, seien durch einen Fluch umgekommen. Das stimmt nicht. Nur werden Bakterien mit in die Gräber eingeschlossen, bevor diese hermetisch versiegelt werden, um Entweihungen vorzubeugen. Die Bakterien werden von unseren Chemikern und Obermumifizierern in den erwähnten Laboratorien gezüchtet, die ausgeklügelte Methoden einsetzen, um sie zu reproduzieren. Wir besitzen auch einfache, aber zweckmäßige Mikroskope. Ich will dir jetzt nicht zu viel darüber erzählen, weil wir später noch näher darauf eingehen.«

Adcem-Nut geht mit mir zu den Laboratorien und Studienräumen auf der linken Tempelseite. Er hebt wieder an: »Wie ich dir bereits gesagt habe, findet die Kommunikation zwischen den Priestern größtenteils telepathisch statt. Ich will dir unsere Methode erklären und dir sagen, wie wir sie einsetzen.

Beginnen wir mit einer Analogie. Stelle dir die Erde mit dem Magma in der Mitte und Vulkankratern an der Oberfläche vor. Aus manchen Vulkanen werden Lava, Asche und Gase ausgestoßen. Sie sind aktiv und stehen mit dem Erdkern in Kontakt, während andere entweder erloschen oder untätig und durch unterschiedlich dicke Krusten verstopft sind. Die Ägypter glauben an die Existenz eines riesigen Reservoirs, aus dem sich jede nur mögliche Information abrufen lässt, und zwar entweder als Gesamtidee oder in Teilen. Dazu reinigen wir zuerst wie Kaminfeger den Kanal, der uns mit diesem Reservoir verbindet. Der Kanal ist die Intelligenz. Man kann das Reservoir mit einem riesigen Universalgeist und einer Gedankenwelt vergleichen, die geordnet und chaotisch zugleich ist.

Wir bringen unseren Schüler als Erstes bei, diesen Kanal zu reinigen, danach Fragen anhand von Koordinaten so zu stellen, dass sie genaue Antworten bekommen. Diese Koordinaten enden in einem Punkt, den wir als Ka bezeichnen.

Jeder ist durch sein Gehirn und seinen Intelligenzkanal mit diesem unermesslich großen Universalgeist verbunden. In dem als Ka bezeichneten Punkt laufen die Koordinaten zusammen. Dieser Punkt ist wie eine Zelle und enthält die gesamte gesuchte Information. Unser Wissen erweitert sich nicht durch logische Abläufe, sondern durch verschiedene Stadien offenbarter Information in Form angeeigneter Kenntnisse. Es findet kein Lernen statt, sondern wenn wir uns öffnen, absorbieren wir das Verständnis aus großer Tiefe. Es nimmt über die Spirale der verschiedenen Offenbarungsstadien allmählich zu und setzt sich in genauer, permanenter Form im Gehirn fest, wo es darauf wartet, genutzt zu werden. Der universelle oder kosmische Geist enthält unverbundenes und somit ungeordnetes Rohmaterial, doch kann man ihn um eine Formel oder ein Gesamtkonzept bitten.

Wie dies geschieht? Zwei oder drei Koordinaten sind zulässig und ergeben eine zwei- oder dreidimensionale Antwort. Das ist der Anfang. Auf dieser Grundlage wird der kosmische Geist dazu angeregt, eine präzise und umfassende Antwort zu formulieren. Diese Antwort ist nicht in Worte gefasst, sondern fließt als verstandenes und damit erworbenes Wissen direkt in das Gehirn, wo es sich wie in einem umgekehrten Trichter ausbreitet. Dieser Vorgang entspricht nicht dem Nachschlagen im Lexikon, sondern bereichert das Verständnis von Grund auf. Wir öffnen uns, um das Wissen zu empfangen, ohne logische Schranken vor die Antwort zu setzen.

Unsere Kultur fußt auf zwei Komponenten: dem Weiblichen und Männlichen. Das Weibliche ist intuitiv und sinnlich, das Männliche logisch und geordnet. Diese beiden Hälften, das Unbewusste und das Bewusste, gleichen einander aus und bilden ein Ganzes, das wie Licht und Schatten getrennt und verbunden zugleich ist. Der Schatten begleitet uns immer. Der Schatten bildet unsere Wurzeln, er ist die Mutter der Sonne, er holt uns ans Licht und folgt uns überallhin. Vater Sonne anerkennt uns. Mutter Schatten verlässt uns nie, solange wir leben. Wir bestehen zu gleichen Teilen aus Vater und Mutter, aus positiver und negativer Energie. Manchmal überwiegt die eine oder andere, doch sollten wir nie zulassen, dass eine von beiden zu Grunde geht. Auf diesem Grundsatz beruhen die Isismysterien, die Betonthep dir morgen erklärt.

Auf dieser Voraussetzung beruht auch die ganze ägyptische Kultur. Wir brauchen polare Energien, die sich ausdehnen und einander ergänzen. Wir sind der Meinung, dass wir durch Öffnung sowie Ausgleichen beider Seiten Informationen und Wissen aufnehmen können. Wir unterweisen unsere Schüler in dieser Methode und bringen ihnen Übungen bei, um den Kontakt herzustellen und den größtmöglichen Nutzen daraus zu ziehen. Ich sage dir später noch, wie. Dieses System erfordert den Einsatz eines vollkommen aufgeschlossenen Geistes und die Fähigkeit, die Sinneskräfte mit größter Präzision auf ein Ziel zu richten. Wir nehmen nicht alles wahllos auf wie ein Schwamm, sondern sieben das aus, was für uns von Nutzen ist und zur Mehrung des ägyptischen Allgemeinwissens beiträgt.

Unsere übersinnliche oder mediale Kommunikationsfähigkeit ist derart entwickelt, dass das Wissen des Ältesten und Weisesten allen anderen zugute kommt. Wie eine Mutter ihre Kinder umsorgt, speist er den Jüngsten in unserer

Mitte mit seinem Wissen. Wie Isis ist auch der Weiseste, der Großpriester, durch unsichtbare Bande mit seinen Schülern verbunden und übermittelt seine Lehre nicht wie in einer Unterrichtsstunde, sondern telepathisch.

Diese Kommunikationsform wird durch ein Magnetfeld gefördert, das jeden umgibt. Es gleicht demjenigen, mit dem wir dich umgeben haben, damit du unsere Mitteilungen und Vorstellungen besser erfasst. Dieses Magnetfeld ist eine Ansammlung von magnetischen Energieteilchen. Es kommt in verschiedenen Formen vor und lässt sich für vieles einsetzen. Ich erzähle dir im Verlauf des Tages noch mehr darüber.

In der Regel ist das Magnetfeld bei der Frau positiv und beim Mann negativ. Das trägt dazu bei, jeden Menschen insgesamt zu stärken und auszugleichen. Alle Lebewesen und unbelebten Dinge besitzen ein Magnetfeld, oder man kann eines um sie herum aufbauen.

Kommen wir noch einmal darauf zurück, wie wir uns Wissen aneignen. Die Methode besteht darin, das volle Intuitionspotenzial zu entwickeln und dann die Logik darauf anzuwenden. Wir stellen die Logik nie vor die Intuition, denn sie würde diese zerstören. Durch Ausformung der Intuition kommen wir zum logischen Denken. Das logische Denken ordnet die Intuition. Dies lässt sich nicht umkehren. Haben wir dies erst einmal begriffen, können wir anfangen, harmonisch und kohärent zu wirken.

Die erste unter den ägyptischen Weisheiten ist *Ausgeglichenheit*. Die zweite ist die *Aufnahmefähigkeit*, die dritte ist die individuelle *Freiheit*, die vierte die *Disziplin*, die fünfte die

Selbstachtung und *Achtung* anderer, woraus sich die sechste, die *Gerechtigkeit,* ableitet. Die siebte ist die geistige und körperliche *Gesundheit.* Alle zusammen machen die Weisheit an sich aus. Sie sind die sieben Grundlagen der Weisheit und des zivilisierten Umgangs miteinander.

Die Weisheit eines Großpriesters ergibt sich aus der Vergeistigung dieser sieben Komponenten. Dazu kommen vier weitere, die darauf aufbauen: *Toleranz, Mitgefühl, Freude* und *Gelassenheit.*

Wir verwenden den Begriff *Tugend* nicht, aber wir glauben an eine aufsteigende Spirale, die zu *Wissen* und *Weisheit* führt. Für die Ägypter sind die beiden Begriffe dasselbe. Sie überlagern sich und sind miteinander verquickt. Ein Mann des Wissens ist immer ein Weiser. Wir verbinden Theologie und Wissenschaft miteinander. Wissen ist einfach das furchtlos erleuchtete Beschreiten des spirituellen Weges ins Unbekannte und Unbewusste.

Wir gehören als Teile zum Ganzen und kommen und gehen ohne jegliche Besorgnis. Wir nutzen die Dunkelheit und fürchten sie nicht, wie ihr es heute tut.

Wir wissen, dass wir alles entdecken können, nicht, weil wir eingebildet, sondern weil wir untereinander verbunden sind und miteinander und dem gesamten Kosmos Zwiesprache pflegen.«

Während Adcem-Nut noch redet, kommt uns ein Junge in einer weißen Tunika entgegen. Er nickt, begrüßt uns mit einer eigentümlich vibrierenden Stimme und bringt uns einige Schalen. Sie sind aus Straußeneiern mit einem kleinen Fuß gefertigt und werden auf einem mit Metallarbeit eingelegten Holztablett dargereicht. Darauf stehen auch zwei glasierte Tontassen mit einem cremigen Gebräu. »Komm, trink was«, meint Adcem-Nut auf seine verführerische Art. Das angenehm erfrischende Getränk ist lauwarm, und ein Stück intensiv grüner Zitronenschale schwimmt darin.

Adcem-Nut erklärt: »Es wird aus zwei Teilen warmem Wasser und einem Teil eiskaltem Weißwein mit einem Löffel Honig gemacht. Dazu kommt, wie du siehst, ein Stück Schale von einer grünen Zitrone. Unsere Trinkschalen sind meistens wie diese, aber wir haben auch welche aus Glas oder einem anderen Material, etwa aus Horn, das mit Harz überzogen wird, damit es glatt ist. Aus Metallbechern trinken wir nicht gerne. Sie sind gewöhnlich nur Zierrat. Tassen sind etwas Persönliches. Jeder hat seine eigene, die er keinem anderen anbietet. In den Schalen ist Sauermilch mit Pflaumen und kandiertem Jasmin.«

Wir genießen Speise und Trank, beides ist ausgezeichnet. Wir befinden uns inzwischen in einem kleinen Zimmer. Auf einem Tisch liegen diverse Instrumente, Farben, Stoffstücke und Papyrusblätter; alles ist säuberlich geordnet. Der Junge hat uns zwei Hocker zum Sitzen gebracht und das Tablett auf einen kleinen dreibeinigen Ständer vor uns gestellt. Dazu erläutert er: »Das ist das Arbeitszimmer meines Lehrers Stohor. Er unterrichtet die Schüler draußen. Wir machen Übungen im Teich, aber er hat mich mit der Erfrischung hergeschickt.«

Adcem-Nut bittet ihn: »Danke deinem Lehrer in unserem Namen und sage ihm, dass wir bald nach draußen euch zusehen kommen. Wie heißt du?«

»Sehevdukhar«, antwortet der Junge lächelnd. Er ist mittelgroß, zierlich und schlank und entfernt sich, nachdem er sich anmutig und unbefangen vor uns verneigt hat.

»Wozu verwendet Stohor das Arbeitszimmer?«, frage ich Adcem-Nut.

»Er ist Künstler und unterweist seine Schüler hier in Malerei, Skulptur und Kunsthandwerk.«

Ich blicke aus dem Fenster zu einem großen, rechteckigen Wasserbecken hinüber. Eine Gruppe von etwa zehn- bis zwölfjährigen Knaben steht ringsum am Rand im Wasser. Die Jungen sind nackt und tragen ein mehrfach gefaltetes Tuch auf dem Kopf, das aus ganz feinem Leinen gewebt zu sein scheint. Adcem-Nut zeigt mir Stohor, einen freundlich aussehenden Mann in einem dünnen weißen Leinenkaftan mit zu Zöpfen geflochtenem Haar und Bart, der neben dem Becken steht.

Adcem-Nut erläutert: »Er bringt den Jungen Übungen zur Förderung ihrer übersinnlichen oder medialen Kräfte und telepathischen Kommunikationsfähigkeit bei. Das Tuch auf dem Kopf schützt sie nicht nur vor der Sonne, sondern unterstützt die geistige Aktivität, während der Körper übt. Das Wasser verbindet sie miteinander. Es ist bekannt, dass dieses Element leitende Eigenschaften hat, die den Kontakt zum eigenen Inneren verstärken. Es führt die Schüler in das Bewusstsein ihrer gemeinsamen Wurzeln ein und wirkt wie eine Nabelschnur, die sich telepathisch reaktivieren lässt.

Wie du siehst, stehen sie völlig reglos bis zur Brust im Wasser und berühren einander mit zwei Fingern. Die Schüler verbessern den Kontakt zum Unbewussten anhand von vielen verschiedenen Übungen, beispielsweise Atemübungen, Atemanhalten, Tauchen oder Gleichgewichtsübungen. Dabei müssen sie lange bewegungslos auf einem Bein balancieren oder einander mit verschränkten Armen am Bein berühren und still stehen. Sie verbringen den Großteil des Tages mit solchen Übungen. Ich bin sicher, dass wir heute einige von ihnen wiedersehen werden.

Wie gesagt, dürfen die Älteren die hängenden Gärten auf dem Tempeldach besuchen. Die Gärten sind wie ein menschlicher Körper angelegt, mit je einem Labyrinth für die sieben Hauptchakras. Ein zusätzliches stellt das Gehirn dar. Die Schüler nutzen die Gärten zur Meditation und den letzten Teil ihrer Ausbildung unter Überwachung des Großpriesters. Betonthep zeigt dir die Gärten morgen und unterrichtet dich über dieses Vorbereitungsstadium der Schüler.

Die jungen Schüler lernen, jenen Kanal zu öffnen und zu reinigen, der uns alle mit dem kosmischen Geist verbindet, um dann, wie ich dir vorhin erklärte, mittels Koordinaten den Ka zu erreichen. Dieser Vorgang läuft allmählich immer automatischer ab, bis sie kleine Bröckchen Weisheit aus dem universalen Gedankenreservoir zu beziehen beginnen. Diese setzen sich in ihrem Gehirn fest und bilden die Grundlage ihres Wissens.

Eure heutige Zivilisation sieht die Realität auf starre, statische Weise und lässt keine Alternativen zu. Wir hingegen ziehen immer beide Seiten einer Gegebenheit in Betracht, die sichtbare und die unsichtbare. Wir trennen sie nie voneinander und suchen sie stets miteinander in Übereinstimmung zu bringen, um eine ausgeglichene Sicht und ein wahres Bild der *Realität* zu erlangen. Von dem Tag an, an dem ihr zur Welt kommt, unterdrückt ihr die unsichtbare Seite eures Wesens, die euch Angst macht und sämtliche psychischen und sozialen Probleme erzeugt, gegen die ihr mit ungeheurem Zeitaufwand kämpft. Harmonie ist nur möglich, wenn beide Realitäten nebeneinander bestehen und zusammenarbeiten können. Für uns Ägypter ist diese Vorstellung von größter Wichtigkeit. Unser gesamtes Wissen beruht darauf.

Wir sind Wesen, die nur vorübergehend auf dieser Erde weilen. Wir müssen uns an dieses Existenzstadium anpassen, das sich jedoch nur zur Hälfte in der materiellen Welt abspielt. Nach der Entscheidung, in die Welt zu kommen, strebt unsere geistige Essenz eine zunehmende Verdichtung an, bis sie sich materialisiert und einen physischen Körper hervorbringt. Doch die spirituelle Vitalität und den jeweiligen Entwicklungsgrad bringen wir mit. Die Materialisierung findet in dem Zeitraum statt, den wir vor der Geburt im Mutterleib verbringen. Die konzentrierte Essenz, das »Ich«, das uns ausmacht, wandelt, materialisiert und bildet sich mit Hilfe der Eltern, die wir uns ausgesucht haben.

Jaja, wir suchen uns die Eltern selber aus! Die Schwangerschaft ist kein passives Entwicklungsstadium. Wir haben die Macht, vor der Geburt Entscheidungen zu treffen. Das bedeutet, dass wir Wesen sind, die Verstand haben und den freien Willen anwenden können, beides in einer reinen Form. Hier haben wir keine Erinnerung an frühere Erfah-

rungen mehr. Das ist wichtig, weil wir so auf einem fast un-
beschriebenen Blatt neu beginnen. Der Geist behält lediglich den erreichten Weisheitsgrad bei, den er auf dem bereits zurückgelegten Weg erreicht hat.

Ka ist vom Augenblick der Empfängnis an wichtig, an
dem die *eigene Realität* einsetzt. Ka ist der dynamische Punkt
der persönlichen Existenz. Ka bedeutet Lebenshauch, Energie und Schwingung. Bei der Geburt werden wir zu Kindern der Sonne und des Mondes, zu Wesen mit einem
Willen und Gewissen. Zur Hälfte entstammen wir dieser
irdischen, zur anderen der kosmischen Realität und sind
bereit, eine Erfahrung zu machen, um der durchlaufenen
Entwicklung eine weitere hinzuzufügen.«

»Durch welchen Vorgang verdichtet sich die Energie zu
einem körperlichen Wesen?«, erkundige ich mich. Mein faszinierender Begleiter erwidert: »Das geschieht schrittweise.
Die Essenz tritt durch einen Willensakt in einen Energie-
kreis ein. Diesen haben wir uns als Vehikel zur Materialisierung in einen physischen Körper aufgebaut, in den die
Essenz bei der Geburt eingeht. Der vorgeburtliche Kontakt
zu den Eltern bestimmt die Persönlichkeit und trägt zu ihrer Entfaltung bei. Bereits im Dunkel der Schwangerschaft
sammeln wir eine Menge Erfahrungen. Wir messen der Verbindung zu den Eltern in der pränatalen Phase enorme
Wichtigkeit für die Entwicklung unseres Potenzials bei.

Im Augenblick der Geburt besitzen wir mit geschlossenen Augen die Sicht eines überaus weisen Hellsehers. In
diesem Moment kennen wir unsere Berufung auf Erden.
Heute geht die anfängliche Hellsichtigkeit wenn auch nicht

immer, so doch meistens verloren. Wir lassen zu, dass andere uns verwirren und die kindliche Formbarkeit missbrauchen.

Ich wollte dir damit die Vorstellung des entwickelten Ägypters von der Wirklichkeit darlegen und den Ka beschreiben – den für die Dauer unserer irdischen Existenz feststehenden Treffpunkt der beiden für uns maßgebenden Realitäten. Eure Konzentrationsfähigkeit auf den Ka ist beeinträchtigt. Euer Leben beginnt mit etwas, das ihr als »Realität« bezeichnet, ohne die andere Seite zu bedenken, die euch zu weitläufig und entfernt erscheint.

Wir haben keine Angst vor der Unermesslichkeit, weil wir wissen, dass das Kleine das Abbild des Großen ist. Die kosmische Realität flößt uns keine Ehrfurcht ein, wir fürchten nur, nicht dazuzugehören. Es ist unerlässlich, im großen Meer schwimmen zu lernen, weil wir von dort kommen und dorthin zurückkehren.«

»Wie wählt ihr zukünftige Priester aus?«, frage ich Adcem-Nut.

»Wir suchen die Schüler sehr sorgfältig aus, denn wenngleich alle den Kontakt zum Unbewussten herzustellen vermögen, gibt es doch einige, die ein größeres Talent dazu haben und fähiger sind. Deshalb werden die Schüler nach einer gründlichen Prüfung ihres Potenzials ausgewählt.

Die Priesterschaft ist wahrlich eine Berufung. Die Schüler werden bereits als Kind zwischen fünf und sieben Jahren dafür ausgesucht. Danach steht ihr Schicksal fest. Gewöhnlich stammen sie aus der obersten Klasse. Dabei geht es uns nicht um ein Klassenbewusstsein, sondern offenbar fällt

dieses Leben solchen Knaben weniger schwer. Sie sind offe-
ner und weiter entwickelt. Dennoch gibt es in den Tempeln
keine Beschränkung in Bezug auf Klasse oder Rasse. Die
Prüfungen, die angehende Schüler zu bestehen haben, sind
sehr streng, und wer sich seiner Wahl nicht ganz sicher ist,
wird abgewiesen.

Die höchste nach der Pharaonenklasse und dieser nahezu ebenbürtig ist die Priesterklasse. Die Priester herrschen
über das Land und überlassen dem Pharao die Rolle der
Galionsfigur. Entgegen der heute weit verbreiteten Meinung ist der Pharao nicht der höchste Eingeweihte. Er ist
sehr gut ausgebildet, doch bleibt seine Einweihung mit Absicht unvollständig.

Hüter des höchsten Wissens und der Weisheit sind allein
und ausschließlich die Priester. Sie manipulieren den Pharao mit maßloser Schmeichelei. Sie vermitteln ihm das Gefühl, er sei unberührbar und stehe höher als sie, schwächen
ihn jedoch zugleich und machen ihn abhängig von sich.
Dank dieser schlauen Strategie und gerissenen Taktik sei-
tens der Priester sonnt sich der Pharao im Glauben an eine
falsche Macht. Durch seine Erziehung werden dem Thron-
erben von Kindesbeinen an eine erhebliche Unsicherheit
und das Gefühl eingeflößt, seiner Aufgabe nicht gewachsen
zu sein.

Der Pharao wird von den Priestern gelenkt, auch wenn er
in den Augen des Volkes die Verantwortung für die Zustände im Land trägt. Er wird von den Priestern als Abschir-
mung vorgeschoben, um die Unzufriedenheit seiner Untergebenen abzufangen. Dennoch nehmen die Ägypter den

Pharao als Symbol der Macht und geistigen Erhabenheit mit göttlichem Nimbus wahr. Er zeigt sich nur äußerst selten in der Öffentlichkeit, um das Bild der Unerreichbarkeit zu wahren. Wenn ja, dann in der Regel in einer Sänfte mit seiner Gemahlin auf dem Schoß, und zwar so, dass die Beine der Königin nach links, die des Pharaos nach rechts weisen. Er zeigt sich nur aus der Ferne. Man kann sich ihm weder nähern noch ihn berühren.

Das ägyptische Volk sieht den Pharao somit nur sehr selten und höchstens bei Festlichkeiten anlässlich eines außerordentlichen Ereignisses. Zu diesen außergewöhnlichen Gelegenheiten strömen alle herbei, um einen Blick auf den Mann zu werfen, den sie für ihren Herrscher halten. Für seine Untergebenen ist es ein höchst aufregender Augenblick, den sie ihr Leben lang in Ehren halten. Die unberührbare, großartige und strahlende Figur fasziniert sie. Die ganze Aufmachung ist derart beeindruckend, dass alle durch den blendenden Anblick des Pharao überwältigt sind und vergessen, dass er für ihr gesamtes Elend verantwortlich ist, wie sie zumindest bis dahin geglaubt haben.«

Mein Freund lächelt zurückhaltend und fährt fort: »Wie gesagt, der Pharao ist eine Symbolfigur und gehört nicht zu den obersten Eingeweihten. Er hat Zugang zum ganzen Tempel, doch hat er diesen oder seinen Tagespalast meist schon verlassen, wenn die Priester bei Sonnenuntergang zusammenkommen. Er begibt sich durch einen der Verbindungsgänge vom Tempel in den Nachtpalast zu seiner Familie.

Der Tag eines Pharaos verläuft gewöhnlich wie folgt: Am

Vormittag und in den frühen Nachmittagsstunden erfüllt er seine politischen und Verwaltungspflichten mit den hohen Würdeträgern – den Priestern – im Tagespalast. Er befasst sich mit vielerlei neuen Projekten, etwa dem Bau von Gebäuden oder Aquädukten, mit Restaurierungen und diversen anderen Verbesserungen. Dann verbringt er einige Zeit mit der Unterweisung durch die sieben Hohepriester, um seine Kenntnisse zu mehren und sich über neue Entwicklungen auf dem Laufenden zu halten. Bei entsprechenden Anlässen nimmt er an Festlichkeiten, Eröffnungen und religiösen Zeremonien teil.

Der Pharao ist gebildet. Er spricht und handelt völlig anders als alle anderen. Er drückt sich gewählt und formvollendet aus und fällt nie ein Urteil. Er spricht nie im Stehen. Er gestikuliert nicht und hat sich stets vollkommen in der Hand. Er lacht nicht in der Öffentlichkeit, sondern setzt höchstens ein rätselhaftes Lächeln auf, egal, ob er mit etwas übereinstimmt oder nicht. Er äußert nur nach reiflicher Überlegung, was er denkt. Das alles bringt ihm der Großpriester bei, mit dem er meistens verwandt ist.

Nach den Stunden im Tagespalast begibt sich der Pharao für seine Waschungen in den für ihn reservierten Bereich in den Tempelbädern. Die Bäder befinden sich neben dem Krankenhaus in den Tempelanlagen. Dort wird er gebadet, mit Duftölen massiert und wechselt die Kleider. Nach einer kurzen Reinigungszeremonie nimmt er ein einfaches – nur bei besonderen Anlässen üppiges – Mahl zu sich. Danach kehrt er in den Nachtpalast zurück, um den restlichen Tag und die Nacht bei seiner Familie zu verbringen.«

Inzwischen ist Adcem-Nut mit mir zu den Korridoren gelangt, die den Verwaltungsteil des Tempels von den Laboratorien und Arbeitsräumen trennen. Im schwachen Licht der gewundenen Gänge erblicke ich plötzlich eine uns entgegenkommende Frau.

Adcem-Nut stellt sie vor: »Das ist Anuphti. Sie ist Priesterin und wird sich nachher um dich kümmern.«

»Um mich?«, frage ich.

»Ja, später, in der Abenddämmerung. Dann könnt ihr gemeinsam die Bäder genießen«, antwortet mein Führer.

Anuphti ist schön, jung und offensichtlich sehr charmant. Sie kommt anmutig näher, und wir lächeln einander zu. Sie strahlt. Als sie sich entfernt, erkundige ich mich: »Ist Anuphti die einzige Tempelpriesterin?«

»Nein«, antwortet mein Freund, »nicht die einzige, aber eine der wichtigsten, weil sie einen hohen Wissensstand erlangt hat. Nur wenige Frauen erreichen ihre Ebene. Die meisten ziehen ein Leben vor, das ihnen mehr Freiheit lässt als Anuphti, die ihren Studien nachgeht. Sie führen ihr eigenes Leben und haben eigene Zeremonien. Sie kümmern sich wie Gastgeberinnen um den Tempel, den sie mit Blumen und anderen Gaben schmücken. Sie kommen und gehen nach Gutdünken und gehen den verschiedensten Tätigkeiten nach, etwa der Krankenpflege oder der Herstellung von Essenzen zu medizinischen oder kosmetischen Zwecken. Die Priesterinnen haben zur Verrichtung ihrer Aufgaben Zugang zum Nachtpalast des Pharaos. Dazu gehört die sexuelle Erziehung der jüngeren Mitglieder der Pharaonenfamilie. Für uns ist Unterweisung im Geschlechtsbereich sehr wichtig. Wir führen in dieser Hinsicht gerne ein sowohl aktives als auch raffiniertes und differenziertes Leben. Was sexuelle Vorlieben angeht, sind wir sehr freizügig, und Homosexualität ist eine für uns durchaus mögliche Variante.

Die Pharaonentöchter werden zum Zeitpunkt ihrer ersten Menstruation vom Pharao oder einem ihrer Brüder in das Geschlechtsleben eingeweiht. Dasselbe gilt für die Pharaonensöhne, die ihre erste Liebesnacht mit der Mutter verbringen. Das ist für uns nicht abwegig, sondern normal. Priesterinnen, die heiraten oder mit einem Mann zusammenleben möchten, können dies tun, nur schränkt dies den Bereich der ihnen offen stehenden Tempelverrichtungen ein.

Die Aufgabe der Tempelpflege wird vorzugsweise jüngeren Frauen übertragen. Die älteren pflegen gewöhnlich die Kranken, oder wir suchen ihnen einen Mann. Verheiratete Priesterinnen genießen weiterhin zahlreiche Privilegien, und der Pharao gibt ihnen eine Mitgift. Manchmal sind sie seine Geliebten oder kümmern sich um seine Gesundheit und Körperpflege. In diesem Fall wird ihnen gewöhnlich eine Wohnung im Palast überlassen. Es gibt Tempel nur für Priesterinnen, in denen sie mit Hilfe einiger weniger Arbeiter leben. Sie widmen ihr Leben der Meditation, der Arzneimittellehre und der Herstellung von Essenzen.

Frauen gehen meistens – aus eigener Wahl – anders mit Wissen um. Es gibt welche, die sich wie Anuphti für wissenschaftliche Forschung begeistern, der sie ihr Leben widmen. Um weiterzukommen, nehmen sie an unseren Zusammenkünften teil. Anuphti interessiert sich speziell für das Studium der Astronomie und des Bereiches, den ihr heute Astrologie nennt. Wir haben eine ganz andere Auffassung der Astronomie als ihr, doch das wird dir Kaharbnam erklären. Er ist ein hervorragender Astronom.«

Adcem-Nut nimmt den Faden wieder auf: »Ich habe dir noch nicht alles über das Privatleben des Pharaos erzählt. Er lebt nachts bei seiner Familie und weiteren Verwandten und Freunden. Sie bilden seinen Hofstaat. Er hat eine Reihe von Schützlingen und Freunden, für die er aufkommt. Dazu gehören seine Lieblingsfrauen, die zwar nicht offizielle Konkubinen sind, aber dennoch viele Privilegien genießen. Das bleibt ganz ihm überlassen. Wenn er es vorzieht, kann er auch nur mit seiner Frau, der Königin, zusammenleben, zweifellos der angesehensten Frau ganz Ägyptens.

Der Pharao genießt völlige sexuelle Freiheit. Dies gilt auch für die Königin, die Verehrer und Geliebte haben kann. Doch kommen nur die ehelichen Kinder der Königin und des Pharaos für die Thronfolge in Betracht. Die Königin wird mit Zustimmung der Hohepriester ausgesucht, damit das höchste Niveau hinsichtlich Herkunft und spiritueller Entwicklung gewährleistet ist. Hierbei werden keinerlei Ausnahmen geduldet.

Die außerehelichen Kinder werden von den Priestern sorgfältig beobachtet. Sie stehen zwar auf einer niedrigeren Stufe, denn ihre Herkunft ist weniger rein. Doch im Todesfall aller ehelichen Söhne werden sie für die Erbfolge herangezogen. Da diese Kinder eine ausgezeichnete Ausbildung bekommen, werden sie meistens Priester. Manchmal leben sie bei der Familie des nicht zur königlichen Familie gehörenden Elternteils.

Der Pharao hat sein eigenes Schlaf- und Ankleidezimmer. Nachts wird er von zwei loyalen Wachen beschützt. Die Königin hat ebenfalls ihre Gemächer und wird nachts bewacht.

Auch im Palast gibt es Bäder. Eine Menge Betreuer kümmern sich um die Körperpflege des Pharaos, seiner Ehefrau und der übrigen Königsfamilie. Die Gemeinschaftsbäder werden von Männern wie Frauen besucht; darin gibt es Räumlichkeiten, in die sich Ältere und Schwangere zurückziehen können.

Der Palast liegt inmitten wunderschöner Gärten, doch darüber ein andermal mehr. Dort gibt es lauschige Plätzchen und mit Zelten und Betten versehene Lauben für Liebende. Die Ägypter sind nicht der Ansicht, man sollte sich ausschließlich im Schlafzimmer lieben. Sie mögen Abwechslung, lassen sich gerne etwas einfallen und genießen ihre Lust in der Natur. Die Liebe erfordert Vorstellungskraft und beflügelt ihrerseits die Fantasie.

Wenn der Pharao nach Erfüllung seiner Pflichten aus dem Tagespalast oder dem Tempel zurückkommt, geht er gerne in seinen Gärten spazieren und bewirtet Familie und Freunde.

Die obere Klasse genießt Gesellschaft und Lustbarkeit. Trotzdem leben ihre Mitglieder gemäßigt und sehr gesund. Sie führen ein sehr raffiniertes, aber dennoch einfaches und sehr achtsames Leben und kümmern sich fast wie besessen um ihr Wohlbefinden. Sowohl der ägyptische Mann wie die

Frau dieser Klasse sind überaus gesundheitsbewusst. Sie schlafen nur wenige Stunden, aber sehr regelmäßig. Ausschweifungen werden allgemein missbilligt und als Mangel an Selbstachtung und Kultiviertheit betrachtet.«

Zuvorkommend führt mich mein Freund zu einer Bank unter einem dichten Palmenbaldachin. Wir befinden uns inzwischen im Garten in der Nähe der Laboratorien, die rechts des Tempels und am weitesten von diesem entfernt liegen. Als ich in dieser angenehmen Umgebung so dasitze, erscheint Sehevdukar wieder lächelnd mit einem neuen Tablett Erfrischungen. »Ich habe euch Jasmineis gebracht«, kündigt er an. Adcem-Nut setzt sich neben mich, und wir kosten beide von dieser erquickenden Köstlichkeit.

»Wie bereitet ihr das zu?«, frage ich staunend.

»Mit Schnee, dem wir Jasmin- oder Zitronenessenz, Fruchtzucker und Jogurt oder Sauermilch beifügen«, antwortet er. »Wir mögen Eis sehr. Wenn du so weit bist, nehme ich dich mit und zeige dir die Eiskeller und Laboratorien, in denen wir einbalsamieren.«

Wir ruhen uns etwas aus und probieren noch von den kleinen Häppchen, die uns Sehevdukar gebracht hat. Es sind mit ganz dünn geschnittenem, geräuchertem und mit Pfefferminze gewürztem Wasserbüffelfleisch gefüllte Datteln. Auch diese sind köstlich. Ein sanftes Lüftchen weht, und Adcem-Nut lässt es mich noch etwas genießen. Dann steht er auf und zeigt auf die Dattelrispen über unseren Köpfen: »Siehst du«, sagt er, »in diesem Palmenhain wachsen zahlreiche Dattelsorten, die auf vielerlei Arten verwendet werden. Sie sind ein fester Bestandteil unserer Ernährung, und das nicht nur, weil wir sie sehr mögen, sondern auch weil sie sehr nahrhaft und energiereich sind.

Wir essen einfach, legen aber großen Wert auf die Qualität der Nahrung. Dieser Hain wird von den jungen Schülern auch als Spielplatz verwendet, und sie ruhen zur heißesten Tageszeit hier in Hängematten oder auf Binsenmatten aus.« Tatsächlich sehen wir eine kleine Gruppe Knaben, die im Kreis sitzen und Konzentration üben. Auf dem Kopf tragen sie dasselbe Tuch wie im Wasserbecken. Doch jetzt ragt eine Metallspirale daraus empor. Bei genauerem Hinschauen sehe ich, dass es eigentlich zwei ineinander verschlungene Spiralen aus verschiedenen Metallen sind, wahrscheinlich Eisen und Kupfer. Sie sind ähnlich wie eine Brille mit Ohrbügeln befestigt. Wieder berühren die Jungen einander, diesmal mit dem kleinen Finger.

Adcem-Nut erklärt: »Diese Übung beruht auf demselben Prinzip wie die letzte. Sie kommunizieren ohne Worte oder Zeichen miteinander. Du hast sicher bemerkt, dass die Tücher nass und eng um den Kopf gewunden sind?«

»Ja. Und wie funktioniert die Kommunikation?«

»Nun«, erläutert mein Gefährte, »die Schüler ziehen die Energie aus ihrer Umgebung an. Diese fließt durch die Doppelspirale, die als negativer und positiver Pol wirken, und bildet Teilchen, man könnte sagen, von bipolarer elektromagnetischer Energie. Jeder Junge arbeitet für sich und die anderen in der Gruppe zugleich. Die Spiralen auf den Köpfen sind wie Antennen. Zusammen mit dem körperlichen und seelischen Kontakt, den die jungen Schüler untereinander hergestellt haben, sowie der gesteigerten

Konzentration, die dem Ton zu verdanken ist, den sie summen – hörst du? –, wird ihre Kommunikationsfähigkeit mit ihrer gesamten Umgebung gesteigert. Die Übung öffnet ihren Wahrnehmungskanal, aber wichtiger noch, sie fördert die geistigen Fähigkeiten. So bauen sie allmählich Hirn- und Gedächtnisfunktionen ganz neu auf.«

Ganz in der Nähe stoßen wir hinter einigen Myrtenbüschen auf eine weitere Gruppe. Beim Näherkommen sehen wir sieben wiederum völlig weiß gekleidete Kinder vor einer auf der Erde ausgeführten Zeichnung stehen. Sie stellt eine riesige Sonne mit wellenförmig ausgezogenen Strahlen dar, alle von etwas unterschiedlicher Form und Länge. Ein Kreis aus schwarzer Erde bildet die Sonnenmitte. Darum sind sieben konzentrische Ringe in den Regenbogenfarben zu sehen.

»Das ist eine Gedächtnisübung«, sagt Adcem-Nut. »Die Knaben müssen sich alle Wellenformen der Strahlen merken. Es gibt über hundert, und jede ist mit einem Symbol gekennzeichnet. Diese müssen sie auswendig lernen, dann werden sie ausgewischt.

Der schwarze Kreis im Sonnenkern stellt den höchsten Grad menschlicher Erleuchtung dar. Die sieben farbigen Ringe bezeichnen die dem ägyptischen Wissen entsprechenden Entwicklungsstadien auf dem Weg dorthin.«

Nicht weit von dieser Gruppe stehen weitere sieben Knaben. Sie alle halten Kristalle in der Hand. Ein Lehrer ist bei ihnen.

»Was meinst du, worüber sprechen sie?«, fragt mich Adcem-Nut.

»Ich glaube, der eine Junge bespricht ein Sternbild, aber ich kann nicht genau ausmachen, was er sagt«, erwidere ich.

Adcem-Nut erwidert: »Sein Lehrer hat ihn gebeten, die psychischen Auswirkungen eines Sternbildes auf den Menschen zu erklären und zu analysieren. Leider kann ich nicht näher darauf eingehen, es würde zu lange dauern. Aber Kaharbnam wird dir diese Fragen in allen Einzelheiten beantworten. Das ist sein Gebiet. Wie gesagt, ist unsere Vorstellung von der Astronomie eine völlig andere als eure heutige, und hier geht es um Astrologie. Die Betrachtung des Himmels beginnt bei uns im Inneren. Sie entspringt dem Unbewussten und dem, was wir als weibliche Seite unseres Wesens bezeichnen. Doch jetzt wollen wir in die Gewölbe unter den rechten Tempelgebäuden gehen, wo die Eiskeller liegen.«

»Ich wüsste gerne«, wende ich mich an meinen Freund, »weswegen so wenig von alledem, was du mir gezeigt hast, bis in die heutige Zeit überliefert wurde? Außer den Pyramiden, einigen Denkmälern und einigen unvollständigen Tempeln ist nur wenig von euren Gebäuden übrig geblieben.«

»Ich erkläre dir gleich, weshalb«, antwortet Adcem-Nut. »Wahrscheinlich wird es noch mehr Funde geben. Wir haben sichergestellt, dass genügend überdauern würde, um die Neugier der Nachwelt zu wecken und sie von unserer hochstehenden Kultur zu überzeugen. Wir möchten, dass ihr die fehlenden Teile geistig nachbaut und euch gedanklich damit befasst. Allerdings bauen wir Wohnräume und bestimmte öffentliche, der Unterhaltung dienende Säle im Pharaonenpalast und im Tempel auch gerne aus Erde, besser gesagt aus Lehm und Stroh. Dieses Material eignet sich gut zum Bauen und dichtet gut ab. Es ist wirtschaftlich und lässt sich leicht ausschmücken. Man braucht dazu bloß einige wenige imposante Stücke, aber sonst kann man mit einfachen Materialien ein erstaunliches Ergebnis erzielen, wenn hervorragende Kunsthandwerker wie die unseren sie fantasievoll und geschickt anwenden.

Die Ägypter der höheren Klassen sind in dieser Hinsicht seit eh und je ziemlich verwöhnt und anspruchsvoll gewesen. Du kannst dir vorstellen, dass dies besonders auf die Königsfamilie zutrifft. Täglich entstehen neue Flügel und Anbauten, und wenn die Freude daran nachlässt, reißt man sie ab und beginnt von neuem«, sagt Adcem-Nut lächelnd und fährt fort: »Jetzt zeige ich dir einige etwas weniger attraktive Teile des Tempels.« Rasch gehen wir durch die Gebäude auf eine Treppe zu, die in das Untergeschoss führt.

Mein Führer erklärt: »Die ersten Gewölbe sind gut belüftet und kühl, ohne dass sie gekühlt zu werden brauchen. Hier wird der Nilschlamm aufbewahrt.«

»Berge davon«, stelle ich fest, »weshalb braucht ihr solche Mengen?«

»Schlamm wird für unzählige Zwecke eingesetzt«, erwidert Adcem-Nut, »bei der Arzneimittelherstellung, zur Ernährung und vieles andere, das ich dir nach und nach erkläre. Zu diesem ersten Bereich haben alle Zugang.

Der zweite Abschnitt ist verschlossen, wie du siehst. Hier liegen eine Reihe gekühlter Räume. Der Schnee, den wir in diesen Kellern verwenden, wird von den Bergen des

heutigen Syriens herbeigeschafft. Er wird zu riesigen Blö-
cken gepresst, mit mehreren Federschichten isoliert und
nachts in käfigähnlichen Binsenbehältern hergefahren. In
diesem ersten Raum lagern wir gut erhaltene Leichname,
die meisten von Sklaven und Feinden. Wie du siehst, liegen
sie in Nischen, die aus dem Eis gehauen und mit einer Eis-
platte verschlossen sind. Diese Leichen werden für den
Anatomieunterricht und für Experimente in den unterirdischen Laboratorien verwendet. Dorthin gehen wir jetzt.

Diese Gewölbe sind eigentlich gekühlte Zellen. In den
nächsten bewahren wir die Leichname derer auf, die wir
einbalsamieren wollen. Die Eingeweide sind bereits ent-
nommen, und jetzt wartet man nur noch auf den richtigen
Augenblick für die Mumifizierung. Nicht jede Jahreszeit ist
günstig dafür, sei es infolge klimatischer Bedingungen – zu
viel Feuchtigkeit beispielsweise – oder der Zeitpunkt ist aus
astronomischer Sicht nicht der richtige. Die Hauptorgane
und manchmal auch Eingeweide werden in Eis oder einer
Konservierungsflüssigkeit in Kanopen aufbewahrt.

In einem weiteren eisgekühlten, gesicherten Gewölbe bewahren wir Arzneien, Drogen und Gifte auf. Nur wir, die
sieben Hohepriester, haben Zugang zu diesem Gemach.
Außerdem gibt es hier unten noch einen gesicherten Raum,
in dem wir auf Stein- oder Metalltafeln eingravierte Formeln aufbewahren, die nur wir verstehen. Nicht Eingeweihte können sie nicht entziffern. Wir haben nur wenig aufge-
schrieben. Dabei handelt es sich um seit Jahrtausenden unverändert überlieferte chemische und physikalische Formeln. Sie haben einen eher symbolischen als reellen Wert.

Wenn ich dir die Eiskeller mit allen Abteilungen für die Lagerung der Leichname und die Arzneimittelherstellung gezeigt habe, gehen wir in die Laboratorien, in denen wir einbalsamieren und Experimente durchführen. Wie gesagt, liegen diese in ziemlicher Entfernung unter den äußeren Tempelanlagen. Dorthin führen sehr lange, unterirdische Gänge, die von grimmigen Wächtern beaufsichtigt werden.«

Ein Kälteschauer läuft mir über den Rücken, aber Adcem-Nuts gewinnendes Lächeln macht mir Mut zum Weitergehen und stachelt meine Neugier an. Zwei Wachen schreiten mit Fackeln voran, eine dritte folgt. Die Korridore zu den Laboratorien haben gewölbte Decken und verschiedenartige Wände. Manchmal sehen sie ganz glatt aus, dann wieder sind sie eher rau und uneben.

Adcem-Nut bemerkt: »Du schaust dir die Wände an. Wie du siehst, hängt ihr Aussehen davon ab, aus welchem Material sie gehauen sind. Diese Verbindungsgänge werden im Gegensatz zu denen, die der Pharao benutzt, so belassen, wie sie sind. Deswegen sind sie auch anders ausgeschmückt. Wir verwenden dazu entweder Binsenmatten und in Schlamm getauchte Palmblätter oder Ton mit eingeritzten Mustern, um eine schöne Wirkung zu erzielen. Die Wände werden häufig gelb oder mit einem sehr hellen Grün bemalt. Gleich sind wir bei den Geheimlaboratorien. Weil sie geheim sind, sind nur wenige je da gewesen.«

Der Eingang ist sehr gut verborgen. Man sieht ihn erst, wenn man davor steht und einen schmalen Spalt in der Felswand bemerkt. Ein Felsblock gleitet beiseite und ge-

währt uns durch eine allmählich trichterförmig größer wer-
dende Öffnung Einlass. Der Stein muss auf Angeln gelegen
haben, schlussfolgere ich, und schon fährt mein Freund mit
seinen Ausführungen fort:

»Wir gelangen nun in einen ausgedehnten und in viele
kleine Laboratorien unterteilten Bereich, der nur künstlich
und mit verschiedenen Lampen beleuchtet wird. Weil es
ungesund ist, arbeitet niemand längere Zeit hier. Dieser Teil
wird nur für Übungen und Forschungsarbeiten genutzt, die
nicht täglich stattfinden. Den Großteil des Tages verbringen wir in anderen Laboratorien und Arbeitszimmern mit
Blick auf den Garten, wenn wir nicht Verwaltungspflichten
nachgehen. Bevor wir weitergehen, möchte ich dir noch sagen, wie unsere Wissenschaftler Mikroskope bauen.«

»Ihr habt tatsächlich Mikroskope?«, staune ich.

»Allerdings«, bestätigt mein Führer, »sie werden im
Tempel hergestellt. Ich beschreibe sie dir nur kurz, weil die
uns heute zur Verfügung stehende Zeit verrinnt und ich dir
noch nicht alles erzählt habe, wofür ich zuständig bin. Unsere Mikroskope bestehen aus einer Reihe von Linsen aus
gemahlenem, gehärtetem Glas. Wir kleben jeweils eine kon-
kave und eine konvexe Linse mit einem speziellen Harz zusammen und spritzen Wasser dazwischen ein. Beim Zu-
sammenbauen legen wir die Linsen in bestimmten Abstän-
den kegelförmig übereinander. Die Linsen vergrößern bereits an sich, und wir steigern ihre Leistung noch durch
Magnetisieren. Ich sage dir gleich noch, wie. Natürlich sind
diese Mikroskope einfacher als eure heutigen, aber sie erreichen einen hohen Vergrößerungsgrad und reichen für

unsere, wenn ich das so sagen darf, recht anspruchsvollen Bedürfnisse aus.

Sehr gut beherrschen wir hingegen die Magnetisierung. Unsere Instrumente werden nicht nur mechanisch und von Hand eingesetzt, sondern wir steigern ihre Leistung dadurch, dass wir sie mit elektromagnetischer Energie umgeben, die wir sowohl um Menschen wie Gegenstände zu bündeln vermögen.

Zuerst erkläre ich dir das Magnetfeld des Menschen. Manchmal sprecht auch ihr von der »magnetischen Kraft« eines Menschen. Die Ägypter wissen, wie man ein Magnetfeld je nach verfolgtem Zweck erzeugt oder ausdehnt. Heute früh habe ich dir gesagt, wir hätten dich mit einem stärkeren Magnetfeld umgeben, und zwar vorwiegend aus positiven Mikroelementen, weil dieses bei Frauen ein besseres Gleichgewicht ergibt. Das Magnetfeld schützt dich vor negativen Wellen, die andere gegen dich aussenden, und zudem kommen so dein Potenzial und deine Gaben ganz zur Entfaltung. Ein Magnetfeld kann auf vielerlei Arten genutzt werden und nimmt je nach Menschentyp und Tätigkeit im Leben unzählige Formen an. Das deine hat die Form eines Bootes. Wir — deine sieben Freunde — sind durch dieses Feld mit dir verbunden. Ich spreche jetzt vom Magnetfeld, das Lebende umgibt. Es ist ein dynamisches Feld, das sowohl den Bedürfnissen des Betreffenden entspricht als auch seiner Fähigkeit, es zu verstärken.

Wenn ein Priester merkt, dass der Tod naht, schenkt er einen Teil seines elektromagnetischen Feldes einem oder mehreren seiner Lieblingsschüler. Nach seinem körperli-

chen Tod bleibt jedem Menschen ein Teil seines elektromagnetischen Feldes erhalten. Dieses erlaubt es ihm unter
anderem, leichter mit den zurückgebliebenen Freunden in
Kontakt zu treten. Das Magnetfeld sollte nicht mit der
menschlichen Aura oder mit Lichtkörpern verwechselt werden. Davon wird an einem anderen Tag die Rede sein. Das
beschriebene Feld verstärkt die magnetischen und aufneh-
menden Kräfte eines Menschen; darin sammelt sich seine
gesamte Energie. In der Regel besitzen Führer ein hoch ent-
wickeltes elektromagnetisches Feld.

Wir bringen unseren Schülern bei, diese Energie zu sammeln und um sich zu fixieren. Zuerst legen sie die Grenzen
des Magnetfeldes fest, das sie erzeugen wollen. Diese lassen
sich jederzeit verändern und ausdehnen. Dann laden sie das
Feld mit einer zunehmend größeren Menge Partikel sowohl
positiver wie negativer dynamischer Energie auf, wobei die
eine oder andere im Verhältnis von etwa zwei zu eins überwiegt. Wir Priester helfen ihnen, die Energie zu lokalisieren
und um sich zu befestigen. Nach abgeschlossener Ausbildung sind die Priester fähig, eine Energiereserve zu bilden,
sie wie Antikörper zu vermehren, sie von positiv zu negativ
und umgekehrt umzuwandeln und zu vielerlei Zwecken
einzusetzen. Über einige dieser Zwecke sage ich dir noch
etwas, nachdem ich dir erklärt habe, wie man mumifiziert.«

»Ich merke, dass ich deine Erklärungen viel besser ver-
stehe, weil ihr dieses spezielle Magnetfeld um mich erzeugt
habt«, wende ich mich an meinen Führer. »Es würde mich
interessieren, wie ihr die Energieteilchen vermehrt, wie du
sagst.«

»Zuerst sind eine Menge Energieteilchen in deiner Umgebung nötig«, antwortet mein Freund. »Uns Hohepriestern steht eine große Menge davon zur Verfügung, die wir mit den im Laufe einer langjährigen Ausbildung erworbenen Techniken um uns gesammelt haben. Hat diese Energie eine bestimmte Dichte erreicht, vermehrt sie sich von selbst. Wir ersetzen auch alte und weniger dynamische Teilchen durch neue, frische und kräftige. Der Energieüberschuss wird eingesetzt, um Kranke zu heilen, Arzneien zu potenzieren oder die Leistungsfähigkeit von Mikroskopen und anderen Instrumenten zu steigern. Wir werden dir bei Bedarf mehr darüber sagen.«

»Wie potenziert ihr?«, möchte ich wissen.

»Mit einer Handbewegung wie der eines Zauberers. Es ist eine bestimmte Geste, ohne den Gegenstand zu berühren. Gleichzeitig richten wir einen Strahl aus dem dritten Auge darauf. Der Strahl wird mit großer Willensenergie erzeugt und übermittelt einen starken Impuls«, antwortet Adcem-Nut und fügt hinzu: »Je höher wir etwas potenzieren wollen, zum Beispiel Mikroskoplinsen oder eine Arznei, desto öfter wiederholen wir die Handbewegung in Verbindung mit dem Strahl aus dem dritten Auge.«

»Ich möchte dazu noch sagen«, ergänzt er, »dass nämlich alles, was uns umgibt – Steine, Gegenstände, Tiere und Pflanzen – ein Magnetfeld besitzt. Dieses variiert in seiner Intensität von sehr schwach bis sehr stark. Manchmal zieht uns ein Baum besonders an. Das geschieht bei einem stark entwickelten Magnetfeld.«

Während Adcem-Nut spricht, stehen wir im mittleren

Korridor, von dem aus man in die verschiedenen Laboratorien gelangt.

Er erläutert: »In den Laboratorien zur Rechten wird mumifiziert. Linker Hand befinden sich die Bakterienkulturen, und dort werden auch Gifte und Impfstoffe entwickelt. Gehen wir in das erste hier rechts, wo das erste Mumifizierungsstadium stattfindet. Leg eine Maske gegen die Dünste an.«

Adcem-Nut reicht mir eine Maske, die aus gewachstem Karton hergestellt sein könnte und stark nach Harz und Kampfer riecht. Zwei größere Löcher sind für die Augen ausgestochen. Die Nase und ein Teil der Mundpartie sind entsprechend geformt, und zwei kleinere mit Gaze bedeckte Löcher dienen der Atmung. Auch sie sind imprägniert und geben denselben Geruch ab.

Adcem-Nut erklärt: »Die Gaze kann man auswechseln und so die Maske immer wieder verwenden. Sie wird immer mit ganz frischen Duftstoffen behandelt, zum Beispiel Pfefferminz- oder Zedernholzessenz. Wenn die Priester und vor allem ihre Assistenten in den Laboratorien arbeiten, tragen sie außerdem Handschuhe.«

»Weshalb vor allem die Assistenten?«, frage ich.

»Weil sie die eigentliche Einbalsamierung vornehmen und die Körper für die Anatomiestunden sezieren. Der Obermumifizierer gibt nur die Anweisungen.

Wir schützen die Hände auf zwei Arten. Bei der einen werden die Finger mit perfekt sitzenden Tierdärmen überzogen, aus denen auch unsere Empfängnisverhüter hergestellt werden. Die Handfläche wird mit Gaze eingebunden, die mit einem Desinfektionsmittel – Tierfett und Propolistinktur – imprägniert wurde. Propolis ist ein natürliches Antibiotikum. Ein anderer Handschutz für diese Arbeit besteht aus einem mit Desinfektionsmitteln imprägnierten Gazestreifen, mit dem die ganze Hand und der Arm bis zum Ellbogen eingebunden werden.« »Setz die Maske richtig auf, sonst fällst du gleich in Ohnmacht«, empfiehlt mir Adcem-Nut. Trotz der Maske bringen mich die Dämpfe beinahe um. Mitten im Raum steht ein Tisch mit einer leichnamähnlichen Form, die mit dicker Gaze bedeckt ist. Adcem-Nut entfernt diese und meint: »Siehst du, dieser Körper wurde im Eiskeller aufbewahrt, nachdem alles Blut abgelassen und alle Organe und Eingeweide entfernt wurden. Jetzt wird er einem Verfahren unterzogen, um dem Gewebe alles Fett zu entziehen. Das ist nur bei zu dicken Menschen erforderlich und kommt nicht oft vor. In diesem Fall wickelt man den Körper fest ein und steckt viele Kanülen hinein, damit das Fett abfließt. Der Verband wird zur Förderung dieses Prozesses mit Nilschlamm und Kräutern bedeckt. Der Körper bleibt bis zum Schluss in der Nähe einer Wärmequelle auf dem schrägen Tisch liegen, den du hier siehst. Die Decke dient dem Schutz vor Insekten. Der gesamte Bereich wird ständig gegen Schädlinge ausgeräuchert und ist überall mit Moskitonetzen ausgestattet. Du kannst dir kaum vorstellen, wie es hier aussähe, wenn wir nicht so fanatisch das kleinste Insekt ausrotteten. Aber gehen wir weiter.«

Wir betreten das anschließende Laboratorium, wo ich eine gut zugedeckte Wanne auf dem Boden stehen sehe.

Adcem-Nut nimmt seine Ausführungen wieder auf: »Hier beginnt die eigentliche Einbalsamierung. In dieser Wanne, deren Zinnwände innen völlig mit einer Wachsschicht bedeckt sind, liegt ein Leichnam in einer Konservierungsflüssigkeit. Hier hat sie das Gärungsstadium erreicht, deswegen sind die Ausdünstungen und Dämpfe so stark. Du würdest auch ohne die Gazeabdeckung nichts sehen.

Das ganze Geheimnis der Mumifizierung liegt in dieser Konservierungsflüssigkeit. Dieses Geheimnis hüten wir wie unseren Augapfel. Je nach wissenschaftlicher Kenntnis des Obermumifizierers ist die Zusammensetzung etwas anders. Jede Zutat wird sehr sorgfältig ausgesucht. Dabei hält man sich stets den Menschen vor Augen, dessen Leichnam einbalsamiert werden soll. Für den ägyptischen Arzt und Wissenschaftler unterscheidet sich jeder in dieser Welt völlig von allen anderen. Zwar gehen wir davon aus, dass man Menschen in annähernd ähnliche Typen und Gruppen einteilen kann, aber im Kern sind wir grundverschiedene, einmalige Wesen. Der ägyptische Wissenschaftler nimmt diese Unterschiede sehr ernst und geht ihnen sorgsam und mit großem Interesse nach.«

»Wann erzählst du mir etwas über die geheimen Ingredienzen?«, erkundige ich mich.

»Welch moderne Ungeduld!«, zieht mich mein Freund auf. »Die Grundbestandteile der Konservierungsflüssigkeit sind Bier, Fruchtwasser, die aufgeschlagenen Eier diverser Vogelarten mitsamt Schale, Kupferoxyd, Kampfer, Nilschlamm, Zitronensaft und destilliertes Wasser, aber wie gesagt variieren sie von Fall zu Fall.

Der Leichnam liegt das erste Mal eine Woche bis zehn Tage lang in dieser Flüssigkeit. Dann wird er herausgehoben, tropft ab, wird getrocknet und innerlich und äußerlich mit einer Mischung aus Salz, Wachs, Propolis und Krokodilgalle behandelt. Dann wird er ganz mit Salz gefüllt. Das konserviert die Haut und lässt die Gewebe darunter ohne Einbuße an Elastizität dünner werden. Krokodilgalle ist dafür ganz besonders geeignet und unerlässlich.

Dann wird der Leichnam in Bandagen gewickelt, die mit derselben Mischung und zusätzlich mit Harzen, Seren und austrocknenden Pflanzen getränkt sind. Viele der verwendeten Pflanzen wachsen an den Ufern des Nils, so etwa die Iris. Wir verwenden auch das Rhizom der Wüstenlilie, die Milch des wilden Feigenbaums, den Extrakt der Pharaonenfeige und Ziegenmilchserum. Der Körper wird fest eingebunden und mit Kanülen versehen, damit die gesamte Flüssigkeit abfließt.

Als Nächstes wird der Leichnam unter eine Pyramide aus Salz und Sand gelegt, die sich wiederum in einer Pyramide aus Metall und Zeltstoff befindet, und etwa zehn Tage lang so belassen. Die Dauer hängt vom Mondstand sowie den astronomischen und klimatischen Bedingungen ab. Der Zyklus aus einer Nass- und einer Trockenphase wird dreimal wiederholt. Der erste Zyklus ist der intensivste, dann verwendet man mit jedem Zyklus schwächere Ingredienzen. Der so behandelte Leichnam verliert nach und nach alles Wasser, die Gewebe werden immer dünner.

Es ist schwieriger, ein Kind einzubalsamieren – besonders ein kränkliches und rundliches –, weil sein Gewebe mehr Wasser enthält, als einen lederhäutigen alten Mann, der bei guter Gesundheit gestorben ist.«

»Du sagt das mit einer Fröhlichkeit, die mich genauso sprachlos macht wie die Dämpfe!«, wundere ich mich.

»Ich bin nicht morbid«, antwortet Adcem-Nut lächelnd: »Es ist nur wissenschaftliches Interesse mit einer Prise Humor. Für uns ist der Tod einer von vielen Übergängen, über den wir ganz offen reden. Doch lass mich meine Beschreibung der verschiedenen Einbalsamierungsstadien abschließen. Nach den drei Zyklen – abwechselnd das Liegen in der Konservierungsflüssigkeit und danach das Austrocknen – reinigen wir das Körperinnere mit Essig und Propolis, füllen ihn zum letzten Mal mit Salz, bedecken ihn mit Nilschlamm und verbinden ihn. Einige Tage danach waschen wir mit destilliertem Wasser jede Spur von Salz, Essig und Propolis aus. Ließen wir das Salz im Körper, würde er zu sehr austrocknen und das gewünschte Ergebnis vereiteln.

Bevor der einbalsamierte Leichnam zum letzten Mal verbunden wird, wird er am Schluss mit einer Mischung aus Bienenwachs, Bernstein, Myrtenessenz, Jasminöl und Duftharzen – beispielsweise der Zeder – behandelt. Die letzten Bandagen sind im Unterschied zum gröberen Stoff, der während der Behandlung verwendet wird, aus ganz feinem Leinen und werden fest angezogen.

In diesem Stadium ruht die Mumie noch einige Tage in Erwartung des entscheidenden Schrittes bei diesem Verfahren unter dem üblichen Moskitonetz: dem Aufbau eines Sarkophags aus statischer elektromagnetischer Energie. Das die Mumie umgebende statische Magnetfeld schützt sie wie ein Vakuum vor jedem Bakterien- und Insektenbefall von außen, der ihre Zersetzung beschleunigen würde.

Das Magnetfeld wird stabilisiert, indem die Mumie eine bestimmte Zeit lang in einer der Pyramiden bleibt. Ich sage dir gleich noch, wie das geschieht. Nach der Stabilisierung in der Pyramide ist der einbalsamierte Leichnam ewig konservierbar. Der Obermumifizierer legt den Moment der Erzeugung des Magnetfeldes zur Stabilisierung der Mumie genauestens fest. Er durchleuchtet den Leichnam mit geistigen Röntgenstrahlen und geht ihn Stück für Stück durch, besonders wenn der Tod nach einer langen Krankheit eingetreten ist oder bei entzündeten Wunden.

Hier will ich noch anfügen, dass es sehr schwierig ist, einen nach langer Krankheit – etwa Krebs – verstorbenen Menschen einzubalsamieren. Wenn der Körper in einem so schlechten Zustand ist, dass er unmöglich mumifiziert werden kann, führen wir nur für die Beerdigung eine vereinfachte Einbalsamierung durch, wonach der Körper in einen Sarg gelegt und im Rahmen einer Zeremonie verbrannt wird. Handelt es sich um den Pharao, ersetzen wir seinen Leichnam für die Mumifizierung durch den seines nächsten Verwandten oder eines Freundes. Die Mumie des Auserwählten wird mit der Bedeutung und Macht des Pharaos ausgestattet und übernimmt dessen Rolle für die Nachwelt. Ich werde dir noch mehr über die Rolle der Mumie als Bote für die Nachwelt berichten, wenn wir die praktischen Details behandelt haben.

Wir führen eine Reihe von Tests mit dem Leichnam des Pharaos durch, um festzustellen, ob die Verwesung nicht zu weit fortgeschritten ist. Wenn wir ihn retten können, spritzen wir austrocknende, das Gewebe entwässernde Bakterien ein. Wir kultivieren Bakterien für vielerlei Zwecke, unter anderem kräftige Arten, die andere zerstören. So können wir der Verwesung durch Einsatz von Heilbakterien Einhalt gebieten. In diesem Fall müssen wir den Leichnam jedoch sofort einbalsamieren und können den richtigen Zeitpunkt nicht abwarten. Für eine solche Mumifizierung führen wir meist nur die drei trockenen Phasen ohne Konservierungsflüssigkeit durch.«

»Adcem-Nut, kannst du mir bitte sagen, woher ihr das Fruchtwasser für die Konservierungsflüssigkeit bekommt?«, frage ich.

»Wie ich dir heute früh sagte«, antwortet mein Führer, »beziehen wir über die nach außen geöffnete Apotheke sowohl schwer erhältliche Ingredienzen als auch solche, die ganz frisch sein müssen wie Fruchtwasser oder Plazenta, die wir hauptsächlich für Hautbehandlungen verwenden. Vertrauenspersonen sammeln das Fruchtwasser und die Plazenta von gesunden Frauen der niederen Klassen für uns ein, die wir kennen und die vor einer Niederkunft stehen. Die Substanzen werden unverzüglich in den Tempel gebracht und in den Eiskellern aufbewahrt.

Doch zurück zum statischen Magnetfeld um die Mumie: Wir immobilisieren die sie umgebende Energie mit der vorhin beschriebenen Handbewegung in Verbindung mit dem Strahl aus dem dritten Auge. Dann erzeugen wir den elektromagnetischen Sarkophag, bei einer Frau aus vorwiegend positiven, bei einem Mann aus vorwiegend negativen

Energieteilchen. Dieses Gebilde schützt die Mumie vor jeglicher Verwesung.

Nun ist sie für die Bestattungszeremonie bereit. Im ersten Teil des Rituals wird die Mumie, die nur in ihre Verbände eingehüllt ist, in der runden Tempelhalle aufgebahrt. Opfergaben werden dargebracht, und wir veranstalten ein Bankett mit Reden zu Ehren der oder des Verstorbenen. Der zweite, lange Teil des Rituals wird im großen Versammlungssaal in Anwesenheit sämtlicher Priester und Schüler abgehalten. Inzwischen wurde die Mumie in ihrem Sarkophag zur Ruhe gelegt. In diesem Teil des Rituals wird er verschlossen.

Im dritten Teil des Zeremoniells wird der geschlossene Sarkophag noch einmal in der Isis, Osiris und Horus geweihten runden Tempelhalle aufgestellt, und zwar senkrecht. An der Herstellung der kostbaren, stets reich verzierten Sarkophage arbeiten viele Kunsthandwerker und Künstler. Der Sarkophag kann nur wenige Tage besucht werden. Die Begrenzung der Zeit macht sie besonders kostbar. In dieser Phase gehören Gesänge und bestimmte Bewegungen zum Ritual, die man nicht eigentlich als Tanz bezeichnen kann. Sie werden vorwiegend von prachtvoll gewandeten Frauen ausgeführt.«

Adcem-Nut fährt fort: »Die Mumifizierungskunst bildet den Kern der gesamten ägyptischen wissenschaftlichen Forschung. Wir führen Expeditionen durch, um neue Ingredienzen zu sammeln und unsere Studien voranzutreiben. Dazu reisen wir vom Nahen bis in den Fernen Osten, durchqueren Mesopotamien und reisen bis nach Indien.

Den Expeditionen stehen ein oder zwei Priester vor, die sich jeweils mit einer kleinen Gruppe Schüler auf den Weg machen. Die hohen Würdenträger reiten auf Kamelen, das Gefolge auf Pferden. Wer eine solche Expedition unternimmt, teilt seine Absicht hohen Würdenträgern der Länder, die er besuchen möchte, telepathisch mit. Er erwähnt, dass er neue Pflanzen, Samen, Wurzeln und verschiedene Substanzen sucht, und versichert sie seiner friedlichen Mission, die ein, manchmal auch zwei Jahre dauert.

Im Kaukasus, in Nepal und in Tibet gibt es vereinzelte Außenposten mit von uns geschulten Priestern. Sie sammeln Drogen für uns, beispielsweise Opium. Die einheimische Bevölkerung schätzt unsere Priester um ihrer Heilbehandlungen willen sehr, die sie im Tausch gegen Drogen bekommen.

Ein Teil der Tempelgärten ist für den Anbau der mitgebrachten neuen Pflanzen reserviert. Sie werden zuerst in den Laboratorien untersucht, dann für medizinische Zwecke oder diverse Präparate, vor allem aber für die Mumifizierung verwendet.«

»Weshalb dreht sich eure gesamte wissenschaftliche Forschung um die Mumifizierung?«, erkundige ich mich bei meinem Freund.

Er antwortet: »Weil die Mumifizierung den Höhepunkt der experimentellen Medizin und medizinischen Tradition darstellt. Niemand hat uns bisher in dieser Kunst übertroffen. Damit schaffen wir etwas, das eine lange, unbegrenzte Zeit überdauert, ohne zu verwesen oder sich aufzulösen.

Das Hauptproblem für den Ägypter ist das Problem der

Zeit im Sinn der Dauer. Für uns ist Zeit nicht dasselbe wie für euch. Die Zeit spielt nach dem Tod keine Rolle, deswegen berücksichtigen wir sie für das irdische Leben ebenfalls nicht. Mit der Mumifizierung bezwecken wir nicht, den Leichnam eines wichtigen Menschen aufzubewahren, weil wir etwa glaubten, er könne dazu dienen, eine karmische Kontinuität sicherzustellen oder so etwas. Wir wissen, dass der Körper nur eine vorübergehende Hülle ist, aber wir wollen die sterblichen Überreste für die Nachwelt erhalten, damit zukünftige Generationen ihre Ähnlichkeit mit einem Wesen aus so ferner Zeit begreifen, das ein Mensch war wie sie.«

»Weshalb«, frage ich Adcem-Nut, »habe ich mich als Kind so schrecklich vor Mumien gefürchtet?«

»Ich glaube, die meisten Kinder fürchten sich davor«, gibt er zur Antwort und führt aus:

»Die Angst betrifft den Angriff auf den Körper, den der Tod hinterlässt. Mit dieser Tatsache wird das Kind konfrontiert, und das erschreckt es. Beim Erwachsenen überwiegt die Neugier, zu sehen und zu begreifen, was nach dem Tod mit dem Körper geschieht.

Der Erwachsene hängt stärker an der körperlichen Seite des Erdenlebens. Menschliche Überreste sind wichtig, weil sie beweisen, dass jemand gelebt hat, und zwar an einem bestimmten Ort. Daran ist nichts erschreckend oder unnatürlich. Ohne Mumien erschiene die ägyptische Kultur ziemlich unwirklich. Schon jetzt macht sich die Nachwelt ein verzerrtes Bild davon. Man sagt uns nach, wir hätten uns der Zauberei verschrieben. Darüber sind wir alles andere als glücklich, denn wir sind sehr stolz auf den hohen Wissensstand, den wir erlangt haben.

Zurück zum Zweck der Mumifizierung. In unseren Augen ist ein leeres Grab erschreckend für diejenigen, die es finden. Wir wissen, dass menschliche Überreste zu den wichtigen Kulturzeugnissen gehören. Wer sie wiederentdeckt, dem dienen sie als handfester Beweis für die Existenz der betreffenden Kultur.

Genauso, wie ein Tier alles beschnuppert, muss der Mensch sehen, um zu begreifen und zu verstehen. Heutzutage wird die DNS von Mumien eingehend erforscht. Wir sind sicher, dass dies eine Fülle äußerst interessanter Informationen liefern wird. Ihr werdet feststellen, dass Mumien Bestrahlungen und vielerlei anderen Behandlungen unterzogen wurden.

Was die Frage der linearen Zeit angeht, so versuchen die Ägypter, die hinderliche Kluft von Tausenden von Jahren zwischen sich und künftigen Generationen zu überbrücken und die ihrer Kultur zugrunde liegenden Grundgedanken darzulegen. Die Mumie ist also ein Bote für die Nachwelt.

Nach dieser Ausführung unserer Gründe für das Mumifizieren will ich dich in die nächsten Schritte einweihen.

Nach den Tempelzeremonien wird die Mumie des Pharaos offiziell bestattet und mit großem Pomp zu der für ihn vorgesehenen Pyramide gebracht. Das ägyptische Volk wird zur letzten offiziellen Reise des Toten zugelassen. Der mit Blumenkränzen bedeckte Sarkophag wird in die Pyramide getragen, die verschlossen und bewacht wird. Die Mumie des Pharaos wird in die Königskammer gelegt und

wartet dort, bis die Mumie der Königin in die Königinnen-
kammer kommt. Natürlich wartet umgekehrt die ihre,
wenn sie zuerst stirbt. Liegen beide in der Pyramide, nehmen wir die letzte Stabilisierung und Bestrahlung der Mumien vor, und zwar nachts. Nur die höchsten Priester sind
bei diesem prachtvollen Anlass und rituellen Experiment
zugegen. Der Zeitpunkt dafür ist stets der Vollmond.

Die Mumien des Pharaos und der Königin sind bereits
von dem zuvor um sie aufgebauten statischen elektromagnetischen Magnetfeld umgeben. Die Priester stellen sich
um die Außenmauern der Pyramide auf und erzeugen
durch Geisteskraft eine Riesenwelle elektromagnetischer
Energie. Du kannst sie dir wie einen Wirbelwind vorstellen.
Ich will versuchen, dir das Phänomen zu schildern, so gut
ich kann, aber morgen wird Betonthep dir noch etliches
über diese Wellen und deren Einsatz erzählen. Die Energie
in den beiden Kammern, in denen die Mumien liegen, ist
statisch, die Priester aber erzeugen eine dynamische Energiewelle. Der Wirbelwind dynamischer positiver Energie
wird geistig durch die statische Energie in den Kammern
und Mumien gelenkt, was sie in unvorstellbarem Maße verstärkt. Danach lenken die Priester sie durch die Pyramidenspitze zum Mond, der als negativer Pol die gewaltige positive Energiewelle wie ein starker Magnet anzieht. Sicher
willst du wissen, weshalb wir das tun?«

»Allerdings!«, bestätige ich.

»Die Pyramiden sind nur vorübergehend Grabstätten.
Ihr eigentlicher Zweck besteht darin, überaus starke
elektromagnetische Energiewellen zu erzeugen, die wir auf

verschiedene Arten einsetzen, hauptsächlich, um Katastrophen, die dem Land drohen, abzuwenden. Auch darüber wird dir Betonthep noch berichten. Ich will mich vor allem mit der Wirkung der Energie auf die Mumien befassen.

Wenn die von uns erzeugte Welle die größte Stärke erreicht hat, lenken wir sie, wie gesagt, durch die Pyramidenspitze zu einem unendlichen Punkt in Richtung Mond. Du weißt vielleicht, dass sich ein großer Kristall zuoberst auf der Pyramide befindet. Er wirkt wie eine Antenne. Die Energiewelle nimmt darunter die Form einer Spirale an, wird immer mächtiger und erzeugt eine starke Schwingung.

Wir erzeugen dieses Phänomen, um die Unverweslichkeit der Mumien zu stabilisieren. Die sie durchdringende Energiewelle verstärkt diesen Vorgang und besiegelt ihn. Gleichzeitig nimmt die Welle zu, wenn sie durch die männliche und weibliche Mumie mit ihren statischen Energiefeldern und sämtliche Gänge und Labyrinthe im Pyramideninneren gesteuert wird. Zuletzt wirkt sich die Anziehungskraft des Mondes befreiend auf die Welle aus.

Aber ich glaube, wir sollten jetzt zurückgehen, es wird schon spät.«

»Kann ich dir noch eine letzte Frage stellen?«, bitte ich: »Sind die Mumien unbedingt erforderlich, um die Energiewelle zu erzeugen?«

»Nein, nicht unbedingt, aber wenn wir eine besonders starke Energiewoge für irgendeinen wichtigen Zweck erzeugen wollen, potenzieren diese die Wirkung. Übrigens ist die Pyramide nicht die letzte Ruhestätte der Mumien. Sie werden zu einem von uns bestimmten Zeitpunkt in lange zuvor für sie vorbereitete, geheim gehaltene Gräber gelegt. Doch das ist ein Thema für einen anderen Tag.

Ich habe dir die irdische und übelriechende Seite des Todes gezeigt. Mehervnut wird dich in seine spirituelle, wohlriechende Seite einweihen. Wir sollten den Körper achten und für ihn sorgen, aber ihn nie zum Götzen erheben. Komm, gehen wir. Du brauchst bestimmt Erholung!«

»Ja, tatsächlich. Aber ich habe es gar nicht gemerkt, es war ein so faszinierender Tag. Vielen Dank, Adcem-Nut!«, antwortete ich und gebe meinem Freund dankbar einen Kuss.

Wir kehren durch die unterirdischen Gänge zurück, die mir jetzt viel kürzer erscheinen. Anuphti kommt uns in den Gewölben bei den Eiskellern entgegen.

Adcem-Nut sagt: »Ich überlasse dich jetzt Anuphtis Fürsorge, danach wollen wir uns mit unseren sechs Freunden zu einem Bankett im Garten der Düfte treffen. Geh nun mit Anuphti.«

Sie führt mich eine Treppe zum Erdgeschoss hinauf und eine Reihe von Gängen entlang. Dann bleibt sie vor einer Türe stehen, öffnet sie und bittet mich lächelnd, einzutreten.

Ich befinde mich in einem kleinen Schlafzimmer und sehe mich um. Über dem Bett hängt ein an der Decke befestigter Baldachin in Pyramidenform, an dem die unvermeidlichen Moskitonetze befestigt sind. Außer dem Bett sind ein auffallend niedriger Stuhl und ein im Gegensatz dazu ziemlich hoher, schmaler Tisch die einzigen Möbel im Raum. Ein schmales Fenster öffnet sich zum Garten, und ein berauschender Blumenduft strömt herein.

»Das ist dein Zimmer für heute und die übrigen Nächte, die du hier im Tempel verbringst«, sagt Anuphti.

»Danke«, erwidere ich, »es ist wunderbar.«

Anuphti fährt fort: »Ich habe die Matratze eigens für dich zusammengestellt. Sie besteht aus ausgesuchten Kräutern und Flechten, Algen, Blättern, Rosshaar und Wolle. Wir alle schlafen auf einer speziell für den Betreffenden hergestellten Matratze, die seiner Gesundheit besonders zuträglich ist.«

»O danke.« Dann wundere ich mich: »Weshalb ist der Stuhl so niedrig, wo der Tisch doch so hoch ist?«

Anuphti lächelt: »Der Stuhl dient zum Meditieren, der Tisch für Massagen. Ich werde dich nach den Bädern selbst massieren.«

»Wer wohnt sonst in diesem Zimmer?«, erkundige ich mich.

»Adcem-Nut. Er möchte, dass du dich wohl fühlst. Er schläft die paar Tage in seinem Arbeitszimmer.«

»Wie lieb von ihm.« Ich bin gerührt über so viel Aufmerksamkeit.

»Er ist dein Freund und möchte, dass du hier glücklich bist«, sagt Anuphti und fügt hinzu: »Du kannst dich ausziehen und in dieses Badetuch wickeln, dann wollen wir in die Bäder gehen. Sie sind auf der anderen Seite des Gartens.«

Als ich bereit bin, folge ich ihr hinaus. Wir gehen durch einige etwas belebtere Gänge und den Garten der Düfte vor den Bädern. Sie deutet voraus: »Geh schon durch den rechten Eingang hinein. Der linke führt ins Krankenhaus.« Damit ist sie verschwunden, nach kurzer Zeit ist sie jedoch – wie ich in ein leinenes Badetuch gewickelt – wieder da.

»Beginnen wir mit dem heißen Dampfbad.«

»Ist es wie ein türkisches Bad?«, frage ich.

»Ja, ganz ähnlich«, erwidert Anuphti.

Ich sehe mich um. Die Bäder sind in drei Bereiche eingeteilt: einen für Frauen, einen für Männer und einen weiteren mit Wandschirmen für ältere Leute. Alle können sich jedoch überall frei bewegen.

Anuphti hat einen schmalen, anmutigen Körper und eine königliche Haltung. Sie ist sehr gepflegt und benutzt ein würziges, exotisches Parfüm. Ihr glattes Haar ist jetzt in ein Tuch gewickelt, und ihre Augen sind sehr lebhaft.

Die Bäder sind gut besucht. Wir wechseln vom Dampfbad in ein kaltes Becken. In der Nähe stehen einige kleinere, stark duftende Wannen. Manche Badende werden auf Tischen wie dem in meinem Zimmer behandelt. Anuphti erklärt mir die verschiedenen Angebote:

»Hier sind Heilkräuterbäder mit lauwarmem Wasser, dort etwas weiter die Schlammbäder. Dem Nilschlamm werden je nach den Bedürfnissen des Behandelten Lehm und verschiedene Kräuter beigemischt. Dort drüben gibt es Becken mit Sand für an Rheumatismus, Arthritis und Ähnlichem Leidende. Aber ich denke, wir sollten jetzt zurück, sonst kommst du zu spät zum Bankett.«

Wir gehen wieder in mein Zimmer, wo Anuphti zwei dicke Leinentücher auf dem Tisch ausbreitet, auf den ich mich hinlegen soll. Sie hat einige kleine Glaskrüge mitgebracht.

»Es sind ätherische Öle«, erläutert sie und beginnt mich mit ungewohnten Handgriffen zu massieren. Die anfänglich leicht streichende Berührung wird immer stärker, bis der Druck nur noch von einem Finger ausgeht, ich kann nicht sagen, von welchem.

Anuphti erklärt: »Ich benutze alle zehn Finger. Durch jeden fließt eine andere Schwingung. Ich massiere jetzt deinen Nacken und danach den Kopf auf dieselbe Weise.«

Dabei zieht sie immer wieder leicht an einzelnen Haarsträhnen und führt weiter aus: »Die typische ägyptische Massage dient der Entspannung. Wir beginnen beim Nacken, danach kommen Kopf, Gesicht und Hals. Wir machen stets kreisende, spiralförmige Bewegungen, die wir mit Druck von einem Finger in der Mitte beenden. Für die Behandlung einer schmerzenden Stelle kehren wir den Ablauf um, drücken zuerst mit einem Finger in die Mitte der schmerzenden Stelle, worauf das spiralförmige Kreisen folgt. Danach legen wir beide Hände ein paar Sekunden auf die befallene Stelle, schütteln die Hände aus und tauchen sie in kaltes Wasser. Nach dem Kopf massieren wir die Füße ebenso. Ägyptische Masseure wenden den Fußsohlen und Handflächen besondere Aufmerksamkeit zu. Wir Priesterinnen und auch die jungen Priester nehmen zur Perfektionierung dieser Kunst an vielen Kursen teil.

Nach der Kopf-, Fuß- und Handmassage wird der übrige Körper mit verschiedenen Handgriffen massiert, wobei wir wechseln zwischen weiten, langsamen Griffen mit der Handfläche und kurzen, schnellen mit der Faust. Die Bewegungen sind nie grob oder heftig. Am Schluss der Massage wird der ganze Körper harmonisiert, indem wir mit der offenen Hand ganz leicht darüber streichen. Dann re-aktivieren wir die sieben Hauptchakras mit Kreisbewegun-gen und summen bei jedem den Ton, der seiner Schwin-gung oder dem ihm zugeordneten Ka entspricht. Dazu konzentrieren wir uns und senden mit dem dritten Auge ei-nen Energiestrahl in jedes Chakra. Die ätherischen Öle, mit denen ich dich massiert habe, habe ich ebenfalls speziell für dich ausgesucht.«

»Jetzt weiß ich, wie es sich im Himmel anfühlt. Tausend Dank! Ich fühle mich nach dieser wunderbaren Massage wie neu geboren«, sage ich begeistert.

»Keine Ursache«, meint Anuphti, »du warst müde und hast es gebraucht. Jetzt zieh dieses Kleid an.«

Anuphti hält mir ein Kleid aus leichter, weißer Leinenga-ze mit einem Gürtel aus demselben Stoff hin. Auf dem Bo-den stehen mehrere Sandalen. Ich wähle ein Paar safranfar-bene. Es liegen auch einige Schmuckstücke und Stirnbän-der bereit, aber ich beschließe, nichts anzulegen. Anuphti möchte mich schminken, und ich überlasse mich ihren ge-schickten Händen.

»Wozu dient die Pyramide über dem Bett?«, frage ich sie.

»Sie verschafft dir einen besseren Schlaf, verkürzt die zur Erholung nötige Zeit und lädt dich wieder mit Energie auf. Bist du bereit?«

»Ja, danke.«

»Gut, gehen wir.«

Wir kommen zum Garten der Düfte, und Anuphti ist

plötzlich verschwunden. Ein Zelt ist über einem Platz aufgespannt, der mit schwarzen und weißen in einem Muster angeordneten Pflastersteinen besetzt ist. Auf der einen Tempelseite stehen mehrere Diener bei einem Büfett. Unweit davon sind Stühle mit je einem kleinen Tisch daneben in Hufeisenform angeordnet. Meine sieben Freunde, alle sehr gepflegt in weiße Kaftane gekleidet, stehen unter dem Zelt und erwarten mich.

Die Sonne geht unter, ein Lüftchen weht. Betonthep überreicht mir einen kleinen Strauß stark duftender Blumen: »Die Blumen wachsen hier in diesem Garten, der nur für wohlriechende Pflanzen reserviert ist. Ich schenke sie dir, weil du den morgigen Tag mit mir verbringst. Komm, setz dich zwischen mich und Adcem-Nut.«

»Danke!«, sage ich. »Kann ich mir vorher noch kurz dieses großartige Büfett ansehen?« Als ich hinkomme, machen mir die jungen Helfer Platz und erläutern die diversen Gerichte auf dem mit einem Tuch bedeckten und wunderbar mit Girlanden aus Blättern und Blumen, Blütenblättern, Zitronen und vielen anderen Früchten verzierten Tisch. Die Speisen sind in Behältern aus geflochtenem Bast und Blättern oder einfach auf Blättern angerichtet. Es stehen auch mehrere Schalen aus glasiertem Ton mit Soßen dabei. Einer der Jungen erklärt mir die verschiedenen Gerichte: »Das sind gebratene Reisbällchen mit Honig und diversen Samen, dort ist eine mit Bananen gekochte Gazellenspeise. Da drüben liegen gebackene Blumen, und hier Garnelen in einer süßsauren Soße. Hier haben wir gebackene Feigen in Ingwersoße, gefüllte Gans mit Koriandersoße, Fischbällchen an Blumensoße, Rebhuhnkroketten mit Kräutern und vielerlei Gemüsegerichte.« Er lächelt über meinen staunenden Blick. Alles ist prachtvoll angeordnet und steht in kleinen Portionen bereit.

Ich danke ihm und gehe zu meinen Freunden zurück. Wir setzen uns. Der kleine Tisch zu meiner Linken ist mit einer Fingerschale mit schwimmenden Blütenblättern, einem großen, flachen Blatt, einem spießähnlichen Stöckchen aus Knochen und einem Becher gedeckt.

Das Bankett beginnt. Die Bediensteten bringen jedem mehrere Gerichte. Das Fleisch schneiden sie in mundgerechte Portionen und eilen mit der dazugehörigen Soße herbei. Das Essen ist wieder ganz ausgezeichnet. Wir essen mit dem kleinen Spieß oder den Fingern und waschen sie zwischen den Gängen. Alle sind heiter und sehr gesprächig. Unterdessen haben Musikanten zu spielen begonnen. Zu fünft spielen sie eine rhythmische Musik, die ein keineswegs trauriges, sondern angenehmes, unaufdringliches Klagelied begleitet.

»Welch wunderbarer, vollkommener und harmonischer Abend«, rufe ich beglückt aus.

»Wir freuen uns sehr, dass er dir gefallen hat!«, antworten meine Freunde wie aus einem Mund.

Betonthep

Betonthep ist Großpriester. Er ist der Stattlichste meiner sieben Freunde. Er hat grüne Augen, eine Adlernase, wunderbares Haar, das sich – wie auch der Bart – in gepflegten, glänzenden Locken wellt, ein Stil, der an seine assyrische Herkunft erinnert. Er trägt eine oben flache, längliche Kopfbedeckung, ist groß und schlank und hat lange, schmale Hände. Er ist in einen weißen Kaftan gekleidet, darüber ein mit Gold eingefasster hellgrüner und weißer Umhang.

Betonthep ist sehr weise, immer etwas in Eile und vermittelt oft den Eindruck, allgegenwärtig zu sein.

Zweiter Ka
Betonthep – der Großpriester

Meine Augen sind noch halb geschlossen. Ich liege in Gazetüchern gehüllt unter der über meinem Kopf hängenden Pyramide. Die an ihrem Bambus-Leinenrahmen befestigten feinen, eng gewebten Vorhänge umgeben das ganze Bett. Ich trage eine ebenfalls aus Gaze gefertigte Rundumkapuze bis zu den Schultern. Die Füße sind leicht mit einem Umschlag aus Kräutern und ätherischen Ölen umwickelt. Das Bett ist ziemlich fest, aber sehr bequem. Wie Anuphti gestern sagte, wurde die Matratze eigens für mich gefüllt. Welch ein Luxus! Ein schwaches Licht dringt durch die Mückennetze am Fenster. Während ich das alles betrachte, taucht Betonthep wie eine Vision vor mir auf. Ganz in Weiß gekleidet sieht er prachtvoll aus. Ich hatte gar nicht gemerkt, dass er hereingekommen war.

»Wie geht es dir?«, erkundigt er sich. »Ich bin selbst gekommen, um dich zu wecken, aber ich wollte dich nicht mit Anklopfen aus dem Schlaf reißen. Entschuldige – ich habe dich mit Gedankenwellen geweckt.«

»Ja«, erwidere ich, »ich habe die Augen eben erst aufgeschlagen.«

»Wenn Anuphti sich um dich gekümmert hat und du gefrühstückt hast, erwarte ich dich in meinen Arbeitszimmer mit Blick auf die hängenden Gärten. Wie du weißt, befinden sie sich auf dem Tempeldach. Dort wollen wir unseren gemeinsamen Tag beginnen.«

»Gut. Ich danke dir«, antworte ich und setze mich abrupt auf.

»O nein, steh nicht so auf!«, ruft Betonthep aus. Ich halte mitten in der Bewegung inne und lege mich verwirrt wieder hin.

»Du musst dich ein wenig mit dem Tag beschäftigen, der vor dir liegt. Streck dich und bewege Hände und Füße. So hastig aufzustehen, tut dir nicht gut und ist nicht die richtige Art, einen Tag zu beginnen.

Anuphti wird dir den Umschlag von den Füßen nehmen. Mach unterdessen langsame, überlegte Bewegungen und trink das destillierte Wasser in dieser Flasche so lau, wie es ist. Wenn du es auf leeren Magen trinkst, reinigt es alle Organe, während du dich bereit machst. Ich sehe dich später.«

Anuphti ist lächelnd hereingekommen. Sie hat mich bei einigen ziemlich ungelenken Bewegungen ertappt, alle Vorhänge zurückgezogen und mir die Kapuze abgenommen, die meinen Kopf noch verschleierte. Dann streicht sie mit der Hand über meinen Körper, wobei sie mich kaum berührt, und sagt noch immer lächelnd: »Mach dir keine Sorgen. Morgen weißt du Bescheid.« Sie stellt meine Füße auf ein Kissen aus gewobenen Palmenblättern und nimmt die Bandagen ab. Kaum ist sie fertig, fühle ich mich so leicht, als könnte ich fliegen. Anuphti massiert mir eine oder zwei Minuten lang die Füße und zeigt mir einige Übungen, die ich im Stehen auf dem Kissen machen kann. Dann bittet sie mich, das Wasser auszutrinken und mich für eine Massage auf den hohen Tisch zu legen. Heute beginnt sie bei den Fersen, danach kommen die Sehnen, die Nieren und der Nacken dran. Sonst mache ich nur einige Übungen und bewege die Finger, als schüttelte ich sie aus. Zum Abschluss heißt mich Anuphti Hände und Füße in eine Schüssel mit eiskaltem Wasser tauchen und sagt: »Lass uns in die Bäder gehen.«

Wieder folge ich ihr in das Leinentuch gewickelt, für das sie gesorgt hat, durch den Garten der Düfte. Er ist wunderschön im rosa Schein der Morgendämmerung, riecht fein und zart und nicht so überwältigend intensiv wie in der Abendluft. »Sumhat wird dir alle Rosen- und Blumensorten hier im Garten zeigen«, verheißt Anuphti.

Wir erreichen die Bäder, und sie bittet mich, mich auf den Rand einer kleinen Wanne mit schwimmenden Kräutern zu setzen. Das Wasser ist niedrig und reicht mir nur bis an die Knöchel, aber es ist eiskalt. Unterdessen massiert mir Anuphti energisch den Nacken. Ein Mann sitzt in einer ähnlichen Wanne mit dem Wasser bis zur Taille und herausragenden Knien. Er lächelt mich an, ich lächle zurück.

Anuphti stellt vor: »Er ist einer der ältesten Tempelpriester und nimmt dieses Bad täglich, um seinen Kreislauf in Schwung zu bringen. Er heißt Atnephorep und ist sehr weise, sieht schrecklich schlecht, ist aber außergewöhnlich empfindsam. Er hat bemerkt, dass du nicht von hier bist, und könnte dir alles über dich enthüllen.«

Bewundernd sehe ich ihn an. Er schenkt mir ein weiteres strahlendes, jugendliches, unendlich sanftes Lächeln.

Danach nimmt mich Anuphti in die heißen Duftbäder mit, die wir mit kalten Duschen und dem Dampfbad abwechseln. Zuletzt kommt kaltes Wasser, dann reibt sie mir den ganzen Körper mit luffaschwammähnlichen Fasern ab und reicht mir wieder ein Tuch, diesmal ein warmes. Wir machen uns wieder zu meinem Zimmer auf.

Meine Begleiterin verspricht: »Du wirst sehen, du wirst dich dank dieser Behandlungen und Bäder den ganzen langen Tag hindurch frisch und wohl fühlen.« Wieder im Zimmer angelangt, hat sie erneut ein feines weißes Leinenkleid für mich zum Anziehen bereit, kämmt mir das Haar und schminkt mich. Diesmal gibt sie mir einen Spiegel, in dem ich mich recht gut sehe. Zu meinem Erstaunen hat sie mich so geschminkt, wie ich es sonst auch tue.

Es klopft an der Tür. Ein Junge kommt mit meinem Frühstück auf einem Tablett herein. Anuphti nimmt es ihm ab, dankt ihm und stellt es auf einen kleinen mitgebrachten Klapptisch neben den niedrigen Stuhl. Dann lächelt sie: »Ich sehe dich heute Abend wieder.« Ich danke ihr. Sie winkt mir zu und lässt mich meine Mahlzeit genießen.

Sie besteht aus Sauermilch, zerstampftem, gekochtem Getreide, gerösteten Mandeln und Pistazien, etwas getrocknetem Obst und Honig. Alles steht in kleinen Schüsselchen bereit. Ich mische die Zutaten zusammen und koste auch den Kräutertee im Becher. Er ist süß – wohl mit etwas Met und Zitrone? –, lauwarm, erfrischend und gut.

Ich schlüpfe in meine Sandalen und mache mich zu meiner Verabredung auf. Wieder durchquere ich den Garten der Düfte und gehe um den Tempel herum zur Rückseite, wo die Treppe zu den hängenden Gärten ist. Es dauert recht lange, bis ich all die kleinen Wege zu Betontheps Arbeitszimmer entlanggegangen bin, und ich staune über die unterschiedlichen Oberflächen. Manche sind aus gestampfter Erde mit musterförmig angeordneten Steinen, manche aus kleinen flachen, in komplexer Asymmetrie angelegten Kieseln. Bei wieder anderen ist die Erde glatt und nur ab und zu mit einer Hieroglyphe oder einem Symbol aus Steinen verziert. Einige Abschnitte sind aus Sand oder Sand und Erde mit vielen hineingeharkten Zeichnungen, etwa Spiralen und Wellen.

Die Wege winden sich, und die dazwischen wachsenden buschigen Pflanzen sind stark gestutzt. Sie sehen beinahe wie Bonsais aus. Wahrscheinlich werden sie so klein gehalten, um das Tempeldach nicht zu beschädigen. Mancherorts sind Baldachine aufgestellt, genau genommen sieben, sowie einige Sonnenschirme aus Palmenblättern mit Stützen gegen den Wind.

Die hängenden Gärten sind zu dieser Tageszeit kühl und bereits gut besucht. Einige junge Männer — älter als die Schüler, die ich schon gesehen habe — gehen auf und ab, sitzen auf den Bänken oder hocken auf den Fersen.

Schließlich komme ich zum kleinen, kreisrunden Tempel, wie ihn Adcem-Nut gestern beschrieb. Das Dach wird von sieben Säulen getragen. Betonthep wartet beim Tempeleingang auf mich. Er dreht mich zur Sonne, legt mir beide Hände in den Nacken, küsst mich auf den Scheitel und sagt: »Das ist das Zeichen der Verbindung und inneren Zwiesprache.« Dann dreht er mich wieder zu sich, legt mir die Hände auf die Schultern, küsst mich auf Augen und Stirn und sagt: »Ich liebe deine Ideen und empfange deine Gedanken.«

Dann erklärt er mir: »Das ist der Gruß unter Eingeweihten, den gewöhnlich der ältere und bedeutendere von beiden spricht.«

Ich folge Betonthep in den kleinen Tempel. Der Fußboden besteht wieder aus gestampfter Erde. Darauf sind, wie auf den Pfaden, mehrere Konstellationen eingezeichnet und mit Steinen hervorgehoben. Das Loch zuoberst im Dach wird nach Tagesanbruch verschlossen. Die Tür mit dem Moskitonetz lässt genügend Licht ein. Vor zwei Säulen stehen zwei Stühle einander gegenüber. Sie haben dieselben halben Rücklehnen wie die Stühle im großen Versammlungssaal und dienen als Stütze, lassen aber gleichzeitig ein Anlehnen an die Säule zu. Der einzige Unterschied ist der, dass diese hier vier Beine haben. Zwischen zwei weiteren Säulen stehen zwei sehr viel höhere Stühle sowie ein Tisch mit Instrumenten, ein Behälter mit weißen und ein zweiter mit schwarzen, verschieden großen, blank polierten Steinen. Daneben steht ein Tablett mit vielen verschieden großen, ebenfalls glatt polierten Holzstücken.

Schweigend nehme ich alles wahr. Betonthep folgt meinem Blick um den Raum und sagt nach einer Weile: »Komm, setzen wir uns. Ich möchte dir von den Isismysterien und der Wichtigkeit des letzten Einweihungsstadiums für die Schüler berichten. Wir brauchen Ruhe und Stille, und jetzt ist der Tag noch frisch und kühl. Mittags sind die hängenden Gärten und der kleine Tempel zu heiß für einen

Besuch. Ich und viele andere ruhen in den heißesten Stunden lieber an einem kühlen Ort. Manchmal nehmen wir uns eine Binsenmatte, legen uns im großen Versammlungssaal hin und verwandeln ihn in einen richtigen Schlafsaal!«, lächelt Betonthep. »In manchen Räumen und Gängen wahren wir absolutes Stillschweigen.

Wie du weißt, befinden sich die Schüler, die Zugang zu den Gärten und zu mir haben, im letzten Einweihungsstadium. Nach langer und äußerst harter Vorbereitung werden sie Priester. Bevor ich dir davon erzähle, möchte ich dir erklären, wozu die sieben Baldachine im Garten mit einem Sitz für zwei Personen unter jedem dienen. Es sind Orte der Konzentration, und sie stellen die sieben Chakras dar. Wie du gesehen hast, sind die Gärten in Form des menschlichen Rumpfes und gleichzeitig des Gehirns angelegt. Wir verwenden häufig zwei Abbildungen übereinander als geistiges Prinzip. Um dir ein Beispiel zu geben: Der Sonnen- oder Tagesgarten stellt das Sonnensystem mit der Sonne und allen Planeten dar, aber gleichzeitig auch das Gehirn mit seinen Windungen. Für den Ägypter ist alles Geist.«

»Diese Stühle gleichen denen im großen Versammlungssaal, nur haben sie vier Beine statt drei. Wie kommt das?«, frage ich Betonthep.

»Gute Frage«, entgegnet er. »Damit will ich meine Ausführungen über die ›Isismysterien‹ beginnen. Nun denn: Tiere und Erdenwesen haben vier Beine. Wir durchlaufen den Tempel, um uns göttliches Wissen anzueignen und dadurch geläutert zu werden. Zuerst sitzen wir auf den niedrigen Stühlen. Am Ende der Ausbildung lasse ich die

Schüler auf den höheren sitzen. Dies zeigt den Grad der Erhöhung an, den sie erreicht haben. Für uns stellt die Zahl Vier die Erde dar. Sie ist eine feste, solide Zahl. Du siehst, dass die Stühle mit Vogelfüßen versehen sind, wobei drei Krallen nach vorne zeigen und eine nach hinten gerichtet ist. Drei Krallen stellen die Dreiheit dar, die vierte ist noch um der Stabilität willen da. Die vierte Kralle wird abgetrennt, wenn das erforderliche Gleichgewicht erlangt ist und die Metamorphose vom entwickelten Wesen zum Eingeweihten durch Offenbarung stattgefunden hat. Gott gibt das Beispiel und hilft bei der Transformation. Der Priester strebt durch allmähliche Transmutation göttliche Höhen an.

Wir kennen den Begriff ›Mysterium‹ nicht. Deswegen nennen wir die ›Isismysterien‹ die ›Offenbarung des Isis-Geheimnisses‹. Ein Mysterium lässt sich nicht lösen. Es ist unerklärlich und verwirrend. Uns gefällt die Vorstellung von etwas Unerklärlichem nicht. Mysterium ist ein Wort, das eine Schranke aufbaut und jede Bemühung vereitelt, es zu verstehen. Es versetzt alle in Unwissen. Deswegen erzähle ich dir etwas über die ›Offenbarung des Isis-Geheimnisses‹. Es ist die Grundlage unseres gesamten religiösen Glaubens und unserer Wissenschaft. Isis ist die große Magierin, die große Schöpferin. Sie ist das Unbewusste, Weibliche, Okkulte, sie ist Dunkelheit, Wissen und Weisheit. Aus dem Chaos und der Dunkelheit des Unbewussten erschafft sie ein Bild, formt und vervollkommnet es. Sie schluckt und verdaut die reinen Elemente, empfangen durch göttliche Alchemie und harmonisierende Gaben, und spaltet ein neues Wesen von sich ab. Sie trägt es mit sich durch die Erdkruste hindurch, eine Kruste, die die bewusste Welt von der unbewussten trennt. Für den Ägypter ist die Welt des Unbewussten eine Mischung kosmischer und imaginärer Elemente im Reinzustand.

Danach vertraut Isis ihre Kreatur Osiris und dem Licht an, doch zuvor gibt sie ihr einen Kuss. Dieser Kuss im Licht erzeugt den Schatten ihres Schützlings. Isis verlässt keine ihrer Kreaturen, was der Schatten bezeugt. Die Kreatur geht ihren Weg nun unter Osiris' Schutz weiter. Er verleiht ihr eine Aufgabe in der Schöpfung. Dann erleuchtet Horus die Neuschöpfung, stattet sie mit seinem Strahl aus, befruchtet sie und verleiht ihr die Macht, sich zu vermehren und unabhängig zu sein.

Du weißt vielleicht, dass Osiris von seinem Bruder Seth getötet, verstümmelt und in Stücke zerrissen wurde. Seth zerstreute und verbarg Osiris' Körperteile über ganz Ägypten. Isis suchte diese verzweifelt und fand sämtliche Körperteile ihres geliebten Bruders und Gatten mit Ausnahme seines Phallus' wieder. Sie setzte die Teile zusammen und erschuf das fehlende Glied neu. Osiris kehrte ins Leben zurück und wurde durch das Wunder der Liebe in Isis (aber nicht *von* ihr) wieder erschaffen. Nun wurde er als Horus wiedergeboren, gleichzeitig er selbst und sein eigener Sohn. Das ergibt die Dreiheit Isis, Osiris und Horus. Dies ist die Familie und das sich endlos wiederholende Dreieck. Für uns stellt die Zahl Drei die dritte Dimension dar, die Dimension des Wissens, das wir uns aneignen, indem wir die anderen beiden Dimensionen miteinander ins Gleichgewicht bringen: einerseits die bewusste, logische, männliche, sonnenhafte, helle und geradlinige Seite, andererseits die unbewusste, intuitive, weibliche, mondhafte, dunkle und flexible Seite.

Diese beiden Seiten sollten niemals getrennt werden. Durch Einsatz des starr fixierten Denkens allein wird nie eine befriedigende Antwort erlangt. Diesem Denken fehlt die Flexibilität, mit der man berücksichtigt, dass jedes Ding und jede Situation sich voneinander unterscheiden. Begegnung, Zwiesprache und Einklang dieser beiden Verständnisarten lassen eine vollständige Sicht der Dinge erlangen. Es ist wie bei Isis, die ihre Kreaturen mittels Wissens und Vielseitigkeit zugleich aus dem Unbewussten ans Licht bringt. Nicht nur setzt sie den Vorgang der Schöpfung in Gang, sondern nimmt auch am nächsten Stadium der Konkretisierung teil. Sie folgt der neuen Kreatur mit ihrem Denken und Fühlen und ihrer Großzügigkeit und überlässt sie Osiris' Hand, seiner Dynamik und positiven Ausrichtung. Isis und Osiris wirken auf zwei nebeneinander verlaufenden Linien, die stets miteinander arbeiten und sich harmonisieren und die Realität erschaffen.

Zusammenfassend kann man also sagen, dass das dritte Auge, das Auge der Hellsicht und des Weitblicks, das zum Wissen führt, das Ergebnis des Gleichgewichts zwischen diesen Dimensionen ist. Ein Geschöpf wird von Isis erdacht, von Osiris materialisiert und von Horus befruchtet.

Kommen wir auf den Zweck dieses Gartens zurück, der dem letzten Einweihungsstadium zum Priestertum dient.

Er soll die künftigen Priester von allem isolieren und ihnen zu totaler Konzentration verhelfen. Außerdem ist der Großpriester in dieser heiklen Zeit ganz für sie da. Die Schüler kommen in den frühesten Morgenstunden her. Sie schlafen in der heißesten Tageszeit, nachts jedoch nur kurz. Sie gehen vor uns und lange vor Sonnenaufgang für ihre Waschungen in die Bäder. Das letzte Vorbereitungsstadium des künftigen Priesters ist so angelegt, dass er mit Hilfe des Großpriesters eine vollständige Wandlung durchläuft. Er erlangt sie durch Läuterung, die eine grundlegende Veränderung herbeiführt. Er hat seine Persönlichkeit zu läutern und dabei jede unerwünschte frühere Konditionierung abzulegen. Er muss sein Verhalten bessern und sein ganzes Wesen durch viele Stadien hindurch auseinander nehmen und wieder neu aufbauen.

Im ersten Stadium erkennt er seine Einzigartigkeit, seinen Kern, seine Essenz. Es ist, als entfernte man das gesamte Fruchtfleisch vom Pflaumenkern und ließe nur den Kern übrig. Im zweiten Stadium konzentriert der Schüler seine Essenz zu ihrem höchsten Potenzial und verleiht ihr Gewicht, Zielgerichtetheit und Stärke. Im dritten Stadium strebt er danach, überflüssige Persönlichkeitsanteile sowie gesellschaftlich bedingte Verhaltensmuster abzulegen. Im vierten Stadium baut der Schüler die fehlenden Teile — das Fruchtfleisch — wieder auf und schafft sich eine neue Persönlichkeit, die derjenigen von anderen Eingeweihten ähnlich ist. Es ist wie eine Zellstruktur mit vielen Zellen, die sich alle im Kern unterscheiden, jedoch durch dasselbe Gewebe miteinander verbunden sind. Dies führt nicht zum

Aufgeben der Persönlichkeit, ganz im Gegenteil. Jeder behält seine guten Eigenschaften bei, wird jedoch zusätzlich durch die gesteigerte Kommunikation dank telepathischer und energetischer Nähe immens bereichert. Die Zusammenarbeit der Beteiligten ist grenzenlos und die Verbindung von bewussten und unbewussten Elementen erhöht den Einzelnen wie die Gemeinschaft.

Das Geheimnis Gottes wird offenbar: Er ist eins und gleichzeitig Teil der anderen beiden, unzertrennlich und dennoch einmalig in der Dreieinigkeit.

Der Priester strebt göttliche Höhen an und arbeitet an sich, bis er Göttlichkeit erlangt. Er ist sich jedoch bewusst, dass er dies nur mit allen anderen zusammen, nicht alleine, vermag. Das Streben nach grenzenlosen Höhen ist stark im ägyptischen Gedankengut verwurzelt. Wenn du dich in diesem Ausmaß wandelst und bereit bist, verdienst du es, durch Erreichen der höchsten Stufe belohnt zu werden. Sie ist keinesfalls einfach zu erklimmen, und möglicherweise gelingt es nie. Doch geht unser Streben in diese Richtung.

Die jungen Männer, die du hier in den Gärten siehst, unterziehen sich langen, anstrengenden Vorbereitungen. Sie fasten, um den Geist zu klären. Sie ziehen sich zurück und schließen sich tagelang in dunkle Zellen ohne Nahrung ein und nehmen nur Wasser zu sich. Der einzige Trost ist der tägliche Besuch des Großpriesters. Dies löst bei manchen angehenden Priestern eine furchtbare Krise, eine richtiggehende Persönlichkeitsexplosion aus, als zerschelle eine Vase in tausend Stücke. Es ist wie ein Wahn, der von allerlei Krankheiten begleitet wird. In solchen Fällen bleibt der

Kranke — der Unharmonische, wie wir ihn nennen — in völliger Dunkelheit in einer Zelle, in der seine Pseudokrankheit behandelt wird. Gewöhnlich dauert es etwa 28 bis 40 Tage, bis er sich erholt. Es ist ein Stadium völliger Auflösung, mit der je nach Fall unterschiedliche Körpersymptome einhergehen, eine Zeit der Verwirrung und der Geistesqualen vor dem Erlangen der Harmonie. Diese Krise ist das Zeichen, dass der Schüler eine höhere Stufe erreicht und sich vom vorherigen Leben und Verhalten gelöst hat. Er tritt in ein gänzlich neues geistiges Universum ein, und seine neue Sichtweise unterscheidet sich vollständig von seiner früheren. Diese Ablösung löst zuerst Panik aus. Dann kommt es mit Hilfe des Großpriesters zur Heilung. Manchmal — glücklicherweise nur sehr selten — stirbt ein Schüler, weil er diese kritische Zeit nicht übersteht. Du hast sicher verstanden, dass er in dieser Zeit gewaltigem Druck ausgesetzt ist. Doch danach findet eine Neugeburt statt, von der Freude begleitet, den ersten Schritt zum Licht des Wissens gemeistert zu haben.

Jetzt will ich dir erzählen, wer die ›sieben Skorpione der Isis‹ sind. Die sieben getreuen Skorpione, die eifersüchtig über ihr Wissen wachen, begleiten Isis überallhin. Sie verteidigen sie gegen Thronräuber und Feinde.

Der Skorpion ist das Symbol des Beschützers gegen verstecktes Böses, das wir nicht kennen und das uns überrascht. Die Skorpione stehen auch für verborgene Macht, für das unsichtbare Wissen aus dem Unbewussten sowie die Geheimlehren. Diese sind das magische Wunder der Schöpfungskraft für uns. Isis, die Göttin der Magie, setzt ihre

Skorpione als Boten ein, die ihr Wissen und ihre magischen Kräfte weitergeben.

Wissen wird von Isis verliehen, es wird nur durch ihre göttliche Intuition gefiltert, aber nicht durch den Verstand behindert. Sie empfängt, formt, verändert, vervollkommnet Formen, Vorstellungen oder Wesen kreativ und mit Fantasie.

Die magische Alchemie ihres Schöpfungsprozesses entsteht durch göttliches Einhauchen, das Form und Macht verleiht. Isis stellt das Zauberhafte im Leben dar, die Fähigkeit, das Unbewusste zu erforschen, mit einem glanzvollen Bild daraus aufzutauchen und den Mut aufzubringen, immer wieder Neues auszudenken.

Isis wird von ihren Skorpionen begleitet, die ihre Kunst und großzügige Schöpferkraft weitergeben und durch unsichtbare Fäden telepathischer Kommunikation mit ihr verbunden sind. Sie hat ihnen ihre Lehre geschenkt, und nun verbreiten sie diese dankbar.

Wer sind die sieben Skorpione? Es sind die sieben Hohepriester, die das Wissen ihrer Initiatorin und Mutter weitergeben. Sogar zur Zeit des Monotheismus in Ägypten und der Verehrung des einen Gottes Ra blieb die Lehre der Offenbarung Isis' und damit der göttlichen Dreiheit unverändert. Der Monotheismus war eine aus politischen Gründen von den Priestern – nicht etwa von Amenothep IV. – erwünschte Revolution. Der Monotheismus wurde eingeführt, um den Eindruck zu erwecken, der Pharao besitze größere Macht. Wir werden noch sehen, dass das genaue Gegenteil zutrifft. Der Pharao steht dem ägyptischen Volk mit einer anscheinend fast grenzenlosen Macht vor. In den Augen der Ägypter trägt er die alleinige Verantwortung und hat ihnen bei etwaiger Unzufriedenheit Rechenschaft abzulegen. Tatsache ist, dass er praktisch keinerlei Macht besitzt und von den Priestern vollkommen manipuliert wird. Das lässt ihnen freie Hand, das Land nach Gutdünken und ohne Angst vor Folgen zu regieren, ohne dass sich die Außenwelt irgendwie einmischen könnte. Der durch übermäßige Bewunderung geschwächte Pharao wird zur Marionette in den Händen der Priester. Dessen nicht bewusst, ist er der Leidtragende, wenn etwas schief läuft. So kann man ein Land sehr wirksam regieren, auch wenn die zunehmende Arroganz der Priester am Ende zum Untergang der ägyptischen Kultur geführt hat.«

Mein Führer schweigt und lässt mir Zeit, das Gesagte aufzunehmen. Wieder bin ich von seiner großen Strahlkraft und seinem Charisma beeindruckt.

»Bist du bereit für ein leichteres Thema?«, fragt er augenzwinkernd. »Da ich über den Kopf und die wichtigsten Krankheiten sprechen möchte, die ihn befallen können, möchte ich abschweifen und etwas zu unserer Haartracht und Kopfbedeckung sagen. Bestimmt hast du schon Beispiele davon auf Bildern und Büsten gesehen. Ich erkläre dir jetzt ihre Bedeutung und verschiedenen Zwecke. Jede Kopfbedeckung hat einen rituellen oder einen praktischen Nutzen, der durch Form und Farbe erkennbar ist. Jede Kopfbedeckung fördert die Konzentration, steigert die Energie und vermag sie weiterzuleiten. Kopfbedeckungen werden aus Pflanzenfasern und Leim, einer Art Papiermaschee, hergestellt und sind somit leicht. Der Faserbrei wird in Formen gepresst. Nachdem sie geformt und hart geworden sind, taucht man sie in einen Farbstoff. Die meistverwendeten Farben sind Pechschwarz, Weiß und Gold.

Die Kopfbedeckung wird mit brillenähnlichen Bügeln befestigt, das Haar entweder hinein gesteckt oder darunter frisiert. Wohnen die Priester einer Zeremonie bei, etwa einer Bestattung, Hochzeit oder einem anderen Ereignis, und wollen sie eine bestimmte Energie erzeugen, tragen sie in der Regel einen hohen, eiförmigen Hut, der sich oben stark verengt und dann noch einmal zu einer runden Form erweitert oder einen knopfförmigen Hut mit viereckiger Basis. Diese Formen strahlen die höchste elektromagnetische Energie ab. Sie unterscheiden sich von den Kopfbedeckungen des Pharaos und werden nach genauen, auf den Träger abgestimmten Proportionen gefertigt.

Beabsichtigen die Priester anlässlich besonderer Zusammenkünfte gemeinsam starke Energie zu erzeugen, so setzen sie einen kegelförmigen Hut, meist in drei unterschiedlichen Farben, auf: Schwarz für die jüngeren, Weiß für die Mehrheit und Gold für die wichtigeren Priester. Auf diesen Kegel wird ein zweites, ganz leichtes Gebilde aus leimverstärktem Leinen oder Pflanzenfasern gesetzt. Die untere Kopfbedeckung ist schlicht, die Aufsätze hingegen leuchten in intensiven Farben. Sie sind geometrischen Formen nachgebildet — zum Beispiel kleinen Kegeln, Pyramiden, Prismen, Kugeln oder auch gestutzten Kegeln oder Pyramiden — und werden angeklebt. Sie besitzen esoterische Bedeutung und die Fähigkeit, große Energiemengen aufzunehmen, die zum Erzeugen überaus starker Energiewogen verwendet werden. Darüber berichte ich dir nach der Beschreibung unserer Kopfbedeckungen.

Für den Alltag kann jeder die am besten zu seinen Bedürfnissen und Pflichten passenden wählen. Gewöhnlich tragen Verwalter, Ingenieure und Architekten Hüte, die den eiförmigen ähneln, nur sind sie kürzer und oben schräg: Die Rückseite ist etwas höher als die Vorderseite. Zum Erzeugen von Wellenformen und zur Förderung der Konzentration für die anstehende Arbeit werden originelle kleinere Formen getragen. Im Tempel allerdings befestigen die Priester in der Regel ein vielfach gefaltetes feines Leinentuch mit einer Haarnadel oder Klammer im Haar. Verlässt ein Priester den Tempel in offizieller Funktion und will er die Aufmerksamkeit auf sich lenken, trägt er die zeremonielle Kopfbedeckung. Will er nicht gesehen werden, verlässt er den Tempel durch die unterirdischen Gänge und bedeckt seinen Kopf mit einem Zipfel seines Umhangs. Das bedeutet, dass er nicht gestört werden möchte. Ist er barhäuptig, kann man ihn ansprechen. Die Tempeleingänge werden immer von einer Menge Menschen belagert, die mit den Priestern sprechen wollen. Das geht allerdings nur, wenn eine offizielle Mittelsperson sie entsprechend eingeführt hat.

Nun zur Haartracht. Wir waschen Haare und gegebenenfalls Bart täglich mit diversen Mischungen, zum Beispiel aus Ei, Zitrone und Kräutern, wonach wir Duftöl auf das noch feuchte Haar auftragen. Ob kurz oder lang, es wird immer gerade abgeschnitten. Wir lassen es nie ausfransen, das finden wir ordinär und verabscheuen es. Ist das Haar mehr als schulterlang, flechten wir es zu Zöpfen, die wir auf verschiedene elegante und raffinierte Arten tragen. Mit Bärten verfahren wir gleich: Lange Bärte werden manchmal geteilt, zu Zöpfen geflochten, in ein feines parfümiertes Leinentuch gewickelt und zum Haar gesteckt, damit alles ordentlich, kompakt und staubfrei bleibt.

Der Pharao ist glatt rasiert. Manchmal trägt er einen kleinen, jederzeit sorgsamst gepflegten Spitzbart. Zu besonderen Anlässen wird dieser mit einem Haarteil verlängert.

Abgesehen von Haar und Bart sind die Ägypter gewöhnlich vollkommen enthaart. Das trifft nicht nur auf die oberen, sondern auch die mittleren Klassen zu. Dazu verwenden wir Bienenwachs oder frische, mit Honig vermischte Harze. Beides wird zu einem Ball geformt, in der Hand gewärmt und mit Kreisbewegungen über den ganzen Körper verrieben, was alle unerwünschten Haare entfernt. Es ist keine schmerzhafte Methode, und nach einer Weile gewöhnt man sich daran. Wir reiben die Haut auch mit feinstem Wüstensand oder Pflanzenfasern ab und verwenden viele nach Geschmack parfümierte Essenzen und Öle. Wir achten auf peinliche Reinlichkeit, und Körperpflege bereitet uns großes Vergnügen.

Die Priester wechseln zusätzlich zu den morgendlichen Waschungen täglich mehrmals das Gewand. Im Tempel tragen wir tagsüber meist weiß oder dunkelindigo gefärbte Tuniken oder Kaftane, aber Weiß ist unsere Lieblingsfarbe. Die Tuniken sind ausnehmend fein und werden nach jedem Tragen gewaschen. Für unsere Treffen legen wir eine kürzere Tunika mit Gürtel an, und darüber eine Stola oder zwei. Die Gewänder für den Abend sind aus Kamelhaar, entweder in Naturfarbe oder je nach Geschmack oder Rang unterschiedlich gefärbt. Die Gürtel und etwaiger Schmuck entsprechen der Stellung oder haben eine besondere Bedeutung. So würde beispielsweise ein Sklave nie den Gürtel eines Priesters tragen. Gürtel werden aus Metall, Leder oder Stoff gefertigt. Leder mögen wir für die Bekleidung nicht besonders. Die Priester gehen in einfachen Sandalen, meist aus geflochtenen Blättern oder Stroh und manchmal auch barfuß. Am liebsten tragen sie ganz leichte, kurze Stiefel aus Tuch. Die Sohlen werden mit Harz oder Teer gehärtet. Wenn sie noch feucht sind, fährt man mit Tierfell darüber, damit es filzartig aussieht. Diese Stiefel sind nicht nur außerordentlich leicht, sondern auch geräuschlos. Stille wird im Tempel und auch sonst von kultivierten Ägyptern hoch geschätzt. Das hallendere Metall wird vorwiegend zu Festlichkeiten getragen und ist immer abgefüttert oder auf Stoff genäht.

»Zu besonderen Anlässen tragen wir kunstvoll gearbeitete Gewänder in mehreren Farben übereinander und dazu dekoratives Geschmeide. Nun, Festlichkeiten sind eben etwas Besonderes!«

Betonthep grinst vergnügt und nimmt den Faden wieder auf:

»Ich will versuchen, dir mehr über elektromagnetische Energie und Wellenformen und ihren Einsatz mitzuteilen. Alles auf dieser Welt strahlt elektromagnetische Energie ab. Manche Formen und bestimmte Gebiete der Erde geben sie jedoch in bedeutend höherer Konzentration als andere ab. Die Energie bildet ständig Wellenmuster oder -formen. Wir versuchen, sie nutzbar zu machen, um große Mengen natürlicher Energie zur Verfügung zu haben, die sonst ungenutzt bliebe und vergeudet wäre. Von Pyramiden beispielsweise gehen starke Wellen aus, genauso wie von bestimmten Bergformationen oder Kreuzungen unterirdischer Wasseradern. Diese Wellen bestehen aus Konzentrationen positiver Energieteilchen, die negative Reaktionen auslösen können. Von Bergen abgegebene starke Wellen können beispielsweise bei Störungen durch äußere Faktoren wie Winde, Strömungen oder andere dynamische Energien gefährlich werden. Treffen solche Wellen auf starke äußere Kräfte, wird ihre Energie nicht nur gewaltig intensiviert, sondern ins Zerstörerische gewendet.

Wollen wir also diese natürliche Energie nutzen, führen wir ein Ritual durch. Wir nehmen einen Sender zu Hilfe – gewöhnlich eine Pyramide – und stellen mit willentlicher Strahlung aus dem dritten Auge eine Verbindung zum Mond her. Vollmond ist der wirksamste Zeitpunkt, er wirkt wie ein negativer Pol und Magnet. Die teilnehmenden Priester arbeiten in Einklang miteinander, um die stetig abgegebenen Wellen mit Geisteskraft einzufangen. Mit Hilfe des Mondes werden sie in hochgradig dynamische elektromagnetische Energie umgewandelt. Auf diese Weise nutzen wir die von Pyramiden erzeugte positive Kraft, bündeln sie, richten sie aus und wenden sie nach Wunsch an. Je nach Zweck verwenden wir die jeweils geeignetste Pyramide, denn jede erzeugt eine unterschiedlich starke Energie.

Adcem-Nut hat dir bereits erzählt, welche Rolle Mumien bei diesem Vorgang spielen. Zudem wird ein Kontakt zwischen dem Geist der Mumien und ihrem kosmischen Ursprung hergestellt.

Wir nutzen nicht immer nur den Mond, sondern stellen manchmal auch eine Verbindung zur Milchstraße her. Für uns ist sie das Gegenstück des Nils am Himmel. Wie du weißt, ist der Nil unser Lebensquell. Er steht für das Fruchtwasser, die Mutter und den Ursprung Ägyptens.

Wir verwenden also die starke elektromagnetische Energie ganz verschieden. Wir stellen beispielsweise eine Verbindung zwischen Milchstraße und Nil her, nachdem wir die Energie mit Hilfe des Mondes und der Willenskraft aus der Pyramidenspitze ausgesendet haben. In diesem Fall wirkt die dynamische Kraft wie ein Riesenmagnet für Wolken, die sich zu mächtigen Gebilden zusammenballen und Regen erzeugen. Dann tritt der Nil über die Ufer und macht diese fruchtbar. Die Kraft der Energie wird gleichzeitig zur Zerstreuung nahender Heuschreckenschwärme genutzt.

Bei Naturgewalten wie einem Wirbelwind versuchen wir, diese an die willentlich erzeugte Kraft zu binden und beispielsweise zum Aufbrechen eines Steinbruchs umzulenken, also eine Arbeit zu leisten, die mit anderen Mitteln mühselig wäre.

In der Regel führen wir diesen Vorgang nachts und bei Vollmond durch. Droht jedoch eine Gefahr — ein Heuschreckeneinfall oder Wirbelsturm —, können wir natürlich nicht warten. Wir kennen die Mondstellung jederzeit, auch tagsüber. Somit gelingt es auch dann.

Diese Rituale sind uralt. Mit der Zeit sind die geistigen Kräfte verloren gegangen, weil unsere Kultur durch mangelnde Disziplin und den Einfluss anderer geschwächt wurde.

Wenn wir schon bei diesem Thema sind, kann ich gleich noch erwähnen, dass wir Ringe tragen, die bestimmte Wellen abgeben. Wir verwenden sie, um jegliche von bestimmten Ereignissen oder Menschen ausgehende Negativität abzuwehren, damit diese nicht in das eigene Energiefeld eindringt. Die Ringe sind aus empfindlichem Material — Metall, Glas oder Steinen —, aber ihre Kraft ist vorwiegend auf die Form oder die eingravierten Muster zurückzuführen, beispielsweise Spiralen, Labyrinthe, verflochtene, durchbrochene Verzierungen oder Symbole. Manche Priester sind bei uns sowohl Kunsthandwerker wie Künstler. Sie erforschen die für diesen Zweck wirksamsten Formen für Ringe und Verzierungen.

Aber vielleicht wäre es Zeit für eine Erfrischung? Komm, ich nehme dich in unsere Gemeinschaftsräume mit. Das interessiert dich bestimmt.«

»O danke«, antworte ich, »ich könnte tatsächlich etwas vertragen.«

»Noch etwas, bevor wir gehen«, meint mein Führer. »Ich möchte dir noch sagen, wozu die schwarzen und weißen Steine und kleinen Holzstückchen auf meinem Schreibtisch dienen. Ich verwende sie, um meinen Schülern damit Rätsel aufzugeben. Sie sind so angelegt, dass sie den Verstand schärfen und die Schüler die geheime Bedeutung der Hieroglyphen und Symbole lernen. Hieroglyphen kann man auf zwei Arten lesen. Die eine ist jedermann zugänglich, die zweite aber geheim, und zu dieser kennen nur Eingeweihte den Schlüssel. Ich ordne einige weiße und schwarze Steine so an, dass Form und Lage nur eine bestimmte Deutung zulassen. Dazwischen zeigen Holzstückchen Leerräume an, welche die Schüler wie bei einem Kreuzworträtsel ausfüllen sollen, um das Rätsel zu lösen, das meistens einen philosophischen Inhalt birgt und sich auf unsere Grundgeheimnisse bezieht. Gewöhnlich haben die schwarzen und weißen Steine eine einander ergänzende Bedeutung. Sie sind die beiden Seiten derselben Idee und ihrer Dualität wegen untrennbar.«

Betonthep schickt sich an, sein Arbeitszimmer zu verlassen. Er hat sich ein gefaltetes Leinentuch auf den Kopf gelegt.

»Moment!«, ruft er und bedeckt meinen Kopf mit einem ähnlichen Tuch. Dann nimmt er rasch ein Schmuckstück, zeigt es mir und steckt es an das Tuch. Es ist eine wunderschöne Libelle aus Ebenholz und Bergkristall.

»Ein Geschenk für dich«, sagt Betonthep.

»Ich danke dir«, rufe ich aus, »es ist wunderschön!«

»Ich freue mich, dass es dir gefällt. Einer unserer besten Künstler hat es gemacht. Steck jeden Tag das Tuch auf deinem Kopf damit zusammen, sonst bekommst du womöglich einen Sonnenstich. Die Sonne steht schon ziemlich hoch. Gehen wir.«

»Vorher würde ich gerne noch etwas über die Sternbilder auf dem Fußboden wissen«, bitte ich.

»Ach ja, das habe ich vergessen. Die Schüler legen sie aus

und verändern sie je nach Bewegung der Gestirne. Ich unterrichte die Schüler über den Zusammenhang zwischen Sternbild und Mensch. Sie dir zu erklären, ist Kaharbnams Aufgabe. Du weißt ja, er ist ein hervorragender Astronom. Morgen wirst du einen faszinierenden Tag mit ihm verbringen.«

Wir verlassen den kleinen Tempel und machen uns durch die gewundenen Pfade der hängenden Gärten auf den Weg.

Betonthep erläutert: »Wir stutzen hier Äste und Wurzeln aller Pflanzen, alles seltene, wertvolle Exemplare. So zurückgeschnitten werden sie uralt und interessant. Alle Wege enthalten Symbole und Übungen. Die Übungen gleichen denjenigen mit den weißen und schwarzen Steinen, nur werden sie hier nicht verändert. Es sind gleichsam Grundlagen, welche die Schüler sich einprägen sollen. Dort, wo die sieben Hauptchakras abgebildet sind, meditieren die Schüler und lernen, ihr inneres Gleichgewicht zu erlangen und die inneren und äußeren Chakras zu harmonisieren. Diese befinden sich in den leichten Energiekörpern, die den physischen Körper umgeben, Schichten von Licht, Harmonie und zirkulierender Lebenskraft. Über die Chakras hörst du an einem anderen Tag, es ist ein recht umfangreiches Thema. Komm, meine Liebe, gehen wir.«

Mein Freund nimmt mich bei der Hand, und wir nehmen die Außentreppe hinunter und treten wieder durch den Hintereingang oberhalb der Küchenräume in den Tempel ein. Dort gehen wir einen Flur entlang und gelangen in einen wunderbar geschmückten, vornehmen, einladenden Raum mit jeweils zwei Sitzen mit Tischchen an den Wänden entlang. Einige Priester und zwei Priesterinnen haben sich bereits gesetzt.

Betonthep erläutert: »Das ist der Speiseraum, den wir aufsuchen, wenn wir nicht allein in unserem Arbeitszimmer essen wollen. Dort rechts ist mein guter Freund Nephutis, ein hervorragender Arzt. Die beiden Priesterinnen Sitis und Kousphre sind eng miteinander befreundet und auf ihrem Spezialgebiet sehr bewandert. Dort links sitzt Aneroferut, der hoch talentierte Feinschmied für Ringe, von dem ich dir vorhin erzählte, mit Omnisete neben ihm.«

Alle verneigen sich und lächeln uns strahlend an. Ihre Zähne beeindrucken mich, sogar die der älteren Anwesenden sind blendend weiß, aber ich verkneife mir die Frage nach ihrem Geheimnis.

Mein Führer sagt: »Hier kommt Udak mit unserem Essen. Er ist mein Lieblingsschüler und außerordentlich aufmerksam. Ich hoffe, du magst, was er uns bringt. Wie ich sehe, gibt es gefüllte Ente, eine meiner Lieblingsspeisen.«

»Das mag ich auch sehr«, stimme ich ein.

Udak lächelt und freut sich sichtlich. Er hat zwei Tabletts auf die Tischchen neben uns gestellt, tranchiert die Ente geschickt und legt auf. Betonthep und ich sitzen nebeneinander in einer Ecke des Raumes und genießen das Essen, das wie immer sorgfältig und geschmackvoll angerichtet ist. Vor dem Eintreten haben wir unsere Fußbekleidung im Flur gelassen, und Udak hat seinem Meister vor dem Essen Hände und Füße gewaschen.

Ich habe noch nicht beschrieben, wie interessant dieser Raum ist. Boden und Wände sind mit safranfarbenen Binsenmatten ausgelegt, die Wände wunderschön mit großen, seltenen Tierarten in einer Fantasielandschaft ausgeschmückt. Sie sehen aus wie von Kinderhand gemalt, verraten jedoch das Talent eines großen Künstlers. Der Boden ist mit geometrischen Mustern bedeckt, die einen Rahmen für die Wandbilder bilden. Die Vorhänge sind dattelfarben, die Möbelstücke aus Bambus.

Betonthep bemerkt zu den Tieren in der Wandmalerei: »Der Künstler wollte die seltenen und ungewöhnlichen Tiere und Pflanzen festhalten, damit wir sie alle kennen lernen und uns an ihnen erfreuen. Manchmal bringen Phönizier oder andere Seefahrer uns Tiere von weit entfernten Ländern mit. Auch wir finden immer wieder ein Tier, das nicht zu unserem Bestand gehört. Eure Tierwelt ist inzwischen sehr karg geworden, aber wir entdecken nicht selten Vögel oder Fische, die es bei uns gemeinhin nicht gibt. Dort ist ein Narwal – das Einhorn der Meere – abgebildet. Es wurde hier an Land angetrieben. Und diese Tür wird von einem Albino-Krokodil geschmückt.«

Neben uns gibt ein Schüler seinem ältlichen Meister zu essen. Er sitzt auf einem Binsenkissen vor ihm. Betonthep erklärt: »Omnisete war krank und ist noch sehr schwach. Er verabscheut es, Essen zu verschütten, deshalb hilft ihm der Junge. Er kommt zu jeder Mahlzeit her, weil er nicht gerne allein isst und Freude an Gesellschaft hat.«

Als wir fertig sind, kommt Udak mit einem Kräutertee. Wie immer ist dieser angenehm warm und mit Minze und Jasmin gewürzt.

»Ausnahmsweise ist ein bisschen Likör darin. Magst du

ihn?«, erkundigt sich Betonthep, dem er offensichtlich recht gut schmeckt. Er stellt mich einigen Freunden vor und sagt ihnen, was ich hier tue.

Dann wendet er sich an mich und sagt: »Sie sind sehr neugierig, wenn es etwas Neues gibt. Gehen wir noch ein paar Schritte, dann suchen wir uns Hängematten und ruhen aus.«

Wir begeben uns in jenen Abschnitt des Gartens, wo die großen Bäume stehen. Mehrere Hängematten sind an diesen befestigt. Wir suchen uns zwei zwischen einem Pharaonenfeigenbaum und einer Zeder aus. Betonthep breitet ein Moskitonetz über mir aus. Es hängt wie ein Zelt über meinem Körper und wird mit einem gepolsterten Metallring vom Gesicht fern gehalten. Mein Freund hilft mir, das Netz unter den Füßen einzuschlagen und sagt: »Ich wecke dich wie üblich.«

Dann zieht er sich, in ein ebensolches Netz eingehüllt, in seine Hängematte zurück. Ich schlafe wie ein Stein und völlig sicher in der Gewissheit, dass kein Wesen es schaffen würde, mich zu stören.

Betonthep steht wieder neben mir: »Wie fühlst du dich? Erfrischt?«

»O ja, danke. Nicht einmal ein Floh hat gewagt, mir nahe zu kommen«, entgegne ich.

»Gut, gehen wir in mein Zimmer. Dort ist es kühl wegen der Lage des Zimmers.«

Es ist offenbar tatsächlich ein besonders günstig gelegenes Zimmer — eher eine Zimmerflucht mit einer Nische für das Bett und einen der üblichen pryramidenförmigen Baldachine. Hoch über dem Bett befindet sich ein kleines Fenster, dessen Form mich überrascht. Es ist ein auf dem Kopf stehendes Dreieck.

Betonthep bemerkt meinen Blick: »Du siehst dir das Fenster an? Weißt du, weshalb es diese Form hat?«

»Keine Ahnung.«

»So kommt Luft in das Zimmer, ohne dass ein Durchzug entsteht«, erklärt er.

»Das ist sinnvoll«, meine ich, »heute sind wir nicht mehr so klug.«

»Du wirst sehen, alles kehrt wieder«, tröstet er mich.

Wir setzen uns in den als Arbeitszimmer dienenden Teil des Raumes mit zwei Tischen. Einer gleicht dem, auf welchem Anuphti mich massiert, der andere ist normal hoch. Das Gemach ist sehr karg eingerichtet, aber auf dem niedrigeren Tisch stehen drei faszinierende Gegenstände. Einer ist eine Doppelspirale, die auf etwas, was wie ein Bergkristall aussieht, montiert ist. Beim zweiten handelt es sich um die kleine Skulptur einer sitzenden, kompakten Figur, die dem Betrachter mit dem Blick durch das ganze Zimmer zu folgen scheint. Der dritte Gegenstand ist ein großer, aus einem weiß-grauen Stein gefertigter Ring mit einem als Hochrelief eingeschnitzten Labyrinth. Ich bin von der magischen Anziehungskraft der drei Stücke wie gebannt.

»Ich habe dich beobachtet«, lächelt Betonthep.

»Der Ring ist eine Arbeit meines Freundes Aneroferut, den du vorhin gesehen hast. Die beiden Skulpturen sind Geschenke von anderen Freunden. Die drei Objekte schützen vor negativer elektromagnetischer Energie.«

»Ich wollte dich noch etwas fragen, das ich vor nicht allzu langer Zeit in einer Fernsehsendung gehört habe«, bemerke ich. »Es hieß, es sei schädlich, längere Zeit elektromagnetischen Wellen ausgesetzt zu sein, etwa beim Fernsehen oder der Computerarbeit. Stimmt das?«

»Natürlich. Die elektromagnetische Energie, die euch heute umgibt, ist nicht dieselbe, mit der wir uns umgeben. Wir nutzen sie auf natürliche Weise und bauen ein Feld aus einer ausgewogenen Menge Partikel mit kontrollierter Intensität auf. Ihr seid einer zu hohen elektromagnetischen Spannung unterworfen, und die Wellen bilden Zufallsmuster. Statt dass euch ein Elektromagnetfeld mit genau der richtigen Menge kontrollierter Energie in eurer Umgebung vor negativen Kräften schützt, werdet ihr von schädlichen synthetischen Energien geradezu bombardiert.«

»Du meine Güte«, entfährt es mir.

Betonthep wechselt das Thema: »Jetzt möchte ich dir etwas zur Medizin sagen. Zuerst erkläre ich dir, welche Methoden wir für die Diagnose anwenden, dann schildere ich dir diverse Heilmethoden für verschiedene Krankheiten. Ich möchte speziell auf die Behandlung bei Hirnhaut- und Gehirnentzündung eingehen, aber im Lauf der nächsten Tage wirst du noch mehr darüber erfahren, wie wir Medizin betreiben.

Der ägyptische Arzt teilt seine Patienten in Typen ein. Dazu verwenden wir ein Farbensystem. Wir teilen die Typen in Gelb, Rot, Schwarz und Blau ein. Beim blauen Typ gibt es einen grünen Untertyp, der sich aus Blau ergibt. Mit diesen Farben bezeichnen wir natürlich nur die Typen unserer eigenen Rasse. Dieser Rahmen ist uns eine Hilfe bei der Behandlung von Patienten. Jeder Farbtyp hat ein eigenes Temperament und neigt zu bestimmten Krankheiten und Schwächen. Um festzustellen, zu welcher Farbe jemand gehört, untersuchen wir seine körperlichen und seelischen Eigenheiten, Verhalten und Herkunft. Während der Tests zur Ermittlung der Hauptfarbe fastet der Betreffende durchschnittlich drei Tage lang. Wir legen eine Art Karteikarte an, auf der wir Reaktionen und Verhaltensweisen anhand von Symbolen – geometrischen Formen oder sonstigen Zeichen – festhalten. Eine »feuchte« Eigenschaft wird beispielsweise durch kleine Wellen dargestellt. Wir halten die rassische Herkunft fest und untersuchen den Farbtyp der Eltern. Die Ägypter sind ein ziemliches Rassengemisch verschiedenen Ursprungs, und das ist auch gut so, dann degeneriert eine Rasse nicht so schnell.

In der Regel haben Angehörige der höheren Klassen eine helle, eigentlich meist sehr helle Haut und rabenschwarzes, ganz glattes Haar. Sie sind durchschnittlich groß, und Rumpf, Arme und Hals sind lang. Diesen aristokratischsten unter den Typen teilen wir der Farbe Gelb zu.

Der gelbe Typ ist reizbar und neigt zu Gallenkoliken. Er hat ein cholerisches und doch passives Temperament. Das klingt widersprüchlich, aber die Reizbarkeit ist bei einem sanften, keineswegs aggressiven Grundtemperament immer nur von kurzer Dauer. Cholerisch heißt nicht kriegerisch, das wäre ein Merkmal des roten Typs. Der gelbe Typ hat meist eine Leberschwäche. Die weiße Bindehaut des Auges färbt sich leicht gelblich. Dazu kommt eine Darmschwäche, die besonders den Dickdarm betrifft. Das Blut dieses Typs wird als »süß« beschrieben, weil Angehörige dieser Gruppe ein gemäßigtes und ausgeglichenes Wesen haben. Grundsätzlich sind sie verlässliche und geistig stabile Menschen, die klar denken können und in der Regel intelligent sind. Den gelben Typ bezeichnen wir als »feucht-kalt«.

Der rote Typ hat ein aufbrausendes Temperament. Er ist aggressiv und aktiv, besser gesagt dynamisch, und im Durchschnitt weniger intelligent als der gelbe Typ. Er hat einen stabilen Körperbau mit großem Kopf, recht langen Beinen, dreieckigem Rumpf und breiten Schultern. Er ist manchmal gedrungen, hat jedoch längere Glieder als der vornehmere, schlankere gelbe Typ. Der rote Typ ist stark und macht einen gesunden Eindruck. Meist hat er dunkelbraunes, gelocktes Haar. Mit seiner großen Nase und ausnehmend scharfen Augen mit stechendem Blick gleicht er einem Raubvogel. Gute Augen sind in Ägypten eine Stärke, gewähren sie doch Unabhängigkeit und ein langes Leben. Wir werden noch sehen, dass die schlimmsten Krankheiten in diesem Land Darm und Kopf befallen, und Blindheit trifft man infolge der riesigen Insektenscharen hierzulande besonders häufig an. Insekten sind die Hauptüberträger von Entzündungen und allerlei anderen Krankheiten. Eine weitere wichtige Ursache sind Wassermangel und unzureichende Hygiene.

Doch zurück zum roten Typ: Er hat ein starkes Herz, ist jedoch anfällig für Herzschlag. Das heißt: Er ist zwar allgemein recht gesund, doch besteht sogar in jungen Jahren die Möglichkeit eines plötzlichen Todes. Sein Kreislauf ist gesund. Er ist Sanguiniker, weil er reizbar ist und im Gegensatz zum cholerischen Typ lange grollt und auf Rache sinnt. Füße, Nieren und Geschlechtsorgane sind seine Schwächen. Er neigt zu Entzündungen und leidet manchmal an Impotenz oder Unregelmäßigkeiten im sexuellen Bereich. Alles in allem ist der rote Typ eher mediterran. Er grollt rasch, ist hingegen auch großzügig. Den roten Typ bezeichnet man als »trocken-warm«.

Zum blauen Typ gehört ein grüner Untertyp, der sich nur leicht vom blauen unterscheidet. Der blaue Typ ist melancholisch und eine Mischung zwischen Mystiker und Idealist. Er bewegt sich entweder ganz langsam oder hektisch. Er kann sich hervorragend konzentrieren und hat ein ausgezeichnetes Gedächtnis. Dagegen neigt er manchmal zu sonderbarem Verhalten, Unsicherheit, Geistesabwesenheit und Geisteskrankheit. Der blaue Typ ist ein großer Einzelgänger und der ruhigste Typ von allen, ist jedoch nicht immer ausgeglichen, sondern neigt zu Fanatismus und Besessenheit. Bei der Prüfung zur Einordnung dieses Typs beobachtet man wiederkehrende Bewegungsmuster. Hält sich der blaue Typ unter Kontrolle und zügelt sein Zwangsverhalten, ordnet man ihn dem grünen Typ zu.

Sowohl der blaue wie der grüne Typ haben eine hohe Stirn und gesundes dunkel- oder rötlichbraunes Haar. Die hellen oder hell wirkenden Augen blicken verträumt. Die Nase ist gerade oder hat entfernte Ähnlichkeit mit einer Adlernase. Der breite Mund ist zwar eher dünnlippig, aber dennoch angenehm. Der blaue und grüne Typ sind wahrscheinlich die bestaussehenden und sehr charmant. In der

Regel sind sie groß, schlank und bewegen sich vornehm. Ihre Haut ist eher blass, die Hände sind sehr schön. Ihre Schwächen sind Augen und Gehirn. Sie sind zartbesaitet und neigen zu ererbten Leiden, vor allem aber Geisteskrankheiten. Beim blauen — noch mehr beim grünen Typ — sind die Knochen infolge der erblich bedingten Kalziumassimiliationsschwäche fragil und brüchig.

Der grüne Typ unterscheidet sich insofern vom blauen, als er kontrollierter und somit weniger für geistige Störungen und Nervenschwächen anfällig ist. Dennoch ist er mit seinem übererregbaren Nervensystem sehr zart besaitet. Priester gehören meistens diesem Typ an. Hier im Tempel sind wir zwar alle sehr verschieden, gehören aber fast ausnahmslos zum grünen Typ. Manchmal weist ein grüner Typ einige gelbe Eigenschaften auf. Die Priester, die über die Heirat im Königshaus zu entscheiden haben, versuchen jeweils, einen grünen mit einem gelben Typ zu verbinden. Diese Mischung zeitigt hervorragende Ergebnisse und wird für Pharaonen als die beste erachtet.

Priester kennen die Schwächen ihres Typs und versuchen sie durch Selbstanalyse und Willenskraft auszugleichen. Sie sind empfindsame, vernünftige Menschen, die wissen, wie sie ihrer Anfälligkeit entgegenwirken und sich energetisch regenerieren können. Sie halten Diät, fasten und sorgen ganz allgemein für das Wohlergehen ihres Körpers und Geistes. Damit beachten sie das Sprichwort: »Ein gesunder Geist wohnt in einem gesunden Körper.« Priester leben durchschnittlich viel länger als die übrige Bevölkerung. Sogar wenn sie fragil wirken, sind sie dennoch viel stärker als die Allgemeinheit. Häufig haben Priester schlechte Augen, kompensieren dies jedoch, indem sie die anderen Sinne schärfen und die Hellsicht fördern. Sowohl der blaue wie der grüne Typ werden als »trocken-kalt« bezeichnet.

Der letzte ist der schwarze Typ. Er ist der schwierigste und in vielerlei Hinsicht auch der dunkelste. Sein Körperbau ist schwer definierbar, die Haut ist dunkel und auch das krause Haar ist dunkel – nicht schwarz – und ergraut vorzeitig. In der Regel ist er mit kurzen Beinen, plattgedrückter Nase und vorstehenden Augen nicht besonders attraktiv. Der schwarze Typ ist leidenschaftlich, leicht reizbar und neigt zu plötzlichen, meist übertriebenen Wutausbrüchen. Dieser Typ ist eine Mischung der anderen Typen, der allerdings die schlechtesten Seiten in sich vereint. Er neigt charakterlich am ehesten zu Gewalt und Verbrechen und ist sexuell sehr aktiv. Seine Schwachpunkte sind Herz, Lungen, Nieren und andere mehr, was auf die Mischung des Typs zurückzuführen ist. Trotz aller negativen Eigenschaften ist der schwarze Typ meistens klug, intelligent, lebhaft, flexibel und einfallsreich. Er ist vorwiegend in den niederen Klassen vertreten. Einerseits kann er hart arbeiten und ist unternehmungslustig, andererseits ist er sehr faul. Er besitzt eine sehr gemischte Persönlichkeit. Der schwarze Typ ist leicht zu erkennen, auch wenn er seine Fehler geschickt verbirgt.

Die meisten Schreiber gehören diesem Typ an. Deren Vater gehört fast immer zum schwarzen, die Mutter zum blauen Typ oder umgekehrt. Schreiber sind in der Regel Ränke schmiedende Gesellen, die überall Zutritt suchen. Mit ganz wenigen Ausnahmen achten die oberen Klassen

Ägyptens die Klasse der Schreiber nicht besonders. Diese jedoch halten sich für wichtige Gelehrte, die klüger sind als alle anderen. Den schwarzen Typ bezeichnet man als »feucht-warm«.

»Betonthep«, erkundige ich mich, »wir halten die Schreiber für eine gelehrte Klasse, die ständigen Kontakt zu euch pflegt. Stimmt das also nicht?«

»Nein, keineswegs«, erwidert er. »Die Schreiber sind soziale Aufsteiger, die bestimmte Verwaltungsaufgaben erledigen, mit denen wir uns nicht abgeben wollen. Sie täuschen sich selbst mit ihrer Wichtigkeit und Autorität.«

»Das gefällt dir offensichtlich nicht — entschuldige die Frage ...«

»Schon gut, die Frage war verständlich«, meint Betonthep. »In Ägypten trennt eine große Kluft die verschiedenen Klassen und deren Lebensweise, und ihre Rollen sind klar abgegrenzt. Die niederen Klassen haben ein schweres Leben. Sie leiden unter Entbehrungen, die auf natürliche Ursachen wie Dürre beruhen. Wasser ist ein überaus wertvolles Gut und wird zur Hauptsache in die Tempel und den Pharaonenpalast geleitet. Deswegen ist die Hygiene so schlecht, obwohl die Ägypter von sich aus ihres Standes ungeachtet ein sehr sauberes Volk sind. Die Armen verwenden zur Reinigung ganz feinen Wüstensand, um Wasser zu sparen. Damit reiben sie sich ab und entfernen wenigstens teilweise Schmutz und Schweiß. Im Stadtkern bauen wir jeweils neben den Häusern der Stadtbevölkerung große öffentliche Zisternen. Das Wasser gelangt über gedeckte Kanäle dorthin, damit es nicht unrechtmäßig abgeleitet wird.

An jedem Haus sind Regenrinnen angebracht, und das Regenwasser wird sorgfältig gesammelt und in Auffangbecken aufbewahrt, die partiell oder ganz unter der Erde sind.

Wir fürchten immer wieder, der Nil werde nicht über die Ufer treten. Das aber ist zur Befruchtung des gesamten Gebietes, von dem wir für unsere Nahrung abhängig sind, erforderlich. Die Felder und Gemüsegärten liegen hauptsächlich im Delta und am oberen Nillauf. Doch trotz unserer Bemühungen, das Wasser zu kanalisieren, nimmt das Ackerland an den Ufern immer mehr ab, je südlicher man kommt, und es ist zudem schwerer zu bebauen. Das Leben ganz Ägyptens hängt vom Nil und seinen Erzeugnissen ab. Die Getreide gehören zu unseren Grundnahrungsmitteln, und wir essen auch lieber Fisch aus dem Nil als aus dem Meer.

Die niederen Klassen führen ein hartes, arbeitsames Leben und sind sehr arm. Sie essen schlecht und häufig verdorbene Nahrung. Bei Erkrankungen werden sie nicht immer behandelt, sondern vor die Stadtmauern getragen und dort liegen gelassen, besonders bei Entzündungskrankheiten. Das ist ein sehr trauriger und primitiver Brauch, der allerdings Epidemien in Schach zu halten hilft, denen große Teile der Bevölkerung erliegen. Im Zusammenhang mit Ägypten werden auch immer wieder Heuschreckenplagen erwähnt, nur sind sie leider nicht die einzige Plage. Wir haben unzählige Mücken, Würmer und allerlei bösartiges Getier, alle Überträger unzähliger Krankheiten.

Die oberen Klassen vermeiden das Essen von Schweine- und Schaffleisch. Im Fett dieser Tiere sind zu viele Gifte eingelagert, deshalb verursacht ihr Fleisch zahlreiche Krankheiten. Du merkst schon, wir sind unheilbar gesundheitsbewusst. Wir ziehen das magerere Fleisch von Ziegen, Gazellen, Büffeln, Rind und den diversen Geflügelarten vor, und Geflügel wiederum dem roten Fleisch. Zudem stellen wir viele Käsesorten her. Reste verwenden wir nie, um Ansteckungen und Nahrungsmittelvergiftungen zu vermeiden. Die Priester essen sehr wenig Fleisch und sind meist Vegetarier. Fisch, vorzugsweise aus dem Nildelta, essen wir wie gesagt gern. Wie alle Ägypter verzehren auch wir sehr viel Getreide. Gemüse und Obst kommen entweder aus den Pflanzungen an den Ufern des Nils oder den Tempelgärten. Die niederen Klassen essen und leben, so gut sie können. Die oberen hingegen achten sorgfältig auf Gesundheit und Ernährung, auch wenn diese grundsätzlich recht frugal ist. Es gibt hier somit zwei grundverschiedene Lebensweisen. Dennoch verbinden uns Solidarität und Achtung. Dazu kommt der Stolz, derselben Rasse und Kultur anzugehören. In Notzeiten halten wir zusammen.

Ich möchte noch einmal auf unsere Gesundheitsfürsorge zurückkommen. Wenn der Pharao oder ein anderes wichtiges Mitglied der oberen Klassen ein Kind bekommt, legen die Priester ein Geburtshoroskop an. Dieses begleitet das Neugeborene sein Leben lang und wird im Lauf der Zeit ergänzt. Darin werden seine Charakterzüge sowie körperliche und seelische Anlagen festgehalten. Wir kennen die früheren Leben des Kindes ebenso wie seine Berufung auf Erden in diesem Leben. Somit zeichnen wir ein kosmisches *und* karmisches Grundhoroskop auf und stellen das neue

Leben in seinen kosmischen Zusammenhang. Es lässt sich allerdings keineswegs mit euren heutigen Horoskopen vergleichen. Ein neues Leben wird hier geboren, das sich von jedem anderen unterscheidet, und zwar auf einem für dieses Menschenwesen einmaligen Hintergrund. Es ist ein Mikrokosmos in Bezug zum Makrokosmos.

Das Geburtshoroskop ist sehr wichtig für uns. Sowohl für Jungen wie für Mädchen kommen von der Pubertät an zeitlebens immer wieder neue Horoskope hinzu. Bei Hochzeiten vergleichen wir die Aufzeichnungen beider Beteiligten und entscheiden, ob es sich um eine passende Verbindung handelt. Natürlich betrifft dies hauptsächlich Eheschließungen im Königshaus, aber wir sehen uns die Horoskope grundsätzlich an, weil uns viel an einer starken, gesunden oberen Klasse liegt. Das Horoskop ist für den Horoskopträger sehr wichtig, enthält es doch seine Lebensgeschichte und gibt Aufschluss über seine Gesundheit. Diese Horoskope bewahren wir etwa drei Generationen lang auf, bevor wir sie vernichten. Heutzutage sammelt ihr Mengen unwichtiger Unterlagen und kümmert euch nicht um die wichtigen Aspekte eures Familienlebens. Bei uns sprechen wir eingehend über jedes Familienmitglied in Bezug auf seine Berufung und seinen Charakter und überlegen, wie wir ihm helfen können, sich zu entwickeln und den Zweck seines Erdenlebens bestmöglich zu erfüllen.

Wenn wir von unserer Kultur sprechen, meinen wir das goldene Zeitalter unter der 18. Dynastie unmittelbar vor Einführung des Monotheismus. Aber wir wollen nicht ägyptische Geschichte betreiben. In diesen Tagen mit dir wollen wir uns auf die erreichten Leistungen auf dem Gebiet des Wissens, der Wissenschaft, der Kultur und der Bräuche Ägyptens auf seinem Höhepunkt konzentrieren.

Ich möchte dich jetzt in die Ausübung der Medizin und Behandlung von Krankheiten einführen. Beginnen wir mit dem Kopf. In Ägypten sind Kopf und Darm die beiden anfälligsten Körperteile. Hirnhautentzündung, Gehirnentzündung und sämtliche Augenkrankheiten sind die schwersten und immer wieder auftretenden Krankheiten am Kopf. Leider führen Entzündungen, Viren und vor allem der endemische grüne Star häufig zur Erblindung. Es gibt natürlich auch Erbkrankheiten, die wir jedoch einzudämmen versuchen, indem wir bei Eheschließungen eine Verbindung der besprochenen Typen fördern, und zwar durch alle Klassen hindurch, um eine starke und gute Rassenmischung zu gewährleisten. Es ist ja bekannt, dass Pharaonen immer wieder eine Schwester oder nahe Blutsverwandte geheiratet haben, und zwar ohne Gesundheitsrisiko, weil die Priester die Gefahren einer solchen Verbindung voraussehen. Die Entscheidung, wen der Pharao heiratet, wird sowieso von den Priestern getroffen.

Um festzustellen, ob erbliche Belastungen bei einem Kind anzunehmen sind, führen die Priester einen Test durch. Wahrscheinlich möchtest du wissen, wie? Es ist ganz einfach. Wir nehmen einige Haare mit der Wurzel von Kopf und Körper der zukünftigen Eltern und legen sie in eine saure Lösung. Auf diese legen wir die Hände auf und setzen sie einer elektromagnetischen Ladung aus. Wickeln sich die Haare umeinander, sind die beiden Beteiligten genetisch kompatibel. Rücken die Haare voneinander ab, sind sie inkompatibel. Dieser Test wird bei den meisten blutsverwandten Paaren eingesetzt, die heiraten und Kinder haben möchten. Er ist eine kostenlose Dienstleistung unserer Apotheken zur Vorbeugung von Erbkrankheiten. Bei Mumien mit Missbildungen wurde festgestellt, dass diese meistens nicht erblich bedingt waren, sondern auf Rachitis, Klumpfuß oder andere während der Schwangerschaft aufgetretene Krankheiten zurückzuführen sind.

Doch jetzt, meine Liebe«, fährt mein Führer fort, »will ich dir etwas über Hirnhaut- und Gehirnentzündung erzählen. Meningoenzephalitis weist die Merkmale beider Krankheiten auf. Wir haben zwei Methoden für den Umgang damit, eine für die niederen und eine für die oberen Klassen. Wie du wahrscheinlich weißt, ist Enzephalitis eine Gehirnentzündung, die zum Anschwellen des Gehirns mit Druck gegen den Schädel führt. Wird die Krankheit im Anfangsstadium erkannt, bohren wir unverzüglich einige Löcher in den Kopf des Patienten, gewöhnlich vier, eines über dem Nacken, eines in die Stirn und zwei oberhalb der Schläfen. Dazu verwenden wir eine Lokalanästhesie, die ich dir später beschreibe. Sind die Löcher gebohrt, werden Kanülen eingesetzt, damit die Infektionsflüssigkeit abfließt.

Gehört der Patient den oberen Klassen an, wird sein Kopf mit ganz feiner Gaze und Verbänden mit diversen Kräutern umwickelt, etwa syrischer Belladonna. In schweren Fällen oder bei einem sehr wichtigen Patienten wird der Kopf auf einen Eisklotz gelegt, der so ausgehöhlt wird, dass der Kopf ganz darin Platz hat. In das Eis werden zudem Löcher für die Kanülen gebohrt, durch welche die Flüssigkeit und das Schmelzwasser abfließen. Bei ärmeren Patienten wird der Kopf mit Nilschlamm bedeckt.

Gehirnentzündung zu diagnostizieren ist einfach: Der Patient klappert oder knirscht mit den Zähnen. Seine Lippen trocknen aus und werden faltig wie bei Wasserentzug. Er erbricht, hat Kopfschmerzen, Krämpfe und Lähmungserscheinungen der Kopfmuskeln. Er leidet unter Fieberschüben, schläft schlecht und ist zerstreut. Zudem kauert er sich in Fötallage zusammen. Er kann die Hände nicht still halten und trommelt mit den Fingern. Die Pupillen weiten sich und er kneift die Augen zusammen, die einen benommenen, gequälten Ausdruck annehmen. Als erste Symptome beobachtet man die Lähmung der Kopfmuskeln und das Zähneknirschen. Wird die Krankheit rechtzeitig erkannt, besteht natürlich eine bessere Erfolgschance auf Genesung. Hat die Lähmung eingesetzt, werden die Lippen bereits faltig. Kommen einige der anderen Symptome dazu, ist das Gehirn bereits stark angeschwollen. Deshalb versuchen wir möglichst rasch zu handeln.

Doch zurück zum Patienten. Die Löcher sind gebohrt, der Kopf ruht auf Eis, damit das Gehirn besser abschwillt. Unterdessen liegt der Körper in warme, feuchte Tücher gewickelt und mit Wolldecken zugedeckt auf einem leichten, mit Kräutern bedeckten geflochtenen Feldbett. Die Füße bleiben unbedeckt, ragen über das Bett hinaus und liegen auf zwei Eisblöcken. Hände und Füße des Patienten werden fast pausenlos massiert, und zwar ähnlich wie bei eurer Reflexzonenmassage.

Wir kennen sowohl Reflexzonenmassage wie Akupunktur und wenden beide mit großem Erfolg an. Unsere Wissenschaft umfasst viele Disziplinen, die sich bei euch noch im Anfangsstadium befinden und die ihr falsch oder nur teilweise anwendet. Ich hoffe, du hältst mich nicht für anmaßend!«, ruft mein Freund aus. »In der so genannten modernen Welt ist viel verloren gegangen, angefangen bei der Fähigkeit des Menschen, in Einklang mit sich selbst, seinen Mitmenschen und der umgebenden Natur zu leben.

Bei der Gehirn- und Hirnhautentzündung massieren wir nur Hände und Füße, nicht aber den Kopf, wie übrigens auch bei einigen anderen Krankheiten. So regen wir das Gehirn an, in einem außer Kontrolle geratenen System sein Gleichgewicht wiederzufinden. Handelt es sich beim Patienten um den Pharao, wird er gleichzeitig von vier Leuten massiert, und zwar mit Druck auf die Akupunkturpunkte beider Hände und Füße.

Die Ägypter kennen uralte und hochwirksame Methoden zur Anregung der Nervenzentren an verschiedenen Körperstellen. Hat die Krankheit ihren Höhepunkt erreicht, wird ununterbrochen massiert, und die warmen Tücher, mit denen der Patient bedeckt ist, werden ständig gewechselt. Nach der Massage legt man die Gliedmaßen, vor allem Handgelenke und Fußknöchel, wieder auf Eis. Die Knöchelsehnen werden mit Stahlnadeln mit einer Goldspitze behandelt, in die ein kleiner, zur perfekten Kalibrierung mehrmals gehärteter Messingkeil eingelassen ist. Drei Metalle für die Nadeln zu verwenden beruht auf der Grundidee, zwei vollkommen ausgeglichenen und einander ergänzenden Teilen einen dritten, kleineren beizufügen, der die Kraft der beiden anderen verstärkt und erdet. Unter die Nägel der Daumen und kleinen Finger werden kleine pyramidenförmige Keile gesetzt, und zwar je Hand einer aus Stahl und einer aus Gold. Da die Keile einander berühren müssen, werden die Daumen und kleinen Finger jeder Hand zusammengebunden und umwickelt. Das erzeugt einen starken elektromagnetischen Energiefluss im Körper des Patienten, der durch Feuchtigkeit noch gesteigert wird. Dazu wird auf gute Flüssigkeitszufuhr geachtet. Der Kranke bekommt große Mengen Wasser mit Honig und Salz durch Kanülen eingeflößt und mit großen Spritzen unter dem Nabel in den Magen, aber auch auf der Innenseite des Ellbogengelenks injiziert. Die viele Flüssigkeit ernährt und reinigt den Körper und gleicht den entstandenen Flüssigkeitsverlust aus.

Doch das alles ist nur die Vorbereitung für die eigentliche Heilung, die darin besteht, die Konzentration des Körpers von dieser auf eine andere, künstlich hervorgerufene Krankheit umzulenken. Weshalb wir das tun und wie? Gewöhnlich bündelt der Großpriester durch Handauflegen die gesamte, durch die eben beschriebene Behandlung erzeugte elektromagnetische Energie und lenkt sie in einen zuvor zu diesem Zweck ausgewählten Körperteil. Das zieht die Aufmerksamkeit des Gehirns von der ursprünglichen Krankheit ab und schwächt seinen Kampf. Das Gehirn gibt in seiner Verwirrung die fieberhafte Aktivität auf und schrumpft allmählich. Die Krankheit schreitet nicht mehr voran. Der Patient entwickelt die Symptome einer neuen Krankheit, beispielsweise Magenschmerzen und -krämpfe oder stechende, unerklärliche Gliederschmerzen. Ist die Gehirnaktivität wieder normal geworden, haben wir der Meningoenzephalitis erfolgreich Einhalt geboten. Leider heißt das nicht, dass sie keine Spuren hinterlässt. Wie schwerwiegend sie sind, ist von Fall zu Fall verschieden, aber nur im günstigsten Fall entstehen nur geringfügige Folgen.

Eine andere Behandlungsmethode der Meningoenzephalitis ist Hypnose. Wir versetzen den Patienten in Trance und hoffen auf eine Ablenkung und positive Reaktion des Gehirns. Gelingt es uns, das Gehirn unter Kontrolle und wieder ins Gleichgewicht zu bringen, schrumpft es rasch, und die Krankheit hinterlässt viel geringere Schäden. Doch diese Methode erfordert sofortiges Eingreifen der Priester, was nur ganz zu Beginn der Krankheit möglich ist.

Wir heilen oft mit Hypnose, beispielsweise viele Nerven- oder psychosomatische Krankheiten. Wie erwähnt neigen Priester und Mitglieder der oberen Klassen eher zu psychischen Schwächen. Das ist eine historische Tatsache und häufig darauf zurückzuführen, dass Priester meist hoch entwickelt, kopflastig und gehemmter sind. Mit Hypnose stellen wir das eingebüßte Gleichgewicht von Patienten wieder her. Priester hingegen bemühen sich, dieses durch Selbsthypnose wiederzufinden.«

»Was ist die innere Ursache für Meningoenzephalitis?«, erkundige ich mich bei Betonthep.

»Ich wollte gerade darauf zu sprechen kommen. Bei Kindern und Jugendlichen suchen wir die Ursache dafür gewöhnlich in früheren Leben, bei Erwachsenen hingegen in ihrer Lebenseinstellung oder, genauer gesagt, in der Weigerung, ihr intellektuelles Potenzial zu entfalten. Dahinter steckt der Wunsch, sich eine gewisse Kindlichkeit und Verantwortungslosigkeit zu bewahren.

Meningoenzephalitis macht den Betroffenen häufig zum Kind, was ihm ein Weiterleben ohne eigenständiges Denken gestattet. Wird er sich jedoch dieses Charakterfehlers bewusst und möchte ihn überwinden, muss er sich sehr darum bemühen, sich wieder in die Gesellschaft einzufügen. Er wird seine frühere Weigerung, selber zu denken, ablegen und Verantwortung für sich übernehmen müssen.

Um auf den Krankheitsverlauf zurückzukommen: Ist das Gehirn wieder auf sein normales Volumen geschrumpft, bleiben die Kanülen so lange in den Bohrlöchern, bis das Sekret vollständig abgeflossen ist. Der Kopf des Patienten bleibt weiterhin verbunden. Die Kräuter- und Lehmverbände, das Eis und die warmen, feuchten Tücher um den Körper werden für eine optimale Wirkung ständig gewechselt. Diese Behandlung wird einige Tage lang gewissenhaft fortgesetzt, um weiteren Infektionen und einem Rückfall vorzubeugen. Allmählich wird das Eis durch dazwischen geschichtete Tücher vom Körper entfernt. Die Temperatur wird wieder normaler. Nach Entfernung der Kanülen werden die Löcher desinfiziert und mit ein paar Stichen geschlossen. Da sie lange offen waren, heilen sie manchmal nur langsam. Zum Narkotisieren und Desinfizieren verwenden wir Opium oder ähnliche Substanzen wie etwa Alraunwurzelextrakt. Unser Chirurg und Zahnarzt Tehephron wird dir über Narkosemittel berichten.

Nach der Genesung kommt die Rekonvaleszenz zur bestmöglichen Erholung des Patienten. Dazu setzen wir elektroschockartige Behandlungen ein. Der Genesende wird auf einen speziellen, einfüßigen Stuhl gesetzt, wobei der Fuß wie ein großer Stachel im Boden steckt. Der herzförmige Sitz besteht aus zwei Hälften, die eine aus Kupfer, die andere aus Stahl. Der Sitz ist so hoch, dass der Patient mit den Füßen den Boden nicht berührt. Sitzt er, werden ihm zwei Platten an die Schläfen gelegt, und zwar aus denselben Metallen wie im Stuhl, nur seitenverkehrt. Die Stahlplatte kommt also an die linke Schläfe, wenn die linke Hinterbacke auf der Kupferhälfte sitzt und umgekehrt. Die Platten werden mit einem nassen Verband am Kopf befestigt. Dann kümmert sich entweder der Großpriester oder der Obermumifizierer um ihn. Er legt die Daumen auf die Metallplatten an den Schläfen und erzeugt einen starken elektromagnetischen Impuls. Die anderen Finger liegen fächerförmig über den Schläfen. Das reaktiviert die Hirnfunktionen und entfernt die restlichen krankheitsbedingten Abfallstoffe. Diese Behandlung wird mehrmals wiederholt. Dabei treten manchmal heftige Reaktionen auf wie Erbrechen, Schwindel und Erschöpfung. Nach den alles andere als angenehmen Behandlungen wird der Patient mehrere Stunden lang zum Ausruhen auf ein Lager aus warmem, feuchtem Heu in einen dunklen Raum gelegt und mit einer Wolldecke zugedeckt. Die besten Zeiten für die Behandlung sind Sonnenauf- und -untergang.

Kinder bekommen häufig Hirnhautentzündung. Wenn sie noch ganz klein sind, ist der Schädel noch weich und die

Nähte sind nicht ganz geschlossen. Dann wirkt die Behandlung gut, und die kleinen Patienten erholen sich in der Regel problemlos. Bei sehr alten Menschen wenden wir diese Methode nicht mehr an.

Hat die Krankheit schon solche Verheerungen angerichtet, dass die Lage hoffnungslos erscheint und der Leidende in akuten Schwachsinn verfällt sowie infolge völliger Hilflosigkeit in Abhängigkeit von anderen gerät, ist der Tod die einzige Lösung für ihn. So ungern ich das sage, beraten sich die Priester über das Schicksal des Pharaos, wenn er unter schwerer Meningitis leidet und sein Gehirn Schaden genommen hat. Sie müssen entscheiden, ob eine Pharaonenmarionette politischen Zwecken noch dienlich ist oder ob es nicht besser wäre, ihn gänzlich auszuschalten. Es gab Zeiten, in denen die Priesterschaft dem Pharao nicht besonders zugeneigt war. Es schmerzt mich, das zugeben zu müssen, aber du weißt ja, jede Epoche hat ihre hässlichen Seiten mit mangelndem Großmut gehabt.

Dem Pharao nahe stehende Frauen, also die Königin, nahe Verwandte oder Lieblingsfrauen werden ebenso intensiv behandelt.«

Betonthep lächelt und fährt mit seinen Ausführungen fort: »Für uns ist das Gehirn das Zentrum des Nervensystems, von dem aus alle Nerven in die Wirbelsäule gehen und sich verzweigen. Zudem glauben wir, dass die Nerven Gefühle übertragen, die das Herz zuvor gefiltert hat. Um es klarer auszudrücken: Das Herz nimmt den ersten Schub des jeweiligen Gefühls gleichsam im Rohzustand auf. Das Gefühl steigt mehr oder weniger rasch über die Nerven zum Gehirn auf. Dort angekommen, wird es vom Gehirn registriert, geordnet, aufbewahrt oder entfernt. Als Erstes ist stets das Herz betroffen. Es ist unser empfindsamstes Organ und nimmt sämtliche Eindrücke auf. Tatsache ist, dass das Herz leidet, wenn wir nervös, aufgeregt, bestürzt oder schwer bekümmert sind. Häufig treten Herzflimmern und Arythmie auf.

Herz und Gehirn arbeiten eng zusammen, und das Nervensystem vermittelt zwischen ihnen. So ist etwa Depression in unseren Augen ein Zustand, der vorwiegend das Gehirn befällt, weil dieses dabei ein Gefühl entwickelt, während Angst als instinktive Empfindung vom Herzen ausgeht. Nach ägyptischer Sicht verursachen Herz und Gehirn in Verbindung miteinander nervöse Zustände und Krankheiten. Auch Schmerzempfindlichkeit wird von Nerven erzeugt, und Schmerz hängt mit den Chakras zusammen. Wir wissen, welche Art Schmerz welchem Chakra zuzuordnen ist, und verwenden Schaubilder ihrer Entsprechungen, wenn wir Akupunktur zur Betäubung einsetzen. Die jeweiligen Punkte zum Setzen der Nadeln werden geometrisch berechnet und gehen stets strahlenförmig vom Sonnengeflecht aus.«

Betonthep hält inne und fragt: »Bist du müde?«

Ich sehe ihn an, und er schenkt mir ein sonniges, geradezu himmlisches Lächeln.

»Nein danke. Es geht mir gut«, entgegne ich.

»Ich gebe dir trotzdem etwas. Es ist ein echtes Lebenselixier, hergestellt nach meiner eigenen Rezeptur. Du bekommst es nur hier.«

Blitzschnell holt er einen seltsamen Krug aus einem kleinen Schrank, gießt daraus etwas in ein Glas und verdünnt es mit Wasser.

»Hier, probier mal«, sagt er und reicht es mir.

Ich nippe daran. Betonthep gießt ein wenig von derselben Mischung für sich ein. Er dreht sich zu mir, strahlt mich an und fragt:

»Was hältst du davon?«

»Es ist ausgezeichnet, aber ich komme nicht dahinter, was es ist«, erwidere ich.

»Ich sagte dir ja, es ist ein Geheimnis«, neckt er mich und ergänzt: »Unter anderem enthält es Dattellikör und einen Aufguss aus verschiedenen Kräutern. Mit zerstoßenem Eis und Zitrone schmeckt es noch besser.«

Wie durch Zauberei erscheint Udak mit den fehlenden Zutaten auf einem Tablett. Er bedient uns, verbeugt sich und zieht sich wieder zurück.

»Das hat gut getan«, seufzt mein Freund mit fast kindlicher Freude und genießt seine Mixtur.

»Ausnehmend erfrischend und ausgezeichnet«, pflichte ich ihm bei.

Zufrieden nickt er und meint: »Kommen wir auf ein ernsteres Thema zurück. Ich will dir etwas über Augen- und Ohrenkrankheiten erzählen. Immer mehr Menschen erkranken infolge von Infektionen daran. Beginnen wir mit den Augen.

Augenentzündungen werden in den meisten Fällen von Insekten übertragen. Deswegen bedecken wir in manchem Jahreszeiten nicht nur den Kopf, sondern verschleiern auch das Gesicht mit einem Moskitonetz. Es gibt ein Insekt, das seine Eier in die Augenwinkel ablegt. Es nimmt die Augenfeuchtigkeit wahr und spritzt seine Eier hinein, was schreckliche Reizungen auslöst, die wiederum zu Entzündungen führen. Werden diese nicht richtig behandelt, haben sie Erblindung zur Folge. Die Hornhaut entzündet sich, die Tränenkanäle verstopfen, das Auge kann sich nicht mehr selbst reinigen, und das Leiden verschlimmert sich zusehends. In der Regel behandeln wir es mit Tropfen aus destilliertem Wasser, dem natürlichen Antibiotikum Propolis, Kamillenextrakt und Chromoxyd; aus denselben Zutaten stellen wir auch eine Salbe her. Bei allen Augeninfektionen wenden wir dieselbe Behandlung wie für andere Krankheiten an: Wir legen Kräuter und andere Ingredienzen zwischen zwei Gazestreifen auf den zu behandelnden Körperteil. In diesem Fall nehmen wir Lattich, Wermut, echten Eibisch, Malve, Petersilie, Weinraute, Harz vom Olivenbaum, Zitrone und den Extrakt vom Pharaonenfeigenbaum. Die Packung wird mit Nilschlamm bedeckt.

Bei einer anderen verbreiteten Krankheit greifen Viren die Augenlinse an und machen sie porös. Wir nennen die Krankheit »Verkehrtherum«, weil das befallene Auge ein Bild so verzerrt wahrnimmt, dass es auf dem Kopf zu stehen scheint. Die Linse kann ihre Funktion praktisch nicht mehr erfüllen. Die Verzerrungen, die der Leidende wahrnimmt, verursachen Schwindel und Gleichgewichtsstörungen. Die niederen Klassen halten das Leiden für einen Fluch und eine Strafe Gottes.

Eine weitere Viruskrankheit befällt die Augenlider, lässt sie wachsen und macht sie so schwer, dass der Patient sie nicht mehr öffnen und die Augen nur noch geschlossen halten kann. Bei den oberen Klassen werden die Lider operiert. Wir entfernen die überflüssige Haut mit einem Skalpell und nähen das Lid mit verschiedenen Techniken wieder zusammen. Manchmal fädeln wir ganz dünne Golddrähte zur Stärkung durch das Lid, weil die Muskeln nicht mehr funktionieren. Der Betroffene bekommt eine Brille und Tropfen, die wie künstliche Tränen wirken und die Augen erfrischen und reinigen, weil sie jetzt offen bleiben und starken Reizungen unterworfen sind. Für eine Operation muss man bei dieser höchst unangenehmen Krankheit warten, bis die Lider ihre größte Ausdehnung erreicht haben. Leidet einer der jüngeren Priester darunter, für die Sehen lebensnotwendig ist, tun wir unser Möglichstes und wenden die beste Prozedur an. Ältere Priester, die eine erheblich höhere Stufe erreicht haben, wenden zur Unterweisung meist Telepathie an, die Grundlage unseres gesamten Lehrsystems. Wie gesagt, gehören die Priester häufig dem grün-blauen Typ an, wenn auch manchmal vermischt mit einem anderen. Das macht sie für Augen- und Nervenleiden besonders anfällig.

Eines der häufigsten Augenleiden Ägyptens — entweder infolge von Entzündung oder ererbt — ist der grüne Star, das Glaukom. Wie du weißt, erhöht sich dabei der Augendruck und führt zur Erblindung. Manchmal lässt sich die Krankheit aufhalten, doch meistens hängt sie mit einer Degeneration zusammen. In solchen Fällen fruchtet auch unzählige Behandlungen nichts, doch wenden wir dann eine Therapie zur Linderung des Augendrucks durch Bestrahlung aus dem dritten Auge an. Die Priester lenken die Strahlen durch bloße Willenskraft auf das Auge des Leidenden. Dabei legen sie nicht die Hände auf, sondern richten eine winzige Spirale aus zwei miteinander verschmolzenen Metallen auf das zu behandelnde Auge. Diese Behandlung muss man regelmäßig durchführen. Sie stellt das verlorene Gleichgewicht wieder her.

Entsteht der grüne Star durch Entzündung, verschlechtert er sich viel schneller. Schon nach kurzer Zeit sieht der Betroffene nur noch Schatten.

Es gibt noch eine Art von Glaukom, die Säuglinge befällt. Diese kommen damit auf die Welt, da es von einer Entzündung im Fruchtwasser verursacht wird. Das Kind sieht bereits bei der Geburt nur Schatten. Dieses Glaukom bleibt stabil. Kinder mit dieser Behinderung werden möglichst früh für einen Beruf ausgebildet, den sie auch als Blinde ausführen können. In der Regel erlernen sie eine Handarbeit, die sie im Sitzen verrichten können wie zum Beispiel Korbflechten. Sogar heute noch wird diese Arbeit häufig von Blinden oder Sehbehinderten ausgeführt. Auch Tischlern, Steinhauen oder Elfenbeinschnitzen sind mögliche Betätigungen. Diese Kinder entwickeln ein solches Geschick, dass man meint, sie sehen, was sie tun. Sie können die Arbeit wie mit einem sechsten Sinn einschätzen. Sind sie hellseherisch begabt, bekommen sie Hilfe bei der Entwicklung ihrer Gabe, um Berater zu werden. Die niederen Klassen lassen sich mit Vorliebe die Zukunft vorhersagen oder suchen um ähnliche Hilfen an. Hellseher werfen vielfach kleine Holzstecken oder Knöchelchen in die Luft und lesen die Zukunft daraus. Sie sind jedoch auch ohne Hilfsmittel gute Seher.

Doch zurück zu den Augenkrankheiten. Leider gibt es so viele davon, dass es schwer fiele, sie alle aufzuzählen. Die meisten werden mit den erwähnten Packungen, Salben und Tropfen behandelt. Eine der am häufigsten verwendeten Salben bei nicht allzu schwerwiegenden Augenleiden wird aus Schweineschmalz, Propolis und Chromoxyd hergestellt und ist bei Reizungen und kleineren Entzündungen hoch wirksam.

Ich habe dir auch schon gesagt, dass wir Brillen tragen. Brauchen wir einen Augenschutz vor Licht und Wind, so stellen wir etwas Ähnliches wie eure Sonnenbrillen her. Die Linsen werden mit Hitze gebräunt, und manchmal wird ein Schild und eine seitliche Abdeckung als zusätzlicher Schutz angebracht. Zur Sichtkorrektur stellen wir Brillen aus zwei zusammengeklebten konvexen Linsen mit Wasser dazwischen her. Mit dem Prozess des Handauflegens und einer Reihe scharfer präziser Bewegungen stellen wir die Linsen auf die Bedürfnisse des jeweiligen Auges ein. Zur größeren Genauigkeit ist der Patient anwesend. Auch diese Brillen werden mit einem beweglichen, dunklen Schirm versehen, um direktes Licht und unerwünschtes Geblendetwerden zu verhindern.

Wenn sich die Priester bei Sonnenuntergang treffen, verbinden sie sich häufig die Augen mit Kompressen zur Erfrischung der Augen. Das gilt nicht nur für sehbehinderte

Priester, sondern auch für diejenigen ohne Probleme. Bei diesen Zusammenkünften kommunizieren wir sowieso telepathisch.

Ohrenentzündungen kommen in Ägypten ebenfalls sehr häufig vor und werden vorwiegend von verschiedenen Insekten verbreitet. Wir behandeln sie mit Tropfen und den gleichen Packungen aus Nilschlamm. Eine Kanüle wird in das Ohr eingeführt, damit die Wundsekrete abfließen können. Mit dieser Prozedur gelingt es uns meistens, die Entzündung zum Ausbruch zu bringen und abklingen zu lassen, ohne dass Trommelfell und Mittelohr Schaden nehmen. Gleichzeitig führen wir eine Kanüle mit Desinfektionsmitteln in den Mund des Patienten ein. Wie du weißt, sind Hals, Nase und Ohren miteinander verbunden, sodass die Desinfektionsmittel den gesamten Bereich reinigen und desinfizieren.«

Mein Führer hält inne. Wir verlassen sein Arbeitszimmer und gehen durch einen baumbeschatteten Teil des Gartens, wo wir auf eine Gruppe Schüler stoßen. Sie liegen in Hängematten oder sitzen und lachen, tanzen und reden miteinander.

»Sie haben Pause, deswegen sind sie so vergnügt«, bemerkt mein Freund und fährt fort:

»Komm, wir machen auch eine Pause! Heute Abend gehst du mit Kaharbnam zur Sternwarte. Deshalb musst du gut ausgeruht sein und brauchst eine Erfrischung.«

»Ich danke dir für diesen außergewöhnlichen Tag«, sage ich zu Betonthep, und er erwidert: »Ich freue mich, dass es dich interessiert hat. Ich überlasse dich jetzt den fähigen

Händen der schönen Anuphti. Aber lass mich deinen Scheitel küssen, bevor ich gehe.«

Betonthep wiederholt das morgendliche Ritual und sagt erneut: »Dies ist das Zeichen der Verbindung und inneren Zwiesprache. Wie du weißt, ist es der Gruß und Segen des älteren, wichtigeren Priesters an den jüngeren oder des Lehrers an seinen Schüler.«

»Danke!«, sage ich noch einmal.

»Nun, meine Liebe, du gehst jetzt besser.«

Im selben Augenblick erscheint Anuphti und bringt mich auf ihre gewohnte anmutige Weise rasch in mein Zimmer zurück. Ich drehe mich nach Betonthep um, um ihm noch einmal zuzuwinken, aber er ist schon verschwunden. Wieder in meinem Zimmer angelangt, hilft mir Anuphti aus den Kleidern und reibt meinen Körper mit einem rauen Ball ab.

»Was ist das?«, frage ich.

»Es sind Palmenfasern, Pferdehaar und Algen, um die Haut porentief zu reinigen«, antwortet sie.

Die Behandlung ist sehr angenehm und energiespendend. Als sie fertig ist, nimmt sie eine Schüssel voll Schlamm. Mir geht der Gedanke durch den Kopf: »Der viel geliebte Nilschlamm.«

Anuphti kann wohl Gedanken lesen, denn sie sagt: »Er ist mit Sauermilch und Honig vermischt« und verteilt ihn großzügig von Kopf bis Fuß. »Diese Packung reinigt die Haut porentief von Giften und Unreinheiten.«

Schon fühle ich mich deutlich erfrischt. Nachdem sie die Mischung aufgetragen hat, wickelt sie mich ganz in ein zuvor gewässertes und ausgewrungenes Gazetuch. Ein Stück davon legt sie mir auch auf das Gesicht und drückt es stark an. Danach bittet sie mich auf den Massagetisch und nimmt sich meine Füße vor. Sie klopft kräftig mit den Fingernägeln auf einige Punkte an den Fußsohlen und lässt die Füße langsam gegeneinander kreisen.

»Was für ein herrliches Gefühl!«, sage ich.

»Ja, es wirkt sehr belebend, entspannt die Nervenzentren und vertreibt die Müdigkeit«, erläutert sie.

Sie heißt mich aufstehen und zieht mit einem Ruck die inzwischen völlig eingetrocknete Packung weg. Auch mein Gesicht bekommt einen guten Ruck ab – es fühlt sich an, als werde ich gehäutet. Anuphti lächelt, und in Badetücher gehüllt machen wir uns zu den Bädern auf. Sie hat einen Korb mit Schwämmen und Töpfen dabei. In den Bädern darf ich mich in eine lange, schmale Wanne legen, in die sie den Inhalt eines ihrer Töpfe gegeben hat.

»Das ist Öl aus Jasmin, Rosen und Eisenkraut«, verrät Anuphti. Mit einem Schwamm entfernt sie sanft die Packungsreste. Das Wasser ist lauwarm und duftet herrlich. Ich fühle mich besser denn je zuvor. Es ist wirklich himmlisch, und ich denke bei mir, welch ein Segen diese Behandlungen doch sind. Ein Musikant spielt Harfe, und das Ganze wird dadurch noch bezaubernder. Der Zauber hält an, die Zeit steht still. Ein Junge bringt ein Tablett, das er lächelnd auf den Wannenrand abstellt. Ich danke, und er wendet sich zum Gehen. Er hat einen Krug mit einem kühlen, stark nach Minze und Jasmin riechenden Getränk und ein paar Knabbereien gebracht.

»Das ist für dich«, sagt Anuphti. »Es sind gefüllte, karamellisierte und in Sesam-, Fenchel- und Mohnsamen gerollte Datteln.«

Als ich davon genossen habe, gibt mir Anuphti ein Handtuch, und wir gehen in mein Zimmer zurück. Während unserer Abwesenheit hat jemand drei kostbare Kleider dagelassen, ein hellgrünes, ein weißes und ein hellblaues. Eines ist schöner als das andere. »Sollte ich nicht nur Weiß tragen?«, wende ich mich an Anuphti.

»Sicher hat Betonthep die Kleider für dich ausgesucht. Er sagt, was zu tun ist. Such dir das aus, das dir am besten gefällt.« Also entscheide ich mich: »Ich würde gern das hellblaue mit dem Goldsaum anziehen.«

»O ja, das ist eine gute Wahl«, stimmt sie zu.

Ich sehe, dass Rock und Ärmel am Saum mit unzähligen kleinen goldenen Sternen bestickt sind. Das Kleid ist fein gefältelt. Anuphti hilft mir beim Anziehen, kämmt mir das Haar und schminkt mich. Auf dem Bett liegen einige Schmuckstücke.

Meine Gefährtin meint: »Ich glaube, du hast das Kleid gewählt, das Betonthep für deine astronomische Nacht vorgesehen hatte.«

»Tatsächlich, daran habe ich gar nicht mehr gedacht«, sage ich.

Anuphti nimmt eines der Schmuckstücke in die Hand, in dessen Mitte sich eine Sonne mit eingravierten Hieroglyphen befindet, umgeben von immer kleiner werdenden goldenen Sternen. In der Mitte jeden Sterns funkelt ein Kristall.

»Die Hieroglyphen auf der Sonne bedeuten: Die Sonne ist das Zentrum des ägyptischen Universums«, übersetzt Anuphti.

Ich gestehe, dass ich mir zu fein angezogen vorkomme.

»Du siehst sehr schön aus. Der Großpriester entscheidet. Mach dir keine Sorgen, der Abend wird ein großes Ereignis.«

Anuphti hat ein wunderbares hellrosa Kleid angezogen. Wir gehen. »Ich bin auch eingeladen. Betonthep hat es mir eigens gesagt.« Sie lächelt und sieht wie eine schwebende Rose aus. Als wir eintreten, sind schon alle da. Betonthep sieht ganz in Gelb prachtvoll aus und fragt: »Wie hat es dir in den Bädern gefallen?« Wir lachen und necken einander. Die Unterhaltung beginnt mit einem Tanz zu gedämpfter und dennoch anregender Musik. Wir befinden uns im Blumengarten, aber an einem anderen Platz als abends zuvor. Die beiden dekorativen Becken sind mit Plattformen bedeckt. Die eine ist für das Abendessen vorgesehen, die andere für Tänzer und Musikanten. Aus dem Garten steigt ein betäubender Duft auf. Wir gehen zur großen Tafel in Rosenform, die aus einem runden Tisch in der Mitte und mehreren darum angeordneten halbmondförmigen Tischen besteht. Jeder ist mit einem feinen Tuch in verschiedenen Rosatönen und Blütenblättern bedeckt. Geschickt bestimmt Betonthep die Sitzordnung und setzt sich strahlend zwischen Anuphti und mich: »Wie ich sehe, hast du das Kleid ausgesucht, das ich für dich ins Auge gefasst hatte, auch wenn ich dir die Wahl lassen wollte. Heute besteht die gesamte Speisenfolge aus Gerichten, in denen die Königin der Blumen, die Rose, eine Rolle spielt. Es ist ein wunderbarer Abend, und die besten Künstler — Favoriten des Pharaos — spielen zu unserer Unterhaltung auf. Ich möchte diesen Abend der großen Magierin Isis widmen und ihr unsere Rosen als Zeichen der Dankbarkeit für ihre Liebe und Weisheit darbieten.«

Kaharbnam

Kaharbnam ist Astronom und Physiker halb ägyptischen, halb kaukasischen Ursprungs. Sein großer Kopf weist starke Backenknochen und eine schöne Schädelform auf. Er hat wunderbar blaue Augen, sieht aber schlecht. Das aschbraune Haar und der gleichfarbige Bart sind dünn und ganz kurz geschnitten. Er ist durchschnittlich groß, hat breite Schultern und trägt dunkle Kleider. Das Futter seines Umhangs ist intensiv blau, dazu trägt er eine rote Stola.

Kaharbnam ist sehr sanft, aber vital und voller Energie.

Dritter Ka

Kaharbnam – der Astronom
und Physiker

Schon bald wird es Zeit für mich, Kaharbnam zu treffen und zur Sternwarte zu gehen. Ich gehe in mein Zimmer zurück und lasse den wunderbaren Abend hinter mir, den Betonthep mit großem Einfallsreichtum organisiert hat. Aufgeregt mache ich mich frisch, wechsle die Sandalen und gehe wieder los, den ganzen Korridor entlang, da sich die Sternwarte links neben dem Tagespalast befindet, wo die Verwaltung untergebracht ist. Ich biege um die Ecke, und schon steht Kaharbnam vor mir. Er erscheint mir größer als sonst, vielleicht, weil er eine spezielle kegelförmige Kopfbedeckung trägt. Sein Gesicht mit den hohen Backenknochen und den wunderbaren hellen Augen leuchtet in der Dunkelheit.

»Wie gut du aussiehst!«, rufe ich aus.

»Auch du – du bist fast zu elegant für den langen Aufstieg, der uns bevorsteht«, antwortet Kaharbnam.

Wir gehen einen weiteren Flur entlang und gelangen zu einer kleinen Tür, zumindest wirkt sie vergleichsweise klein. Kaharbnam öffnet sie, und wir treten in ein überaus seltsames Gebäude ein. Es sieht aus wie ein sechseckiger Turm, der jedoch bei näherem Hinsehen sieben Seiten hat. In den Mauern befinden sich nur winzige schießschartenähnliche Öffnungen. Die Treppe führt an den Wänden entlang, und das Geländer bildet eine Aufwärtsspirale. Nach je sieben Stufen kommt eine breitere Stufe.

»Woran ist die Treppe befestigt?«, erkundige ich mich.

»An Querbalken außen an der Mauer. Das Grundgerüst dieses Baus besteht ausschließlich aus Holz und Eisen. Es ist eine technische Meisterleistung Nebdukhems und besteht nur aus leichten, elastischen, mit Palmwedeln und Lehm bedeckten Materialien«, führt Kaharbnam aus.

»In der Tat ein großartiges, futuristisches Design!«, sage ich bewundernd.

Langsam steigen wir hinauf und halten ab und zu inne. Die wenigen Öffnungen sind Absicht. So spürt man die Höhe weniger und wird nicht schwindlig. Aus demselben Grund sind oberhalb des Geländers bis über Augenhöhe Palmmatten befestigt. Es ist ein langer Aufstieg. Kaharbnam geht vor mir. Ich muss noch erwähnen, dass uns Harakmunt und Nobthpe, zwei seiner Schüler, mit Fackeln begleiten. Einer geht vor, einer hinter uns.

»Ich habe Anweisungen gegeben, das Turmdach zu öffnen, damit wir gute Sicht haben«, sagt Kaharbnam.

Endlich sind wir oben und sehen das gesamte Firmament über uns. Das Turmdach ist in Abschnitte eingeteilt, die sich nach außen öffnen lassen und eine Brüstung bilden. Zuoberst auf der Sternwarte ist nicht viel Platz, und er wird auch noch größtenteils von ziemlich unhandlichen Instrumenten eingenommen. Eines davon ist riesig, mindestens zwei Meter breit.

Kaharbnam bemerkt: »Siehst du das? Es ist unser wichtigstes Instrument.«

Es handelt sich um ein mit Wasser gefülltes, potenziertes Prisma mit vielen Facetten aus Glas. Es dreht sich in einem Behälter voll Wasser, dessen Seiten in Abschnitte eingeteilt sind. Diese bestehen aus Spiegeln oder auf Hochglanz poliertem Metall mit eingravierten Zeichen.

Kaharbnam erklärt: »Du kannst dir wohl denken, dass wir mit diesem Instrument den Himmel erforschen. Die Konstellationen im beobachteten Himmelssektor spiegeln sich in den Facetten des Prismas. Die Spiegelung wird auf die Seitenwände projiziert. Das Prisma ruht auf einer Vorrichtung im Wasser, damit man es nach Wunsch drehen kann. Wir zeichnen jedes Jahr die Veränderungen in den Himmelskarten zum Vergleich aktueller Ergebnisse mit früheren auf. So können wir Berechnungen anstellen, um Veränderungen vorherzusagen und Naturkatastrophen frühzeitig zu erkennen, die Ägypten befallen könnten. Ich erkläre dir gleich noch, inwiefern die Instrumente der angewandten Astronomie dienen, die jedoch nur einen Teil unserer Form von Astronomie bildet. Selbstverständlich verwenden wir sie auch für die Astrologie. Du weißt ja, dass das Weltall für die Ägypter in engem Zusammenhang mit dem Menschen steht, besser gesagt mit seinem geistigen Anteil.«

Kaharbnam geht auf das zweite Instrument zu, einen riesigen Messingkegel, der auf einem Fuß steht und sich in alle Richtungen drehen lässt. Auch dieser ist auf Hochglanz poliert und mit eingravierten Zeichen und Hieroglyphen bedeckt. Er erläutert: »Dieses Instrument verwenden wir ausschließlich für die Milchstraße. Wir studieren die Überschwemmungs- und Trockenzeiten des Nils damit, indem wir auf Leinwand gezeichnete Karten sowohl des Nils wie der wichtigeren Sterne der Milchstraße auf den Kegel legen, Aufzeichnungen machen und Veränderungen untersuchen. Die jungen Wissenschaftler wie unsere Begleiter Harakmunt und Nobthpe halten uns über alle wichtigen Himmelsereignisse, mögliche Abweichungen oder Gefahren auf dem Laufenden. Die älteren Wissenschaftler interessieren sich nicht für Berechnungen. Wir überlassen sie den jüngeren Forschern und verwenden sie nur zur Bestätigung. Die Sicht der Astronomie fortgeschrittener ägyptischer Gelehrter beruht auf anderen Voraussetzungen, und zwar auf der Kenntnis kosmischer Abläufe im eigenen Inneren, nicht auf beobachtbaren Ereignissen.«

»Das dritte Instrument hier sieht aus wie ein Teleskop«, sage ich.

»Das ist es auch«, erwidert Kaharbnam. »Es ist wie ein Kegel gebaut. Darin befindet sich eine Reihe doppelter, konvexer, mit Wasser gefüllter Linsen wie bei den Brillen. Sie werden genauso durch Handauflegen potenziert. Sogar ich muss sagen, dass es ein wunderschönes Instrument ist, und ich habe viel Freude daran. Schau nur selbst, dann siehst du, wie außergewöhnlich es ist.«

Harakmunt und Nobthpe helfen mir auf einen hohen Schemel, von dem aus ich durch das Teleskop blicken kann. Ein großartiges Schauspiel eröffnet sich mir, und staunend rufe ich aus:

»Das ist ja fantastisch!«

Die beiden jungen Männer lächeln vergnügt. Äußerst zufrieden sagt Kaharbnam: »Leider wollten immer alle Leute unsere Instrumente haben, deswegen haben nur wenige oder schlechte Nachahmungen bis zu eurer Zeit überdauert. Die Etrusker und Picener waren große Bewunderer unseres astronomischen Wissens.«

»Weshalb trägst du diese Kopfbedeckung?«, frage ich.

Lachend antwortet Kaharbnam : »Willst du mich aufziehen? Es ist die typische Kopfbedeckung der großen ägyptischen Astronomen. Aber ich verzeihe dir deine Unkenntnis. Es ist auch das Symbol der Verbindung mit den höheren Ebenen. Siehst du, in unserem gesamten Wissen gibt es immer einen Teil, der in der Mythologie wurzelt. Wie kann ich dir das verständlich machen? Für uns hängt alles zusammen: Symbolik, Wissen, Religion und Wissenschaft. Da gibt es einmal die äußere Erscheinung der Dinge. Manchmal verbirgt sie die Wahrheit vor nicht Eingeweihten. Sie sehen nur die Oberfläche. Wir halten die tiefere Bedeutung absichtlich geheim, hüten diese Geheimnisse wie unseren Augapfel und geben sie nur an Menschen weiter, die wir des Wissens für würdig erachten.« Kaharbnam hält einen Moment inne, dann fährt er fort:

»Du weißt ja, dass ich Gelehrter auf dem Gebiet der Astronomie bin. Ich will versuchen, dir die tiefere Bedeutung klarzumachen, die wir der Astronomie in Ägypten beimessen. Gleichzeitig sage ich dir etwas über Energie.

Energie spielt im ägyptischen Denken eine vorrangige Rolle. Energie ist wie ein Pfeil. Sie ist dynamisch und dreidimensional. Energie ist Macht. Sie ist das Dreieck, die Pyramide und die göttliche Dreiheit. Meistens ist das Symbol dafür ein Pfeil oder eine andere Form, die ihre Dynamik und Richtung anzeigt. Die Dynamik nimmt Gestalt an in Horus, der aus Isis und Osiris hervorgegangen ist. Ich erwähne Isis vor Osiris, weil Isis in der ägyptischen Überlieferung vor Osiris geboren wurde, ebenso wie die Dunkelheit vor dem Licht war. Auch in der Astronomie kommt die Dunkelheit vor dem Licht. Für die Ägypter ist die Astronomie eine Vorstellung und zugleich auch eine vitale Kraft. Sie ist nicht wie heute etwas, was man untersucht. Wie erkläre ich dir das: Man beobachtet nicht den Himmel, man kennt ihn. Das Wissen um den Himmel liegt im eigenen Inneren, und man besitzt es, wie man das Licht besitzt.

Wir sind Licht und Dunkelheit. Der Schatten folgt uns überallhin und ist somit ständig bei uns. Es spielt keine Rolle, ob Licht oder Dunkelheit zuerst waren. Damit meine ich: Es ist, als schneide man Sterne aus einem dunklen oder die Sonne aus einem hellen Karton aus. Heute wollen wir über die Dunkelheit reden. Wir sind aus der Dunkelheit geboren, das, was leuchtet, erhellt und somit alles besitzt, was in der Dunkelheit liegt, die alles verbirgt, jedoch durch einige Lichtflecken offenbar wird.

Was sind diese Lichtpunkte, und weshalb glauben wir, es sei Unsinn, sich mathematisch mit der Astronomie zu befassen? Es ist deswegen Unsinn, weil die Zeit für uns keine vorrangige Komponente der Astronomie bildet. Wir verstehen die Struktur der Zeit völlig anders. Struktur ist schon der falsche Begriff, weil es sich eher um eine Abfolge von Ereignissen handelt. Wir verbinden Raum nicht mit Zeit. Das Weltall ist das Weltall und wird nicht in Zeit und Ent-

fernung gemessen. Wir vermischen unsere Astronomieauf-
fassung nicht mit Quantifizierung. Zahlen haben hier nur
symbolischen Wert. Für den Ägypter wird eine Zahl als etwas definiert, was über die Quantität hinausgeht. Zum Beispiel ist die Zahl 7 nicht einfach nur 1+1+1 usw., sondern
ein Symbol. Sie kann ein Anfang oder ein Ende sein, ist jedoch in sich vollständig. Das heißt: Vor der Quantität beachten wir ihren symbolischen Wert.

Selbstverständlich verwenden die Ägypter die Grund-
funktionen Addieren, Subtrahieren, Dividieren und Multi-
plizieren ebenfalls, doch das hat mit der geistigen Welt
nichts zu tun. Die Welt der Mathematik, die sich mit Mengen abgibt, ist eine handfeste Welt und ein praktisches
Hilfsmittel für Schreiber, Buchhalter und Verwalter. Sie ist
nicht die Welt der ägyptischen Wissenschaft. Unsere wissenschaftliche Welt ist eine Alchemie der Symbole. In
Ägypten ist alles bedeutungsschwanger. Die Qualität der
Dinge stammt aus dieser Bedeutungsintensität. Betonthep
hat dir von der konzentrierten Essenz eines jeden Wesens
erzählt und davon, wie die Schüler im letzten Einweihungsstadium angeleitet werden, diese Essenz zu analysieren und
ihre eigene Einmaligkeit zu erkennen. Die kondensierte
Einmaligkeit, die ein jeder besitzt, ist eine mächtige Kraft.
In ihr liegt das gesamte Potenzial unseres gemeinsamen
Unbewussten, das sich durch die eigene ursprüngliche und
individuelle Alchemie äußert.

Von diesen Voraussetzungen ausgehend ergibt sich, dass
unsere Auffassung von Astronomie in eine völlig andere
Richtung zielt. Weswegen? Wir gehen von der Dunkelheit

und unsichtbaren Welt aus, aus der wir kommen. Wir bleiben durch das Band unseres Unbewussten mit jener Welt verbunden. Das Unbewusste ist an sich wichtig. Isis ist vor Osiris da. Deswegen hat uns Isis auf diese Reise geschickt. Wir wollen, dass es eine Entdeckungsreise sei, eine Wandlung, die uns zu immer größerer Originalität führt. Wir möchten jedem einen neuen Anstoß zum eigenständigen Denken geben. Eigenständiges Denken ist heutzutage selten. Alle ahmen alle anderen nach, und gemeinsam gleiten wir in Durchschnittlichkeit ab. In der ägyptischen Welt ist Kreativität etwas Persönliches, Eklektisches und Echtes. Es ist kein Nachahmeverhalten. Jedes Wesen führt sein Leben solidarisch und in Verbindung mit anderen. Diese Verbindung ist in der modernen Welt nicht vorhanden. Sie ist wie der Himmel eine Zellstruktur mit Lichtpunkten, die sich bewegen, existieren, leben und funkeln. Das verbindende Gewebe ist dunkel, damit die Zellen sich abheben. Der Kontrast ist nötig, um sie zu betonen.

Der Himmel ist für die Ägypter eine doppelte Projektion des Unbewussten oder unserer Schattenseite mit exakten Punkten, die alle Menschen wiedererkennen. Weswegen sehen wir, die wir diese Erde bewohnen, alle dasselbe Firmament? Wir haben gemeinsame Wurzeln. Wir alle sind Wesen, die durch das Menschsein beschränkt sind, und brauchen die Verbindung durch das gemeinsame Unbewusste und den gemeinsamen Himmel. Es verhält sich ein wenig wie bei den Wurzeln und Ästen eines Baumes. Unsere Wurzeln als Menschen liegen im gemeinsamen Unbewussten. Diese gemeinsamen Wurzeln projizieren wir auf ein gemeinsames Himmelszelt. Wir sind Mittler, Saft und Filter zwischen der Dunkelheit der Wurzeln und deren Projektion am Himmel. Dunkelheit wird zu Licht, Licht zu Dunkelheit. So sieht unsere Auffassung der Astronomie aus. Wie immer haben wir es mit einer Dualität zu tun. Atmen besteht aus Ein- und Ausatmen. Atmen ist *Ka,* das Wort für Lebenskraft in Ägypten. Ka ist gleichzeitig die eigene und die kosmische Lebenskraft. Sie verbindet uns miteinander. Sie ist unser Mikrokosmos im Makrokosmos.

Weshalb sprechen wir von einer doppelten Projektion? Die erste Projektion findet statt, wenn das Unbewusste durch die beiden Augen auf das Firmament projiziert wird. Das dritte Auge liefert uns die Bedeutung, die Vision und die dritte, dem Kosmos eigene Dimension. Wo sich diese Dimensionen begegnen? Der Treffpunkt ist dort, wo die irdische Realität endet und die kosmische beginnt. Genau im Begegnungspunkt entsteht das Bild. Es ist ein Punkt, den wir unendlich nennen und auf viele andere Arten bezeichnen, weil wir nicht wissen, wie wir ihn bestimmen sollen. Es ist ein präziser und unpräziser Punkt zugleich. Die Unendlichkeit ist ein schwer einzugrenzender Begriff, ein Punkt des Zaubers, an dem etwas Magisches geschieht.

Was ist Zauber oder Magie? Der Himmel ist es. Magie ist eng mit dem Himmel verwoben, mit der Dunkelheit und allem, was im Dunkeln bleibt. Das Magische an uns als Menschen beginnt an diesem Treffpunkt. Wir können ihn mit Augen sehen und versuchen, ihn mit dem dritten Auge zu verstehen. Wir versuchen uns einer für uns schwer fassbaren Realität zu nähern. Sie ist entfernt und unbewusst und dennoch vertraut. Das Himmelszelt ist wie ein Umhang, der uns umgibt. Es stellt uns vor ein Problem, aber es schenkt uns auch Gelassenheit, genau wie uns unser Unbewusstes Sorgen bereitet, aber auch Geistesfrieden beschert, wenn wir es analysieren. Die Ägypter untersuchen ihr Unbewusstes genau, um es mit größter Präzision in eine weiter entfernte Dimension projizieren zu können. Das Ergebnis dieser Analyse löst sich allmählich von uns. Es ist derselbe Vorgang, wie wenn man sich von einer Erfahrung löst. Man versteht sie erst, wenn man einen Schritt davon zurückgetreten ist. Aus dem Unbewussten tritt ein Lichtpunkt hervor, von dem wir uns distanzieren und den wir am Himmel wiedererkennen. Dieser exakte Punkt hat einen Namen. Es ist ein Stern oder Planet. Das Unbewusste folgt der Erdbewegung und berichtigt die Himmelskarte fortlaufend. Wir sind ein Bestandteil der kosmischen Bewegung.

Die Ägypter teilen das Jahr in drei Abschnitte zu je vier Monaten auf. Die Jahreszeiten lassen sich nicht so streng auseinander halten wie heute. Wir sprechen von einer nassen, einer trockenen und einer kalten Periode. Heute wird alles mathematisch unterteilt, während eine Jahreszeit für uns ebenso eine Bewegung ist wie die Erdrotation. Sie ist kein Abschnitt, sondern eine Kontinuität. Wir sind wie Nomaden auf der Erde, auf der wir der Schwerkraft wegen bleiben, die uns wie ein Magnet darauf verankert.

Wir wenden somit immer eine doppelte Sicht auf den Himmel an. Die Dualität bewirkt unsere Entfaltung. Wie ich beschrieben habe, blicken die Ägypter nach innen in ihr

Unbewusstes, um das Himmelszelt zu erkennen. Es ist eine Innenschau, nicht bloß die äußere Beobachtung von Phänomenen. Selbstverständlich besitzen wir Mittel zur Himmelsbeobachtung, aber sie sind keine wissenschaftlichen Hilfen. Sie dienen lediglich der Befriedigung der Neugier, sind jedoch nicht dazu da, Gewissheit zu liefern. Gewissheit stammt aus dem inneren Wissen über das Weltall und seine Gesetze. Diese Gesetze unterscheiden sich von den auf der Erde geltenden, weil sie sich auf eine andere Wirklichkeit beziehen. Es gibt beide, nur wirken sie sich verschieden aus. Die interessante Seite unseres Wesens als Menschen ist die innere, die sich über die irdischen Gesetze erhebt und etwas betrachtet, das über uns hinausgeht und anderen Regeln unterliegt. Um jenen Punkt im eigenen Inneren zu erreichen, an dem die kosmische Wirklichkeit erfassbar wird, müssen wir über die irdische Realität hinausgehen. Wie? Blicken wir zu dem, was wir unsere ›Richtpunkte‹ im Inneren nennen, können wir eine exakte Himmelskarte aufzeichnen und diese mit Augen betrachten. Ist die Himmelskarte aufgezeichnet, versuchen wir, weiter zu gehen und die Schranken zu durchbrechen, bis wir zur kosmischen Wirklichkeit gelangen. Es handelt sich gleichsam um eine Projektion in Kegelform. Die Projektion beginnt an einem der sichtbaren Punkte der Karte und erweitert unsere Sicht. Das erlaubt es uns, uns ein Bild von der kosmischen Realität zu machen. Anders ausgedrückt: Das Unbewusste wird auf den Himmel projiziert, der Himmel in das Weltall. Die kosmische Wirklichkeit ist für den Ägypter überaus faszinierend. Die dem Kosmos entsprechende

Energie trägt die Zahl 10, die sich aus 1 und 0 zusammensetzt. Die 1 entspricht der Energie des Lichts, die 0 der Energie des Schattens, des Unbewussten, dessen, was wir weder erfassen noch definieren können. 0 ist der Kosmos, die Eiform, und wie wir bereits sahen des Skarabäus, dessen Rücken das Himmelszelt darstellt.

Woher die Ägypter Dinge wissen, die sie nie gesehen haben? Wir haben keine Instrumente, die fein genug sind, alles am Himmel zu erkennen. Wir haben nicht alle Planeten mit Augen gesehen, aber wir kennen sie. Die Intuition verleiht uns dieses Wissen, und wir erlangen es durch Läuterung unseres Wesens, was uns gestattet, über irdische Begrenzungen hinauszugehen. Dort beginnt die Geistigkeit, die aus Erdenmenschen kosmische Wesen macht und in der sich der Zauber des Erdendaseins entfaltet. Das Verständnis der geistigen Seite wird durch Wissen erlangt. Spiritualität beginnt mit Wissen. Gelingt es uns, alles Unbewusste und Bewusste einzuordnen und zu erkennen, wird die Entfaltung des kosmischen Bewusstseins möglich. Diese Entfaltung wird von Priester zu Priester weitergegeben. Die kosmische Reise hat damit begonnen. Wir gleiten von einem Stern zum nächsten, von einer Realität zur nächsten. Wir machen uns von einem Fixpunkt aus auf einen unbekannten, faszinierenden Weg. Es ist ein strahlender, erleuchtender Ausflug, der uns Verständnis des unbekannten Weltalls bringt, das uns sowohl umgibt als auch in uns ist.

Wir kommen aus dem Kosmos, und dahin kehren wir zurück. Auch wenn wir dieses Wissen vergessen haben, so bleibt uns dennoch von Geburt an die Gewissheit, dass es jenseits des sichtbaren Himmels etwas gibt. Diese Gewissheit treibt uns an und beflügelt uns, über Begrenzungen hinauszugehen und eine Wirklichkeit zu entdecken, die uns teilweise bekannt ist, weil es die Realität ist, aus der wir kommen. Wir haben sie vergessen, weil sie zu riesig ist. Sollen wir auf einer kleinen Erde, in einer kleinen Welt leben, müssen wir uns einschränken und einer allzu weiten Sicht Grenzen auferlegen. Wir sehen die Dinge von unserem Standpunkt innerhalb dieser Grenzen, deshalb brauchen wir die Grenzen. Dennoch wissen wir, dass es mehr gibt. Alle Völker der Erde spüren, dass es etwas außer dem irdischen Dasein gibt, außer dem Himmel und allem, das wir mit Augen sehen und mit den Sinnen wahrnehmen. Deshalb rekonstruieren wir das Vergessene. Wir haben die kosmische Realität vergessen. Sie ist viel zu gewaltig. Sie ist so mächtig und riesig, dass sie unsere Tage mit all unseren kleinen Problemen, Ängsten und Tätigkeiten überfluten würde. Wären wir ständig in Betrachtung der kosmischen Wirklichkeit versunken, würden wir völlig verwirrt. Deswegen müssen wir ein Gleichgewicht zwischen der Erforschung des Weltalls und dem Leben auf der Erde finden.

Das führt uns zu einem weiteren Grund für die Mumifizierung, dem wahrscheinlich wichtigsten. Wir mumifizieren, weil wir ein greifbares Bild des Todes wollen. Geistig können wir den Toten auf seiner neuen Reise begleiten. Er lässt das Erdenleben hinter sich und beginnt ein neues in der kosmischen Wirklichkeit. Wir versuchen, ihn auf seinen Reisen zu begleiten und zu verstehen, was Leben auf einer anderen Ebene bedeutet. Wir verwenden die Mumie wie einen Stern als Ausgangspunkt für die Erforschung des Weltalls. Der Geist des Toten dient uns als Maß einer neuen Dimension. Er führt uns auf den Weg des kosmischen Wissens. Von dort aus sammeln wir neue Erfahrungen, die uns Verständnis bescheren. Wir verstehen allmählich, dass die Welten jenseits unserer eigenen anderen Gesetzen unterstehen und sich in Richtungen verzweigen, die wir mit den Sinnen nicht wahrzunehmen vermögen. Die übersinnliche Wahrnehmung setzt ein und liefert die erforderliche Brücke, um Kontakt zum eigenen Unbewussten und dem Weltall aufzunehmen. Das irdische Leben geht weiter, doch wechselt es mit dem Eintauchen in das Gewahrsein einer anderen Dimension ab.

Weshalb berichten Menschen, die in einer Pyramide geschlafen haben, manchmal über Reisen in eine andere Welt? Die Pyramidenform und ihre Bauweise erleichtern Astralreisen. Der Ägypter, der den Weg, auf dem er gekommen ist und die Welt, in die er zurückkehrt, erforschen möchte, nimmt die Hand des entweichenden Toten und begleitet ihn auf seinen ersten Schritten in eine Welt jenseits der bekannten Welt, jenseits der vertrauten Gesetze. Voller Angst und Zittern gehen wir in eine andere Wirklichkeit ein. Dort verschwindet die Angst sogleich, weil Angst eine reine Manifestation des Bewusstseins ist. Beim Tod oder einer Nahtoderfahrung verlieren wir dieses Bewusstsein und gleiten ins Licht. Zuerst gelangen wir durch einen dunklen Tunnel, den ich bereits erwähnte, als vom Anus des Skarabäus die Rede war. Nach dem Tunnel kommt das Licht. Wir werden der neuen Dimensionen gewahr, in die wir eingegangen sind. Auf seinen Astralreisen erkennt der ägyptische Gelehrte viele Bezugspunkte, die er einordnen kann. Unsere Priester, die auf solche Astralreisen gehen, bringen ähnliche Bezugspunkte zurück. Nein, ich sollte nicht ähnliche sagen, es sind dieselben Koordinaten. So entstehen die Himmelskarten, so verstehen wir das, was über das Sicht- und Wahrnehmbare hinausgeht, und so machen wir uns auf astronomische Reisen auf. Will man etwas Riesiges beschreiben, nennt man es oft ›astronomisch‹. Wir begeben uns auf eine astronomische Reise. Diese Reise kann man nicht mit Pferd oder Kamel unternehmen, sie ist ein Flug, die Erforschung einer hellen, leichten Dimension, einer Dimension der Flügel. Fliegend erreichen wir weit entlegene Punkte.

Doch bevor wir die Freiheit erfahren, müssen wir durch den Schmerz der Einengung hindurch. Die astronomische Reise ist geistiger Natur. Die physischen Gesetze und auch der Raum sind dort aufgehoben. Dennoch ist der Weg dorthin schwer. Er ist eine Wandlung, ein Transzendieren und völliges Abweichen von den Gesetzen, in denen wir verankert sind. Wir müssen ohne Gepäck aufbrechen, um die vor uns liegende Dimension zu begreifen. Wir lassen Licht und Schatten der Erde zurück und gleiten in die Weiten einer neuen Dimension, die uns einhüllt, aber auch komprimiert. Der Körper wird zurückgelassen. Er nimmt nicht daran teil. Daher rührt der Begriff ›Astralreisen‹. Das eigene Wesen löst sich vom Körper. Die Abspaltung von den irdischen Gegebenheiten setzt uns zur Erforschung der kosmischen Realität frei.

Von solchen Reisen kehrt man verändert zurück. Eine

Wandlung findet statt. Es ist eine göttliche Reise. Weshalb stellen wir uns einen Gott im Himmel vor? Die Tatsache, dass wir diese irdische Welt vergessen, bringt uns dem Licht und dem ungewohnten Zustand der Reinheit näher. Reinheit ist gewöhnlich kein Bestandteil des Erdenlebens. Die Dimension, die wir erreichen, ist rein. Dort gibt es keine irdischen Erwägungen mehr, nur noch erhabenes Denken. Es gibt nur himmlische Bezugspunkte, Lichtpunkte. Alles ist Denken. Dort haben wir die Gefühle hinter uns gelassen. Nur der Ausgangspunkt ist gefühlsgeladen. Danach empfinden wir weder Schmerz noch Trauma. Wir sind von der unglaublichen Pracht überwältigt. Als Menschen können wir in dieser Pracht nicht verweilen, sie nicht allzu sehr in die Tiefe erforschen. Wir müssen zurück in die Welt und versuchen, einen Sinn aus diesen Erfahrungen abzuleiten.

Astralreisen sind notgedrungen von kurzer Dauer, damit ein Gefüge nicht durcheinander gerät, das funktionstüchtig bleiben muss, solange es irdischen Begrenzungen untersteht. Als Menschen müssen wir uns an die Erfahrungen erinnern, sie analysieren und quantifizieren, sie in eine Dimension bringen, die wir erfassen können, statt sie unserer Kontrolle entgleiten zu lassen. Es gilt zu verstehen, was das Himmelszelt mit den Planeten und Konstellationen für uns bedeutet und deren Einfluss auf irdische Wesen zu erforschen. Auf diese Weise wissen wir um die neun Planeten, ihre Rotationszyklen und die ihrer Satelliten, kennen das Auftreten der Kometen und alle Himmelsgeheimnisse. Wir nehmen alles in uns auf. Es wird Bestandteil unseres Wissens und der Wissenschaft. Aus jener Realität kommen wir, und nach dem Erdenleben, das uns läutert, kehren wir dorthin zurück. Das Firmament ist unser Führer und Freund, unsere Mutter Nut, die Mutter von Isis und von Osiris. Nachts deckt sie uns zärtlich mit ihrem wunderschönen Umhang zu.

Weshalb muss der Mensch arbeiten? Man sagt, Arbeit adle den Menschen. Das stimmt, denn Arbeiten lehrt Disziplin. Das Gehirn lernt einordnen und rational denken. Es darf nicht in Richtungen abschweifen, die es aus dem Gleichgewicht werfen. Arbeiten ist lebensnotwendig für den Menschen, genauso, wie Unbilden des Lebens wichtig sind. Sie holen uns auf den Boden zurück und verleihen uns ein irdisches Gewissen. Wenn wir zu viel Zeit zum Sinnieren haben, könnten wir in einen potenziell gefährlichen Geisteszustand abgleiten. Weshalb? Weil der Raum, in dem wir uns bewegen, für unser Menschsein zu groß ist. So sieht der Ägypter den Himmel, die andere Welt oder die Astronomie.«

Kaharbnams wunderschöne Augen funkeln wie Sterne. Er fährt fort.

»Im Zusammenhang mit dem Gesagten möchte ich dir etwas über Energien erzählen. Für uns hängen sie mit den Chakras, den Planeten und vielem anderen zusammen. Ich erkläre dir alles eins nach dem anderen, und wenn nötig, können wir auf manches ausführlicher eingehen.

Die Ägypter ordnen die Energien Zahlen zu, und zwar den Zahlen von 1 bis 12. Energien 1 bis 7 sowie 11 und 12 beziehen sich auf unser Erdendasein. Energien 8, 9 und 10 gehen darüber hinaus.

Energie 10 ist, wie gesagt, die kosmische Energie. Sie besteht aus I – Sonne und Licht – und 0 – dem Unendlichen. Die 1 entspricht Sonne und Licht, weil wir zum Sonnensystem gehören und somit die Sonne Ausgangspunkt innerhalb unseres Universums ist, auch wenn sie uns in eine größere Dimension als das Sonnensystem trägt.

Beginnen wir mit Energie 1, der Urenergie der Ägypter. Es ist die Energie, die Leben spendet. Was gibt uns das Leben? Die Sonne. Für uns ist die Sonne das wichtigste Element, weil wir dank ihr als warmblütige, vitale und dynamische Wesen existieren. Natürlich sind die anderen Elemente ebenso wichtig, aber die Sonne verleiht uns Zeugungskraft. I ist die Energie des Osiris. Es ist die Energie der Sonne, die auf die Erde trifft und Kreaturen hervorbringt. Die Urenergie ist männlich.

Energie 2 wurzelt in der 0, jener Energie, die das Weltall und das Unbewusste darstellt. Sie ist die Energie, welcher Isis ein Bild entlockt, es erschafft und erzeugt. Betonthep hat dir erklärt, dass Isis sowohl den Schöpfungsprozess in Gang setzt, als auch am nächsten Stadium teilnimmt. Energie 2 ist die weibliche Energie von Isis. Da wir in allem die Dualität sehen, besitzt diese weibliche Energie auch eine männliche Seite. Zweipoligkeit ist eine weibliche Eigenschaft. Ist sie befruchtet, birgt die Frau den Mann. Sie bewahrt einen männlichen Anteil in sich, und während der Schwangerschaft ist sie Mutter und Vater zugleich. Die Energie der Geschlechtsorgane und des Sexualchakras ist die 2. Die Sexualität besteht aus männlichen und weiblichen Komponenten. Wir alle besitzen männliche und weibliche Hormone, nur herrscht das eine oder andere vor. Das eine entwickelt sich, das andere wird gehemmt, doch der Mensch besteht aus beiden.

Energie 3 ist ein Dreieck und entsteht aus Energie 1 und 2. Diese Energie ist der Sohn – Horus. Die 3 verwandelt Energien 1 und 2, aus denen sie besteht, in eine dritte: die Energie der Veränderung. Sie fliegt wie ein Pfeil weiter, durchdringt ihre beiden irdischen Bestandteile und hebt uns in eine dritte Dimension. Sie durchbricht die Schranke zwischen der irdischen und kosmischen Realität.

Energie 4 ist ein Quadrat, die Energie des Bauens, des Ziegelsteins und des Würfels. Sie ist der Moment, in dem eine Familie, die aus Energien 1, 2 und 3 besteht, zu bauen und ihr Potenzial zu entfalten beginnt. Es ist die Energie der konstruktiven Lebenskraft und des Ansammelns. Die 4 mit ihren vier Seiten ist ausgeglichen. Die 4 ist die Energie der Arbeit. Hat man etwas für sich aufgebaut und sieht sich um, knüpft man allmählich gesellschaftliche Beziehungen an und geht damit von Energie 4 zu Energie 5 über.

Energie 5 ist die Großfamilie, die Gesellschaft. Familien, die mit Energie 4 ihren Anfang nahmen, machen sich mit Gedanken vertraut, die ihren Horizont erweitern. Energie 5 steht für Kreativität und Erfindungsgeist. Sie ist die Energie von Menschen, die nach Höherem streben und Schönes schaffen wollen, das über das Materielle hinausgeht. Sie weckt die Sehnsucht nach etwas in uns, das uns der Schöpfung näher bringt und uns vergeistigt.

Energie 6 wiederum ist ausgeglichen. Die 6 ist eine gerade Zahl, die sich aus 3+3 zusammensetzt. Sie ist die Energie von Familien, die zusammenkommen, Traditionen aufbauen und wahren. Energie 6 ist somit die Energie der Überlieferung und Erinnerung.

Energie 7 ist die vollkommene Energie. Sie ist der Anfang und das Ende aller Dinge. Diese Energie hat alle anderen in sich aufgenommen und sublimiert. Die 7 ist das Symbol der Vollkommenheit, der Geistigkeit. Energie 7 hat die Fülle des Seins erlangt. Sie ist das Zeichen der Annäherung an Gott. Sie geht in eine nützliche, richtige, ausgeglichene und harmonische Richtung. Sie besteht aus materiellen und geistigen Anteilen, zielt jedoch auf Läuterung und Entmaterialisierung ab. Man hat alles erreicht und kann nun alles aufgeben und die Läuterung beginnen.

Mit dem Übergang zwischen 7 und 8 setzt der Prozess des Sterbens ein. Wo beginnt der Tod? Wir beginnen von dem Moment an mit dem Sterben, in dem wir uns aller Dinge entledigt haben. Die Läuterung ist vollendet, wir können sterben. In diesem Augenblick setzt die Energie 8 ein. Sie bewegt sich in einem geschlossenen Kreislauf vom Gehirn über das Herz zu den Geschlechtsorganen. Für den Ägypter ist sie die Energie eines neuen Lebens, sowohl des Todes wie der neuen Liebe. Energie 8 steigert sich wie ein Wirbel, der uns mit seiner Kraft erstickt – danach sterben wir. Auch wenn wir uns verlieben, beginnen wir ein neues Leben. Deswegen steht diese Energie auch dafür. Männer und Frauen sind die beiden Hälften einer 8, die durch ihre Liebe in der Mitte miteinander verbunden sind. Energie 8 ist somit Liebe, Geschlechtlichkeit, Leben und Tod. Nach den ersten 7 Energien kommt die 8. Diese Energie geht über uns hinaus. Wir beschließen nicht, zu sterben, sondern wir sterben. Wir entscheiden uns nicht, uns zu verlieben, sondern wir lieben. Es ist eine Energie, die sich wie eine Schlange um uns windet, uns besitzt und in ihren Fängen festhält. Die ersten 7 einfachen oder zusammengesetzten Energien können wir kontrollieren und entwickeln. Energie 8 hingegen geht über uns hinaus. Wir können uns nicht von ihr befreien oder vor ihr schützen. Sie hält uns wie in einem Schraubstock gefangen.

Nun noch zu Energie 9, der Energie der Reise. Wir verlassen die Erde um einer anderen, unbekannten Welt willen. Diese Energie entreißt uns allem zuvor Gewohnten und katapultiert uns in eine neue Dimension. Der neunte Monat ist der Monat der Geburt. Geborenwerden heißt vom Bekannten losgerissen werden, von einer guten oder schlechten, aber dennoch vertrauten und daher tröstlichen Umgebung. Energie 9 trennt uns vom Mutterleib. Zwischen 8 und 10 bildet 9 den Geburtsmoment in eine andere Wirklichkeit. Er ist traumatisch und von Ängsten, jedoch auch von Staunen begleitet. Die Reise erfüllt uns mit dem Zauber neuer Erfahrungen und Abenteuer. Unseren Augen eröffnet sich eine neue Welt. Diese neue Realität ist entweder diejenige der Energie 10, wenn wir zur Erde zurückkehren – du erinnerst dich, die kosmische Energie 10 mit der Sonne als Ausgangspunkt – oder wir kehren ins Weltall zurück, dann streben wir auf die 0 und das Unendliche zu. Wir begeben uns auf den Weg der Toten, die für immer von uns gegangen sind. Nun ja, vielleicht nicht für immer, aber wer weiß, wann sie wiederkommen.

Nun zu den Energien 11 und 12. Werden wir in diese Welt hineingeboren, entspricht Energie 11 dem Mann, Energie 12 der Frau.

Was sind diese verschiedenen Energien und woher kommen sie? Es sind die 12 göttlichen Einhauchungen aus den 12 Höhlen. Energie ist bipolar. Sie besteht aus Luft und Materie und wird durch Anhauchen bewegt. Die Höhle enthält den göttlichen Atem.

Wie ihr teilen wir das Jahr in zwölf Abschnitte ein, auch wenn wir, wie gesagt, nur drei Jahreszeiten berücksichtigen. Jeder der 12 Jahresabschnitte wird von einer Höhle mit göttlichem Atem beherrscht. Beim Öffnen des Tores zu einem Abschnitt geht der entsprechende Atem daraus hervor. Ich will versuchen, dir das klarzumachen, denn dies ist unsere Geheimsprache, geheim in dem Sinn, als Nichteingeweihte sie nicht verstehen. Die Priester wollen miteinander Zwiesprache halten und Vorstellungen miteinander besprechen, ohne dass andere, denen dieses Wissen abgeht, sie verstehen. Wir besitzen keine schriftlichen Abhandlungen über die Astronomie oder Astrologie, weil es keinen Sinn ergäbe, niederzuschreiben, was wir untereinander austauschen. Ich will dennoch versuchen, es dir verständlich zu machen. Die Energien bestehen aus Luft und Materie oder Körper und Geist. Dank diesen beiden Bestandteilen existiert die Energie überhaupt. Wir brauchen jedoch noch einen dritten Bestandteil, um sie zu aktivieren. Der dritte Bestandteil ist der Impuls oder das Einhauchen.

Für den Ägypter ist alles Energie und entspringt derselben Quelle, auch wenn wir es unterschiedlich einordnen.

Ihre Kraft ist unerschöpflich, und sie regeneriert sich ständig. Siehst du, wir Menschen bestehen eigentlich aus elektromagnetischer Energie und Wasser, von denen wir hauptsächlich zehren und die uns antreiben. Das beweist, dass wir Kinder des Weltalls sind und aus diesem bestehen. Wir sind Filter zwischen Kosmos und Erde, aktiv dank den 12 eben besprochenen Energien. Sie helfen uns, die Evolutionsstadien zu durchlaufen. Je besser wir die Energien zu nutzen verstehen, desto näher kommen wir der kosmischen Wirklichkeit.

Doch zurück zu unserer Auffassung der Astronomie: Die Ägypter wissen, dass sie kosmische Wesen sind, die eine irdische Erfahrung machen, welche sie speist und ihnen zum Voranschreiten zum großen Licht verhilft. Hier auf Erden kämpfen wir um Brot und den Himmel. Was soll das bedeuten? Es heißt, dass wir unser Brot hart verdienen müssen, um zum Licht zu gelangen, das uns unsere Mühe lohnen wird. Hab Vertrauen, meine Liebe, denn wenn auch das Erdenleben ein Lernprozess ist, erhebt es uns einzeln und gemeinsam zu einem anderen Leben, in dem wir von all diesem Leiden befreit sind. Weine nicht – es ist nur ein Weg der Läuterung, keine Strafe. Schmerz reinigt uns von den Schlacken des Bösen. Unsere Mutter Natur schützt uns wie Kinder, die erst noch gehen lernen müssen. Wir sind kleine, aus dem Nest geworfene Vögel, die fliegen lernen müssen. Dann können wir glücklich an ihre himmlische Brust zurückkehren.« Kaharbnam hält inne.

»Außerdem sind wir der Auffassung, dass jeder Mensch drei Sonnen besitzt, welche die elektromagnetischen Energien ausstrahlen, aus denen unsere Aura besteht. Auch sie sind mit den Chakras verbunden. Die erste Sonne liegt im Scheitel. Es ist die aufgehende Sonne, die aus der Dunkelheit kommt und die Welt des kreativen Denkens mit sich bringt. Es ist die Sonne des Osiris, des Gottes der Vernunft, der sie von Isis, der Göttin der Vorstellungskraft, empfängt. Sie strahlt in sanften und dennoch leuchtenden Farben, welche die Vergeistigung des Betreffenden, seine Entwicklung und Erhabenheit anzeigen. Dann folgt die zweite Sonne, die starke, heftige Mittagssonne, die Sonne des Horus. Sie treibt uns an, schenkt uns Dynamik und Ausstrahlung. Ihr Kern liegt im Sonnengeflecht, von dem ihre Strahlen wie eine Doppelspirale ausgehen. Die eine Spirale führt nach innen und speist uns, die andere, ausstrahlende, ist auswärts gerichtet. Je stärker der Magnetismus eines Menschen ist, desto größer sind die Spiralen und desto mehr nützen sie ihrem glücklichen Besitzer. Die dritte ist die untergehende Sonne; sie birgt die Erfahrungen der beiden anderen. Es ist die Sonne der Isis. Diese Sonne befindet sich unter den Füßen, sie wirkt als Filter und speist uns wie Wurzeln den Baum. Ihre Strahlen vermischen sich mit den Strahlen der anderen beiden in der Aura des Trägers. Sie gibt den Impuls zum Kreislauf durch Dunkelheit und Licht und zeigt den erlangten Weisheitsgrad an. Die Aura der Menschen, die den Gipfel ihrer Entwicklung erreicht haben, leuchtet hell. Solche Wesen schenken freizügig von ihrer Kraft, ohne Stolz, nur mit unendlicher Großzügigkeit. Ihr nennt sie Heilige. Sie erleuchten die verlorenen, halsstarrigen Verwirrten. Hochherzigkeit ist die Eigenschaft der Größe.

Jetzt erzähle ich dir etwas über die Astronomie des menschlichen Inneren. Ihr nennt es Astrologie, aber ich will dir die ägyptische Sicht erklären, und zwar als symbiotische Beziehung des Menschen zur Astronomie und zum Weltall.

Das Sonnengeflecht halten wir für den wichtigsten Körperteil, weil wir durch dieses sämtliche Energien abgeben und aufnehmen. In der Gebärmutter verbindet uns die Nabelschnur mit dem Leben auf Erden, und wir sind von einer vertrauten Flüssigkeit umgeben, die den Kontakt mit dem Unbewussten und Kosmos aufrechterhält, aus dem wir kommen. Wir befinden uns in einer angenehmen, behaglichen Nische, aber sie ist auch ein Ort der Versunkenheit. Was wir in diesem überempfindsamen Zustand aufnehmen, ist nicht immer gut. Schädliche Einflüsse hinterlassen manchmal tiefe Narben, solange wir noch so empfindlich sind. Die Nabelschnur ist wie eine Spirale, die vom Sonnengeflecht ausgeht und uns mit der Welt verbindet. Sie ist eine schmerzhafte Stelle, weil sie so ungeschützt ist. Wir müssen sie durch die Unbilden des Lebens stärken, und leider bietet das Leben recht viele davon.

Im Anatomieunterricht zeichnen wir dem Menschen eine Sonne auf das Sonnengeflecht. Der Nabel bildet ihre Mitte, und die Strahlen breiten sich auf den Körper aus. Vom Nabel ausgehend zeichnen wir zwei Spiralen ein, wovon die eine zum Weltall weist, die andere von dorther kommt. Das Sonnengeflecht ist das Zentrum kosmischer Energien in uns und das Kraftwerk für unser Erdenleben. Man könnte sagen: Es ist die Sonne unseres eigenen Sonnensystems. Wir zeichnen dann zwei Planetenstellungen ein: Die eine gilt für alle und entspricht den Hauptchakras, die andere zeigt den aktuellen Planetenstand an und unterscheidet sich von Mensch zu Mensch. Es gibt andere Fixpunkte in diesem Diagramm, aber das alles erkläre ich dir später.

Doch jetzt gehen wir besser etwas schlafen. Es war ein langer Abend, und ich sehe, wie es dir Mühe macht, mir zu folgen. Komm, meine Liebe, Harakmunt und Nobthpe bringen uns zu unseren Zimmern. Nach einem guten, erholsamen Schlaf treffen wir uns im astronomischen Tagesgarten zu einer Erfrischung und einem weiteren kleinen Gespräch wieder.«

Wir steigen die Treppe hinunter und verlassen die Sternwarte auf dem noch von Fackeln erleuchteten Weg, den wir gekommen sind. Bald stehen wir vor meiner Zimmertür. Kaharbnam umarmt mich und verneigt sich, dann verneigen sich auch die beiden jungen Männer lächelnd, und ich tue es ihnen gleich. Im Zimmer finde ich eine Wanne und einen vollen Wasserkrug vor. Rasch schlüpfe ich aus dem Kleid, gieße mir kaltes Wasser über den Körper und klettere ins Bett.

Ich muss recht lange geschlafen haben, denn beim Aufwachen strömt Sonnenlicht durch das Gitterwerk der Holzläden. Das macht das Licht im Raum angenehm diffus, aber es ist bereits drückend heiß. Ich strecke mich, wie Betonthep es mir gezeigt hat, und schon kommt Anuphti wie immer lächelnd herein.

»Du siehst richtig ausgeruht aus«, meint sie.

»Allerdings!«, antworte ich lachend. Sie setzt sich zu mir aufs Bett und beginnt, mir den Nacken zu massieren.

»Das ist gegen die Feuchtigkeit gestern Abend in der Sternwarte«, erklärt sie und schlägt vor: »Gehen wir in die Bäder. Es wird schon spät, und Nobthpe wartet auf dich.«

»Oje«, rufe ich erschrocken aus.

»Mach dir keine Gedanken. Dann wartet er mal auf dich statt darauf, einen Stern zu sehen!«, erwidert Anuphti lachend und reicht mir wie üblich das heiße Tuch. Wir statten den Bädern einen kurzen Besuch ab und sind bald zurück. Ich ziehe wieder ein weißes Gazekleid über und mache mich mit Nobthpe auf.

Er sieht zufrieden aus, wahrscheinlich, weil er nicht allzu lange auf mich warten musste. Wir gehen durch das Hauptportal zum Tempel hinaus und biegen rechts in die Sphinxallee zum astronomischen Tagesgarten, einer großartigen Wasseranlage mit wunderbaren seltenen Pflanzen. Das Wasser ist in Form von Labyrinthen und einer Spirale gefasst, deren Mitte ein größeres Becken in Sonnenform bildet. Kleinere Becken sind um die Spiralwindungen angeordnet und stellen die Planeten dar. Auf dem Beckenboden sind viele mir unverständliche Symbole eingraviert. Wir finden Kaharbnam unter einem prachtvollen Pharaonenfeigenbaum sitzen. Er sieht auf einem riesigen, zum Sitz ausgehauenen Holzklotz beeindruckend aus. Harakmunt steht hinter ihm.

Kaharbnam erklärt: »Der große Holzklotz war ein alter Pharaonenfeigenbaum, auch Sykomore genannt, der trotz aller erdenklichen Pflege eingegangen ist. Wir haben ihn am

Fuß des neu Gepflanzten aufgestellt, damit seine Energien in diesen übergehen und er gut wächst. Sie haben einander lieb gewonnen. Es ist mein Lieblingsplatz. Von hier aus hast du einen wunderbaren Ausblick über diesen ungewöhnlichen Garten.«

»Wirklich bemerkenswert«, stimme ich zu. »Es ist auch angenehm kühl hier für die Tageszeit.«

Mein Freund weiß hierzu: »Das liegt daran, dass die Pflanzen so sorgfältig ausgesucht wurden. Die Bäume haben einen hohen Stamm, aber tief hängende, üppige Äste, und darunter wurden diese schönen Büsche gepflanzt. Das gibt dem Garten ein gepflegtes, natürliches Aussehen.«

Während Kaharbnam noch spricht, sind Harakmunt und Nobthpe, denen ein umwerfend schöner Junge zur Hand geht, mit Tabletts und kleinen Klapptischen herbeigekommen.

»Das ist Rhampu, der Sohn von Sanusit, der Schwester des Pharaos«, stellt Kaharbnam vor. »Er ist mein Schützling und liebt den Himmel. Er hat mich gebeten, heute beim Mondscheinabend im astronomischen Nachtgarten neben dir sitzen zu dürfen. Der Junge ist sehr begabt und wird dich gut unterhalten. Dass er hier hilft, ist nur ein Vorwand, dich kennen zu lernen. Bis später, du kleiner Schlingel!«

Die drei gehen, und wir genießen die hübsch auf den Tabletts angerichteten Köstlichkeiten. Es ist ein leichtes, erfrischendes Mahl.

»Was sind diese kleinen Gemüsebällchen?«, frage ich meinen Führer.

»Sie werden aus Malven und Sesamsprossen mit einer Soße aus fermentierter Milch gemacht – was ihr Joghurt nennt«, erwidert er.

»Alles schmeckt ausgezeichnet. Nach diesem Ausflug bei euch werde ich ein Buch über die Kochkunst im alten Ägypten schreiben«, sage ich.

Kaharbnam lacht und sagt: »Jetzt will ich dir den Garten zeigen und mehr über Energien und Chakras erzählen.«

Wir schlagen einen der Wege zum mittleren Becken ein, das die Sonne darstellt. In der Mitte ist es rund, und viele Strahlen gehen davon aus, es sind genau 21. Die Beckenränder sind aus fein poliertem Basalt und wie der Beckenboden mit eingravierten Symbolen bedeckt. In der Mitte ragt eine große, strahlend helle Kugel aus Messing auf einem Stab aus dem Wasser.

»Sieh mal«, sagt mein Gefährte, »die Sonne scheint auf die Kugel, wird vom Wasser reflektiert und wirft einen Strahl auf den Rand, wo er allerlei hervorhebt, etwa die Mondphasen und Jahreszeiten. Der ganze Platz zwischen Rand und Beckenboden ist voller Aufzeichnungen, zum Beispiel sind die Tagundnachtgleichen, der längste und kürzeste Tag und vieles andere festgehalten.« Ich bin überwältigt. In allen übrigen Becken schmücken Planeten unterschiedlicher Größe die Mitte. Auch diese ragen aus dem Wasser empor und bestehen aus verschiedenen Metallen, während die Becken aus verschiedenartigen Steinen gemacht sind. Von diesen Becken gehen keine Strahlen aus. Die Spirale ist ein aus dem Sonnenbecken fließender Kanal, dessen sieben Windungen allmählich breiter werden.

»Die Spirale beginnt im Norden«, erläutert Kaharbnam, als lese er meine Gedanken.

»Tatsächlich!« Jetzt sehe ich es auch, und sie endet im Süden. Der Garten ist übrigens viereckig. Außer der Spirale gibt es noch viele andere kleinere Kanäle, die Windungen und seltsame Symbole bilden und von Büschen und sich windenden Wegen unterbrochen werden. Es ist ein herrlicher Garten.

Kaharbnam nimmt seine Ausführungen wieder auf: »Wir haben bereits von den Spiralen gesprochen, die das Sonnengeflecht mit Energie versorgen. Die Spiralen haben sieben Windungen, auf denen sich die Planeten befinden. Die Kraft des Sonnengeflechts unterscheidet sich von Mensch zu Mensch. Aus seiner Mitte gehen Strahlen aus, auf denen wir verschiedene Punkte ansiedeln. Manche sind bei allen gleich, andere ganz persönlich. Jeder Punkt bildet wieder eine dynamische Spirale oder einen Energiewirbel. Die Punkte befinden sich entweder im Körper oder außerhalb desselben, aber noch innerhalb des Energiefeldes des Betreffenden. Im ägyptischen System gibt es 42 solche Punkte. Jeder ist autonom und bildet einen unterschiedlich starken Wirbel, je nach Spannkraft des Trägers sowie seiner bereits geleisteten inneren Arbeit und seiner Kontrolle über die Wirbel. Dazu spielen ererbte und eigene Charakterzüge ebenfalls eine Rolle. Bei der Geburt stellen wir die Lage dieser Zentren fest und auch, welche die stärksten und welche die schwächsten sind. Dann bestimmen wir die Fähigkeit des Trägers, äußere, kosmische Energien aufzunehmen und zu nutzen. Bei einem zum Führer geborenen Kind ist eine bereits sehr ausgeprägte Kraft festzustellen. Wir zeigen unseren Kindern, wenn sie noch klein sind, wie sie die schwächeren Chakras mit Energie versorgen und dazu die kosmischen Energien nutzen können.«

»Wie macht ihr das?«, erkundige ich mich.

»Wir bringen ihnen Selbsthypnose und Konzentrationsübungen bei. Kinder haben ein natürliches Talent dafür, wie übrigens auch für Telepathie.

Als Therapie zum Aufladen der Chakras und Wiederherstellen des Gleichgewichts setzen wir in der Regel Hypnose und Handauflegen mit Kreisbewegungen ein. Bei wiederholtem Gleichgewichts- und Energieverlust behandeln wir zusätzlich Druckpunkte, die sich jedoch nie auf den Chakras selbst befinden. Das würde sich gegenteilig auswirken. Diese Anwendungen bringen die Dynamik aller Wirbel der Haupt- und Nebenchakras wieder in Schwung. Das Energiegleichgewicht wird wiederhergestellt, Harmonie kehrt ein und speist den Erschöpften. Die Priester können sich mit Selbsthypnose behandeln oder stellen das Gleichgewicht zu zweit wieder her, wobei der eine Priester den anderen hypnotisiert. Dadurch entsteht eine große Kontrolle über Geist und Körper. Ein hoher Konzentrationsgrad ist jedoch erst nach sehr langer Übung möglich und wird im fortgeschrittenen Stadium der Priesterschaft erlangt. Auf dieser Stufe können die Priester die Tätigkeit jedes Körperorgans einschließlich des Gehirns verfolgen. Das Gehirn wird so geübt und genutzt, dass es selbst sämtliche Abfallstoffe ausscheidet.

Betonthep hat dir schon erzählt, dass im letzten Einweihungsstadium vor der Priesterschaft alle unerwünschten Schlacken abgelegt werden und jeder seinen eigenen einmaligen Kern – seine Essenz – findet. Wir lernen, den eigenen Kern so lange zu läutern, bis nur noch eine hoch konzentrierte Essenz des Selbst übrig bleibt wie der Stein bei einer Frucht. Dieser ist persönlich und einmalig. Wie bereits erklärt, wird dann das Fruchtfleisch wieder aufgebaut und gleicht demjenigen anderer Eingeweihten. Wir streben diese Ähnlichkeit an, damit wir einen perfekten Kontakt untereinander herstellen können. So behält jeder seine Einmaligkeit bei und ist dennoch in vollkommener Zwiesprache mit den anderen verbunden, um ein gemeinsames Ziel zu erreichen. Jeder bei uns setzt entweder seine Einzigartigkeit oder den verbindenden Anteil ein, um dieses Ziel zu erreichen. Es ist wie eine Riesenwelle, die sich in Richtung Wissen und Erleuchtung bewegt, oder auch wie die Sterne am Himmel. Das könnt ihr euch heute kaum mehr vorstellen, aber es ist das große Geheimnis der ägyptischen Priesterschaft und die Grundlage ihrer Entfaltung. Es tut mir Leid, wenn ich mich wiederhole, aber ich glaube, es ist sehr nützlich, im Zusammenhang mit der ägyptischen Vorstellung des Weltalls und der Astronomie daran zu erinnern.

Jetzt möchte ich dir von der Symbolik der Milchstraße erzählen. Im Körper entspricht ihr die Wirbelsäule. Wie die im Gehirn endende Wirbelsäule entspricht sie auch dem Baumstamm mit seinen Ästen oder dem Nil mit seinem Delta. Das wurde wohl im Zusammenhang mit dem Skarabäus schon angesprochen. Die Milchstraße, der Nil, der

Baum und der menschliche Körper sind Bilder, die wir übereinander legen. Zusammen mit der Sonne und ihren Strahlen und den vom Sonnengeflecht sowie den anderen 42 Energiepunkten oder Chakras ausgehenden Spiralen werden dynamische Bilder daraus. Schließlich entsteht ein dreidimensionales, von den Spiralen belebtes Bild. Ägyptische Darstellungen sind absichtlich flach, weil sie nur ein Symbol für das Wesen der Dinge sein wollen. So stellt beispielsweise ein Kreis die Kugel oder deren Essenz dar. In der ägyptischen Symbolik ist die Suche nach dem Kern der Dinge und die Läuterung eine Grundlage, vor allem für das wissenschaftliche Denken. Offensichtlich erfüllen Bilder zu Dekorationszwecken wie diejenigen in den Pharaonenpalästen und andernorts andere Kriterien. Dabei sind die jeweiligen Farben und der dekorative und beschreibende Wert der Bilder wichtig. Diese Werte bleiben auch dann erhalten, wenn die Essenz nicht mehr da ist. Nichts wird weggeworfen, alles wird wiederverwendet und ist in armen Ländern von Nutzen, wo Hungersnöte und Armut an der Tagesordnung sind. Das mutet vielleicht seltsam an. Weshalb Überflüssiges malen? Fülle darzustellen ist wichtig, weil sie nicht nur ein Zeichen materiellen, sondern auch geistigen Reichtums ist. Man lernt den Überfluss kennen, auch wenn man dann ohne ihn auskommen muss. Die äußere Erscheinung der Dinge, Pomp und Fülle sind wichtig. Diese Rolle erfüllt auch der Pharao, den die Priester verwöhnen und mit Geschenken und Verehrung überschütten, bis er eine überhöhte Meinung von seiner Macht und Schönheit hat.

Doch zurück zu unserer Beschreibung des Körpers. Er ist vom Kreis der letzten, vom Sonnengeflecht ausgehenden Spiralwindung umgeben. Wie gesagt, nimmt die eine der beiden Spiralen die Energie auf, die andere gibt sie ab. Das macht aus dem Körper und dem Energiefeld, das ihn umgibt, einen mit dem Makrokosmos verbundenen Mikrokosmos. Über dieses Bild legen wir nun die Abbildungen des Nils und des Baumes. Der Verlauf des Nils entspricht der Wirbelsäule, sein Delta dem Gehirn. Dieses Bild finden wir im Baumstamm und den Ästen wieder, die dem Delta und dem Gehirn gleichen. Die Wurzeln sind die Quelle oder Füße, durch welche alle Nahrung aufgenommen wird. Sie sind jener Teil, der uns mit allen anderen verbindet. Sie sind der verborgene Teil, unser Unbewusstes, eine gemeinsame Gedankenwelt, aus der wir hungrig Wissen beziehen. Der Rumpf filtert die Nahrung und leitet sie durch den ganzen Körper. Das Gehirn nimmt alles auf und bewahrt es auf. Es enthält die ausarbeitenden Zellen und das bewahrende Gedächtnis. Das Herz ist das Gefühlszentrum. Es gibt Gefühlsimpulse ab, die langsam zum Gehirn aufsteigen, dort erfasst und in Verstehen und Wissen umgewandelt werden. Die Idee entspringt im Rohzustand den Wurzeln, wird durch das Herz geläutert, das ihr eine emotionale und persönliche Komponente beifügt, und steigt zum Gehirn auf, wo sie ausgefeilt und aufbewahrt wird. So sieht der ständige Evolutions- und Wachstumsprozess des menschlichen Baumes aus.

Der Nil ist wie die Lymphen des Menschen, der Baum sein Behälter, und beide sind Übermittler. Die Spiralen sind die Energie und Nabelschnur: Die eine verbindet uns mit dem Weltall, die andere mit der Erde. Das dynamische Prinzip für die Harmonie, die es zwischen allen Dingen herzustellen gilt, ist die befruchtende, erschaffende Sonnenwärme. Sie speist nicht nur, sondern potenziert und mehrt den prachtvollen Mikrokosmos Mensch.

Lass mich dir die Chakras beschreiben. Wie gesagt, gibt es 42 davon, darunter sieben Hauptchakras. Diese befinden sich auf dem Scheitel, auf der Stirn an der Stelle des dritten Auges, an der Kehle, dem Herzen, dem Sonnengeflecht, der Milz und am Fuß der Wirbelsäule. Zusätzlich dazu berücksichtigen wir zwei weitere Punkte, einen für Isis am Kopfansatz im Nacken, den anderen für Osiris im Bereich der Geschlechtsorgane. Horus wird bereits durch das Sonnengeflecht dargestellt. Isis hat zusätzlich zu ihrem Punkt auch an denen des Osiris und Horus teil.

Danach sind sieben weniger wichtige Zentren anzuführen, die sich von Mensch zu Mensch unterscheiden. Sie hängen mit den Planeten insofern zusammen, als sie deren Stellung bei der Geburt anzeigen. Zwölf weitere Punkte entsprechen den Tierkreiszeichen. Das ergibt 28 Punkte.

Die übrigen 14 Punkte liegen außen und erfüllen eine andere Aufgabe. Sie strahlen auf den Träger ab, sodass er von außen nach innen mit Energie versorgt wird. Sumhat und Tehephron werden dir mehr darüber berichten. Das alles ist nicht nur für den Menschen in seinem kosmischen Rahmen wichtig, sondern unsere medizinischen Kenntnisse beruhen darauf.

Bist du müde?«, unterbricht sich mein Freund. »Schau,

da ist mein geliebter Pharaonenfeigenbaum. Setzen wir uns wieder. Du wirst sehen, gleich bringen uns meine Schüler eine Erfrischung. Unterdessen erzähle ich dir, weshalb der Pharaonenfeigenbaum für uns so wichtig ist.

Für die Ägypter ist die Pharaonenfeige oder Sykomore der Baum, der den Geist ihrer Ahnen beherbergt. Sie ist ein lebender Stammbaum und das erste, was im Hof eines jeden Hauses gepflanzt wird, damit die Familie geschützt ist und freundliche, gütige Geister über sie wachen. Geht der Pharaonenfeigenbaum ein, bedeutet es, dass die Ahnen erzürnt sind und ihre Nachkommen bestrafen werden. Bäume, allen voran die Pharaonenfeige, sind das Symbol der Männlichkeit, des sich zum Himmel reckenden Phallus, der das Himmelszelt mit seinem Sperma benetzt, wo sich die Spermentröpfchen in Sterne verwandeln. Dieser Glaube ist unter dem ägyptischen Volk weit verbreitet.

Für die Priester ist der Pharaonenfeigenbaum ein Prinz unter den Bäumen. Er verkörpert Qualität und Größe, und neben der Zeder wird er in diesem Teil der Welt am höchsten geschätzt. Der Garten des Pharaos ist voller Pharaonenfeigenbäume. Dort stehen sie um ihrer ästhetischen Qualitäten willen. Du wirst sehen, es ist ein überaus prachtvoller Garten.«

Unterdessen sind Harakmunt und Nobthpe mit Erfrischungen für uns hergekommen, ganz wie Kaharbnam es vorausgesagt hat. Es gibt warmen Pfefferminztee und ein Jasmin-Zitronensorbet, dazu mit Mohnsamen und Honig gebackene Kekse.

»Die Jungen wissen, dass Eis mit diesen Keksen ein

Hochgenuss für mich ist«, schmunzelt Kaharbnam vergnügt.

»Du bist schlimmer als ein Kind«, entfährt es mir, und ich muss über seine verlegene Freude lachen. Die jungen Männer sind plötzlich verschwunden.

»Ich habe sie wohl vertrieben, weil ich dich geneckt habe?«, frage ich.

»Nein, natürlich nicht. Sie wollten nur nicht, dass wir sehen, wie sie über ihren Lehrer lachen. So kannst du vorwitziger und unbefangener sein, und ich auch«, meint er schmunzelnd und fügt hinzu: »Doch jetzt sollten wir unsere Zimmer aufsuchen, etwas ruhen und uns auf den Abend vorbereiten, den ich im astronomischen Nachtgarten vorbereitet habe. Es ist Vollmond und wird eine klare Nacht.«

Wir stehen auf und gehen zusammen zum Tempeleingang zurück. Kaharbnam küsst mich auf den Scheitel und wendet sich lächelnd zum Gehen. In meinem Zimmer erwartet mich ein herrliches Frucht- und Blumenarrangement mit Dattelrispen, wunderschönen hellgrünen Blättern und vielfarbigen duftenden Blumen in einer aus einem Palmenstamm geschnitzten Schale. Ich ziehe mich aus und schütte in der Wanne einen Krug Wasser über mich. Staunend über die wunderbare Überraschung setze ich mich auf den Bettrand. Etwas glitzert auf dem Schemel daneben, es ist ein kleiner Kristall, der aussieht wie eine Pyramide. Offenbar ist dies seine natürliche Form, denn er sieht nicht geschliffen aus. Er ist wunderschön. Anuphti kommt auf Zehenspitzen herein und findet mich in die Betrachtung des Kleinods vertieft.

»Ich dachte, du schläfst vielleicht«, lächelt sie.

»Nein. Schau, das ist bestimmt von Kaharbnam«, erwidere ich und zeige auf die herrlichen Blumen.

»Meinst du?«

»Von wem könnten sie sonst sein?«, frage ich.

Jemand klopft an die Tür. Es ist Rhampu, der draußen mit Anuphti spricht.

Sie wendet sich wieder ins Zimmer: »Der Pyramidenkristall ist ein Geschenk von Kaharbnam, aber das Arrangement ist von Rhampu.«

»O danke, Rhampu, es ist wunderschön«, freue ich mich. Rhampu schaut mit glücklichem Lächeln von der Schwelle herein, verneigt sich und geht strahlend davon.

Lachend meint Anuphti. »Welch galanter kleiner Mann. In Ägypten ist es Brauch, dass ein Mann einer Frau Blumen, Süßigkeiten oder Haarbänder schenkt, wenn er sie einladen möchte.«

»Ach ja, ich weiß. Er ist heute Abend mein Tischherr«, erinnere ich mich.

Anuphti ermahnt mich lachend: »Ruh dich jetzt aus. Ich komme dich wecken und helfe dir, dich für den Abend zurechtzumachen. Vergiß nicht, das Wasser zu trinken!«

»Vielen Dank. Bis später.« Damit gleite ich ins Bett und ziehe das Mückennetz um mich.

Als Anuphti wiederkommt, mache ich gerade meine Dehnübungen. Sie hat eine Menge Kleider, Kopfbedeckungen und Schmuck auf einem Wägelchen aufgestapelt.

»Was bringst du mir da alles?«, staune ich.

»Du wirst schon sehen! Heute ist ein ganz besonderes

Fest, und Kaharbnam hat sich lange mit den Vorbereitungen befasst. Wir sollen sehr elegant sein. Komm, wir wollen uns einige Schönheitsbehandlungen geben lassen.« Damit wickelt sie sich in ein Badetuch und reicht mir meines. Wie üblich gehen wir zu den Bädern, aber diesmal in die Kabinen am Ende der Halle. Zwei junge Frauen treten ein, die Anuphti als Amaïtis und Tigitphe vorstellt. Die jungen Priesterinnen arbeiten als Pflegerinnen. Sie verneigen sich zum Gruß und bedeuten uns, uns auf die schmalen Tische zu legen. Bei den Füßen beginnend, massieren sie uns mit großem Geschick.

»Was verwenden sie dazu, Öl und Bimsstein?«, erkundige ich mich.

»Ja, Mandelöl mit zerriebenem Bimsstein und Kleie, um die abgestorbenen Zellen und Gifte zu entfernen«, erwidert Anuphti.

Nach der Behandlung lassen sie uns eine Weile unter einem warmen, wohlriechenden Badetuch ruhen. Anuphti kündigt an, sie werde mir morgen die Theorie der ägyptischen Massagekunst erklären.

»Das freut mich sehr. Wahrscheinlich werde ich dann auch öfter mal um eine Massage gebeten, statt massiert zu werden wie jetzt!«, antworte ich.

Die jungen Frauen sind wieder da. Mit rauen Tüchern entfernen sie Öl, Bimsstein, Kleie und vor allem die Giftstoffe. Nach einigen zusätzlichen Handgriffen legen sie uns eine Rolle unter den Nacken und massieren Gesicht und Hals federleicht mit den Fingerkuppen.

»Was nehmen sie dazu?«, frage ich Anuphti.

»Schweineschmalz«, kommt die Antwort.

»Ist das nicht etwas fett?«, wundere ich mich.

»Nein, du wirst sehen, es tut ausnehmend gut, wie übrigens die ganze Behandlung.«

Die Finger der Frauen fliegen beinahe über unsere Gesichter, die nach einer Weile aufhören zu kleben. Nach einer kurzen Kopfhautmassage reiben sie uns das Schweineschmalz auch in die Haare. Darauf legen sie uns eine dicke Packung auf den Kopf. Amaïtis erwähnt, sie bestehe aus Nilschlamm und Kleie. Mein armes Haar! Die Packung bleibt etwa eine halbe Stunde darauf, aber die beiden hören deswegen nicht mit der Arbeit auf. Sie applizieren eine Mischung aus Honig, Harz und Wachs mit einem Spachtel und enthaaren damit jeden Zentimeter unserer Körper. Bei mir sparen sie das Schamhaar aus, aber Anuphti ist es gewohnt und bekommt die komplette Behandlung. Unterdessen ist die Gesichtsmaske trocken und wird mit angenehm nach Zeder riechenden Tüchern entfernt. Amaïtis erläutert, dass sie das Gesicht mit Rosenwasser und Apfelessig reinigen. Danach bekommen wir ein Badetuch und werden zu einer heißen, wohlriechenden Wanne geleitet. Amaïtis und Tigitphe ziehen sich aus und steigen ebenfalls hinein. Im Bad kniend spülen sie uns die Haarpackungen mit Hilfe eines großen Kamms mit leichten, geübten Handgriffen aus, ohne am Haar zu ziehen oder zu reißen. Zuerst wird es mit Seifenkrautwurzel, danach mit geschlagenem Ei gewaschen, mit Wasser und Zitrone gespült, gekämmt, aufgesteckt und mit einem Tuch umwickelt. Wir werden mit einer weichen Bürste gewaschen und danach mit Tüchern, die in Rosenessenz, Jasmin und Zitrone getränkt sind, leicht abgeklopft. Es liegen auch Salatblätter bereit. Während ich mich noch frage, wozu diese wohl dienen, zerdrücken die beiden sie mit den Fingern und reiben sie uns in die Achselhöhlen.

»Diese Blätter verwenden wir regelmäßig als Deodorant«, sagt Anuphti.

»Nach dieser königlichen Behandlung sind wir jetzt wirklich sauber. Aber was ist mit dem Haar?«, entfährt es mir. Alle lachen, und in die Badetücher gewickelt durchqueren wir den Garten der Düfte. Amaïtis und ihre Gefährtin nehmen uns die Turbane ab. Anuphti hat wunderschönes, schwarzes, ganz langes Haar. In der warmen Luft trocknen unsere Zöpfe rasch.

»Jetzt geht der Spaß los! Das ist dein Kleid«, damit zeigt Anuphti auf ein gefälteltes Gewand auf meinem Bett. Es leuchtet beinahe, so weiß ist es.

»Und das hier ist meins. Gelb ist meine Lieblingsfarbe«, sagt sie. Beide Kleider sind wunderschön. Anuphtis ist silbern eingefasst. Amaïtis und Tigitphe helfen uns beim Frisieren. Mein Haar wird mit einem gefütterten, in der Mitte fast wie eine Tiara höher werdenden Silberband fest nach hinten gebunden. Einzelne Haarlocken werden mit Eiweiß gestärkt und in Form gedreht. Sie schminken mich, und Anuphti legt mir eine Halskette aus weißen Glaskugeln mit einem Stern in der Mitte um, auf der eine Isisfigur steht. Anuphtis Kopfschmuck sieht aus wie ein ganz kleiner Silberzylinder, der nach hinten in einer schnabelförmigen Erhöhung ausläuft. Ihr Haar wird zurückgekämmt und befestigt. Sie sieht wirklich königlich und wunderschön aus. Wir beide danken Amaïtis und Tigitphe, die mit ihrer Arbeit zufrieden, lächelnd und von Komplimenten und Dankesrufen begleitet wieder gehen. Wir schlüpfen in unsere Sandalen und treten aus dem Zimmer, vor dem uns Harakmunt mit einer Fackel erwartet, um uns zu begleiten, denn es ist schon dunkel geworden. Wir gehen durch den Garten der Düfte zum astronomischen Nachtgarten.

Dort bietet sich uns ein herrliches Schauspiel. Der Mond steht noch tief am Himmel. Im Hintergrund hören wir leises Trommeln. Dieser Garten ist von atemberaubender Schönheit. Er ist wie sein Gegenstück viereckig und wird an den vier Seiten von sternförmigen Fackeln beleuchtet. Hinter uns trägt eine Prozession junger Männer ebensolche Fackeln. Wahrscheinlich sind sie aus Eisen und werden auf einem Holzstiel getragen. In diesem Garten wachsen weder Bäume noch Pflanzen, nur eine Reihe von Palmen umgibt ihn. Der gesamte Platz ist mit geharktem Sand bedeckt. In der Mitte ist das Himmelsdreieck, die Triangulum- oder Horus-Konstellation, mit den Mondphasen dargestellt, auf einer Seite von der Orion- oder Osiris-Konstellation, auf der anderen vom Großen Hund mit Sirius oder Isis flankiert. Die Sterne der Konstellationen sind durch kleine, wassergefüllte Becken angedeutet, in denen Kristalle im Mondlicht funkeln. Der Sand rings um die Becken ist strahlenförmig geharkt.

Die Prozession ist inzwischen an uns vorbeigekommen, und die jungen Männer haben sich in zwei Reihen mitten im Garten aufgestellt.

»Sie stellen die Milchstraße dar«, flüstert Anuphti, und dann: »Komm mit.« Wir durchqueren den Garten zwischen den Reihen der Fackelträger bis zu einer an ihrem Ende errichteten Bühne. Kaharbnam begrüßt uns. Er sieht blendend aus, ganz in Weiß mit einem indigofarbenen Umhang, der fast schwarz wirkt. Wir steigen die wenigen Stufen hinauf. Kaharbnam nimmt seinen Platz in der Reihe mitten unter meinen Freunden ein, die uns alle willkommen heißen. Sie sind prachtvoll gekleidet und sehen majestätisch aus, als sie sich zur Begrüßung verneigen. Auch Rhampu steht stolz und herausgeputzt da. Er ist mit einem etwas älter aussehenden kleinen Mädchen gekommen. Sie verneigen sich nacheinander vor mir, und ich tue es ihnen gleich. Das Mädchen scheint sehr schüchtern zu sein, dennoch entgeht ihm nichts. Es bleibt ganz in Rhampus Nähe, der vorstellt: »Das ist meine Schwester Iti. Sie wollte mit. Sie ist nämlich sehr neugierig!«

»Da ist sie sicher nicht die Einzige!«, schmunzelt Kaharbnam gut gelaunt. Alle lachen. Die Kinder sind völlig unbefangen und benehmen sich sehr würdevoll. Auf der langen Bühne gibt es nur eine Reihe Stühle mit kleinen Tischen dazwischen. Ich sitze zwischen Kaharbnam und Rhampu. Seine Mutter Sanusit ist ebenfalls da. Bevor wir uns setzen, verneige ich mich vor ihr. Sie sitzt zwischen Kaharbnam und Betonthep. Die Küche ist hinter uns und durch Palmmatten von uns getrennt. Über unseren Köpfen ist eine Zeltplane aufgespannt.

Kaharbnam erklärt mir den astronomischen Nachtgarten und den Ablauf des Abends: »Wie du gesehen hast, werden in diesem Garten die drei Hauptgottheiten Osiris (Orion), Isis (der Große Hund mit Sirius) und das Sternbild Triangulum (Dreieck) mit Wedjat, dem Auge des Horus, dargestellt. Rings herum sind die Mondphasen abgebildet. Nachdem wir die Delikatessen genossen haben, welche die Köche gezaubert haben, wird der Kampf zwischen Horus und Seth aufgeführt. Seth wird Horus ein Auge ausreißen, doch dieser erobert es zurück und setzt es im Gedenken an den Kampf siegreich im Himmelszelt in der Mitte des Sternbilds Triangulum ein. Das Auge des Horus nennt man Wedjat oder Udjat. Die Fackeln stellen die Sterne der Milchstraße dar.«

Während Kaharbnam noch spricht, nähert sich der Fackelzug und steigt auf die Bühne, um diese zu beleuchten. Die Trommeln rollen, das Abendessen beginnt. Die Gerichte werden in kleinen Portionen auf Blättern und in gewebten Behältern gereicht. Wie üblich verwenden wir einen kleinen, sehr praktischen und hübschen Knochenspeer mit eingravierten Tieren und Pflanzen als Gabel. Daneben stehen Fingerschalen mit Rosenwasser und schwimmenden Blütenblättern auf den Tischchen. Wie immer ist das Essen vorzüglich. Es gibt Wachteleier an scharfer Soße, Fisch mit Zitrone, in Algen gewickelten, gebratenen Nilkrebs, Ente an einer süß-sauren Soße und unzählige weitere ausgezeichnete Häppchen. Als Getränk gibt es Bier, eine Mischung aus verdünntem Wein mit Zitronen-, Bergamott- und Orangenessenz, diverse Tees und ebenfalls verdünnten Dattellikör. Jeder Wunsch wird erfüllt, jeder Gaumen befriedigt. Die Präsentation der Gerichte ist ein wahres Kunstwerk. Ich danke Rhampu noch einmal für das wunderschöne Blumenarrangement in meinem Zimmer. Er antwortet ernst, er tue sein Möglichstes, Freude zu bereiten, und kenne die richtigen Lieferanten. Ich sehe ihn ebenso ernst an. Iti sagt kein Wort, hört jedoch aufmerksam zu. Ihr Bruder ist ein hervorragender, unermüdlicher Unterhalter. Die beiden können das kommende Schauspiel mit dem Kampf zwischen Horus und Seth kaum noch erwarten. Die meisten Fackeln werden zum Wirbeln der Trommeln ausgelöscht. Die Konstellationen funkeln im Sand, und der inzwischen hoch am Himmel stehende Mond beleuchtet sie. Die Mondphasen wurden entfernt. Die Figuren im Sand hatte ich noch nicht bemerkt. Zusätzlich zu den Strahlen sind die Umrisse von Osiris und Isis mit dunklerem Sand nachgezeichnet.

Kaharbnam hat meine Gedanken erraten und erläutert: »Vorhin waren nur die Sterne da, weil ihr und die Prozession über den Sand gehen musstet und die Zeichnungen verwischt hättet. Während des Abendessens haben die Künstler unsere Unaufmerksamkeit genutzt und sowohl Isis und Osiris wie das Auge des Horus im Triangulum eingezeichnet. Horus wird die Pupille später selbst noch einsetzen.«

In diesem Augenblick tauchen zwei Gestalten hinten im Garten auf, die eine hell, die andere dunkel. Die Kinder unterdrücken einen Schrei. Iti sucht Zuflucht in den Armen ihrer Mutter. Rhampu rührt sich nicht, sondern bleibt starr auf seinem Stuhl sitzen. Ich nehme seine Hand:

»Großartig!«

»Ja«, antwortet er ehrfürchtig und klammert sich dankbar an mich.

Seth und Horus stellen in ihren ausgeklügelten Kostümen mit den großen Kopfbedeckungen strahlende Erscheinungen dar. Horus ist ganz in Weiß, Seth jedoch dunkel und schwarz gekleidet. Der Kampf beginnt. Die beiden Darsteller liefern sich einen heftigen Schlagabtausch, machen Purzelbäume und wirbeln herum. Als sie uns eine halbe Stunde in Bann gehalten haben, geht Horus schließlich siegreich hervor und hält wie mit einer magischen Geste sein berühmtes Auge Wedjat umklammert. Feierlich setzt er es in das Triangulum ein. Alle halten den Atem an und erheben sich. Rhampu lässt in seiner Begeisterung meine Hand los und verneigt sich mit uns allen vor den Künstlern. Auch sie verbeugen sich und verschwinden im Dunkeln.

»Hat es dir gefallen?«, erkundigt sich Kaharbnam.

»Ja, o ja. Vielen Dank! Es war wunderbar«, antwortete ich noch völlig gebannt.

Rhampu gibt zu bedenken: »Aber Horus hat jetzt nur noch ein Auge?«

Kaharbnam antwortet: »Ja, aber vielleicht lohnt es sich, wenn dafür ein Auge am Himmel steht! Außerdem bleibt ihm ja noch das dritte Auge.«

Rhampu schweigt, offenbar nicht gänzlich überzeugt.

»Ich glaube, es ist Zeit, unsere Zimmer aufzusuchen«, sagt mein Führer. Ich wünsche ihm gute Nacht und umarme ihn. Rhampu und Nobthpe begleiten mich mit einer Fackel. Ich küsse meinen kleinen Freund Rhampu, dann verbeugen sich beide vor mir und entschwinden.

Sumhat

Sumhat ist Pharmakologe, Chemiker und Natur-heilkundiger. Er ist schmächtig und hat ein etwas blasses, langes, schmales Gesicht, dazu unbe-stimmbares braunes Haar und kleine, lebhafte Au-gen. Er kleidet sich ganz in Weiß und Gelb und bedeckt seinen Kopf stets mit dem Zipfel seines Umhangs, was ihm ein mönchisches Aussehen verleiht.

Sumhat ist sehr empfindsam. Er hat einen scharfen, lebhaften Verstand und besitzt die große Gabe, die Dinge auf den Punkt zu bringen..

Vierter Ka

Sumhat – der Pharmakologe und Naturheilkundige

Es ist strahlendes Wetter, als ich erwache. Ich merke es gleich, weil die durchbrochenen Holzläden aussehen, als seien sie mit unzähligen sonnigen Sonnensternen übersät. Seit gestern sehe ich alles in astronomischen Begriffen.

Anuphti kommt mit zwei Tabletts herein:

»Ich habe Frühstück für uns beide gebracht. Beim Frühstücken kann ich dir die ägyptische Massage erklären. Heute mache ich dich mit den Grundlagen vertraut, und in den nächsten Tagen erzähle ich dir mehr.«

Ich stehe auf und trinke pflichtbewusst den empfohlenen Krug Wasser, der drei vollen Gläsern entspricht. Anuphti und ich setzen uns, die Tabletts auf den Knien, einander gegenüber.

»Das ist mein übliches Frühstück«, sagt sie: »Sauermilch mit Feigenstückchen, in Milch gekochte Gerste, Mandeln, Rosinen und Pflaumen. Zum Trinken gibt es Kräutertee aus Pfefferminze, Zitronenmelisse, Rosmarin und Rose mit viel Honig und etwas Zitronensaft. Du wirst sehen, er schmeckt ausgezeichnet, erfrischt und stärkt. So geht man gut gelaunt in den Tag.

Bevor ich mit der Theorie der Massage beginne, möchte ich dich noch wegen des gestern zur Behandlung verwendeten Schweineschmalzes beruhigen. Du warst offensichtlich nicht sehr überzeugt, weil unsere Freunde, angefangen mit Adcem-Nut, dir geraten haben, kein Schweinefleisch zu essen. Das ist etwas anderes. Hier wirkt Schweineschmalz fast wie ein Impfstoff. Es ist voller Gifte, und deshalb bindet und zieht es Abfallstoffe des Körpers durch die Haut nach außen. Zudem weicht es die Haut auf, macht sie elastisch und zieht Giftstoffe an, besonders in Verbindung mit Nilschlamm oder irgendeinem Lehm, der die Haut noch tiefer reinigt. Eine Massage mit Schweineschmalz, ein Bad in kühlem Wasser, um die Poren zu schließen, und danach Abreiben mit einer weichen Bürste oder Fasern entfernt die Unreinheiten der Hautoberfläche. Ich hoffe, du bist beruhigt. – Schmeckt dir das Frühstück?«

»Es ist ausgezeichnet, danke! Das könnte ich jeden Tag essen«, antworte ich erfreut.

»Schön, dann bekommst du es auch für den Rest deines Aufenthalts bei uns. Ich frühstücke mit dir und bringe dir dabei alles über das Massieren bei«, meint Anuphti.

»Zuerst will ich erwähnen, wie wir den Körper für die Massage aufteilen. Beginnen wir bei den Füßen, die wir auf verschiedene Arten massieren: Bei der ersten kommen nur die Fußsohlen dran, bei der zweiten behandelt eine Hand die eine Seite des Fußes, während die andere auf der anderen liegt. Bei der dritten wird der ganze Fuß mit beiden Händen massiert, und bei der vierten werden beide Füße gleichzeitig behandelt.

Wenn du Füße massierst, solltest du nie über die Knöchel gehen, es sei denn, du wendest das Dreisonnensystem an, das ich dir gleich noch erkläre, aber zuerst noch etwas zu den Händen.

Angenommen, die Füße sind wie die Wurzeln beim Baum, dann entsprechen die Hände den Schößlingen, die man für die Vermehrung verwendet. Wir benutzen die Hände, um dem ganzen Körper den Impuls zu geben, Energie zu erzeugen und sich damit zu versorgen. Wir arbeiten entweder an der Handfläche oder am Handrücken, aber auch hier nur bis zu den Handgelenken. Regt man die Hände an, werden Kreativität und Dynamik gefördert.

An den Füßen behandeln wir Krankheiten und bauen Stress ab, über die Hände erneuern wir die Körperenergie.

Im Dreisonnensystem, das Kaharbnam bereits erwähnt hat, wird der Körper vorne und hinten in drei Abschnitte unterteilt. Beginnen wir beim Rücken und der untergehenden Sonne. Dieser Bereich umfasst die Fersen, insbesondere die Achillessehne, sowie das ganze Bein bis zu den Nieren, also Fersen, Knöchel, Unter- und Oberschenkel und das Gesäß. Zur Mittagssonne gehören Nieren und Rücken bis zum Nacken. Die aufgehende Sonne schließlich entspricht dem Hinterkopf mit dem Haaransatz als Grenze, die nie überschritten wird.

Vorne gehören Gesicht, Hals und Brust bis zum Brustansatz über dem Herzen zur aufgehenden Sonne. Die Mittagssonne oder das Sonnengeflecht schließt Brust und Rumpf ein und endet im Dreieck zwischen den Lenden. Zur untergehenden Sonne gehören die Beine bis zu den Zehenspitzen.

Wir teilen den Körper so auf, weil die Sonnenstrahlen je

nach Tageszeit unterschiedlich stark sind. Die Strahlen der aufgehenden Sonne umrahmen den Kopf mit einem ovalen ›Heiligenschein‹. Ihre größte Kraft fließt in den Scheitel, weniger zu den Seiten, und nach unten gelangt noch weniger. Die Mittagssonne ist die Sonne der Könige und der treibenden Kraft. Ihre Strahlen sind in alle Richtungen gleich stark und generell die stärksten. Bei den Strahlen der untergehenden Sonne unter den Füßen sind die aufsteigenden am stärksten, alle anderen aber gleich.

Die sieben Hauptchakras dürfen nie massiert werden, sondern man sollte nur leicht darüber streichen. Auch sollte man nie grob massieren oder zu starken Druck ausüben. Um die Chakras ins Gleichgewicht zu bringen und das Wohlbefinden zu steigern, setzt man rhythmische, weiche Bewegungen, Streichen und Stille ein. Die ägyptische Massage nutzt die schwächeren Körperstellen und diejenigen, welche die besten Leiter sind. Übt man Druck auf ein Chakra aus, wird die Funktion der Spirale gestört, die es aktiviert und die Energien verteilt.

Je nach erwünschtem Ergebnis wendet man verschiedene Handbewegungen an. Punkte massieren wir mit den Fingerkuppen oder mit den Fingerspitzen, wobei wir die Finger senkrecht halten, die Fingernägel zusammendrücken und kräftig klopfen. Die Fingernägel schneiden wir nicht allzu kurz, sondern lassen sie zwei bis drei Millimeter wachsen. Dann machen wir Kreisbewegungen mit der ganzen Hand und öffnen diese allmählich. Das entspannt besonders nach einem Schock, weil es dem Körper hilft, Gleichgewicht und Rhythmus wiederzufinden. Manchmal gebrauchen wir für das Reiben von der Körpermitte nach außen die Faust. Das löst Energieblockaden auf und wirkt wie das Ansetzen von Blutegeln, wodurch ein frischer Energievorrat angelegt werden kann. Bevor wir mit dem Massieren beginnen, streichen wir alles Negative mit leichten, schnellen Bewegungen am Sonnengeflecht von innen nach außen weg. Dazu brauchen wir die Finger wie eine weiche Bürste und schütteln sie nach jedem Zug aus. So wird die ganze Vorderseite behandelt. Danach bringen wir den ganzen Körper mit leichten Kreisbewegungen wieder ins Gleichgewicht, wobei wir stets die Grenzen der drei Sonnen beachten. Wie vorne gehen wir auch hinten vor.

Eine Massage beginnt immer vorne. Häufig behandeln wir nur mit der rechten Hand. Die linke liegt dabei auf der Gegenseite direkt unter der massierenden, um alles Negative aufzufangen, das wir, wie gesagt, durch Handausschütteln abgeben. Morgen sage ich dir, wie wir Füße, Hände und Gesicht behandeln, die Teile, wo wir jeweils mit dem Massieren beginnen.

Aber ich denke, wir gehen jetzt besser in die Bäder und dann zu Sumhat, der im Garten der Düfte auf dich wartet. Er sagte, du würdest ihn unter der Jasmin- und Rosenlaube finden.«

Also gehen wir und nehmen kurz eine Art türkisches Bad, bei dem Dampf aus Schlitzen in eine kleine Kabine strömt. Danach springen wir in ein kaltes Becken und duschen. Anuphti erwähnt, dass das Wasser in allen Becken ständig fließt und dann zum Bewässern in die Gärten geleitet wird. Wieder im Zimmer, schlüpfe ich in mein übliches weißes Gazekleid und mache mich zu meinem Treffen mit Sumhat auf. Er sitzt tagträumend auf einer Bank unter dem Ast eines blühenden Rosenstrauchs, den Kopf vom unentbehrlichen, in Falten gelegten Tuch bedeckt. Er steht auf, gibt mir ebenfalls ein Tuch und reicht mir mit einem Lächeln eine frisch geschnittene Rose.

»Guten Tag, meine Liebe. Wenigstens hoffe ich, dass es in meiner Gesellschaft ein guter Tag sein wird!«, zwinkert er mir auf seine gewohnt sanfte Art zu. Ich nehme die Kopfbedeckung und stecke das Tuch mit der Libelle zusammen, die ich zufällig am Gürtel trage.

»Ein Geschenk von Betonthep«, erkläre ich.

»Wunderschön«, meint Sumhat und steckt die Rose dazu. Es ist sehr heiß, wenn man sich nicht gerade an einem schattigen, luftigen Platz aufhält. Wir setzen uns eine Weile hin. Sumhat nimmt meine Hand und sieht sie sich an. Er sagt mir, welches meine schwächsten Organe sind und für welche Krankheiten ich anfällig sein könnte, wenn ich mich nicht an eine meiner Konstitution entsprechende Ernährung halte.

»Du meine Güte. Ich kann ja ganz alleine ein Krankenhaus füllen!«, entschlüpft es mir.

Lachend erwidert er: »Aber nein, überhaupt nicht. Du bist so gesund wie ein Fisch im Wasser. Ich sage dir nur, worauf du achten solltest. Man kann die meisten gesundheitlichen Probleme mit der richtigen Diät und etwas Sorgfalt vermeiden. Körperbau, Charakter und Persönlichkeit sind wie bei allen anderen auch bei dir eine Mischung potenzieller Stärken und Schwächen. Wir bestimmen selbst über unsere Gesundheit. Vorbeugen ist besser als Heilen, nicht wahr? Wir gehen davon aus, dass alles heilbar ist und es keine starren Gesetze für die Gesundheit gibt.

Du kennst diesen Garten bereits. Hier werden diejenigen Pflanzen gezüchtet, die wir zur Herstellung der Duftöle, aber auch für Medikamente brauchen. Er ist mein Stolz und meine Freude. Tehephron, der dich auf einem Rundgang durch den medizinischen Kräutergarten begleiten wird, und ich beraten uns gerne auf Spaziergängen in beiden Gärten. Ich bin für diesen verantwortlich. Mir untersteht als Obergärtner ein Priester, den du noch kennen lernst. Wir werden dir die Blumen zeigen und etwas über die Kräuter erzählen. Er ist Chemiker und Naturheilkundiger.

Doch jetzt will ich dir das Krankenhaus zeigen. Es liegt neben den Bädern und wird durch diesen beschatteten Weg erreicht. Das Gebäude hat zwei Stockwerke. Das erste dient schnellen Behandlungen und Operationen; ihr nennt es heute Intensivstation. Im zweiten Stockwerk werden Schwerkranke oder frisch Operierte länger gründlich behandelt. Dieser Stock grenzt an den zweiten, in kleine Zimmer aufgeteilten Stock der Bäder, wo man sich mit jemandem trifft oder geschlechtlich verkehrt. Ich erzähle dir noch mehr darüber, aber zuerst will ich dir die verschiedenen Teile der beiden Gebäude erklären. Wie du bereits gesehen hast, grenzen Krankenhaus und Bäder an die äußeren Tempelmauern und sind von außen zugänglich. Familienangehörige können Patienten nur mit ausdrücklicher Genehmigung der Ärzte besuchen, um mögliche Störungen zu vermeiden. Wichtigere Patienten wie der Pharao und seine Familie sowie manche Priester werden in ihren eigenen Räumen behandelt. Trotzdem sind einige Privatzimmer im Krankenhaus für sie reserviert, wenn es die Pflege erfordert. Ist zur Behandlung Eis wie beispielsweise bei Enzephalitis nötig, wird der Patient entweder direkt neben den Eiskellern behandelt, oder das Eis wird ins Krankenhaus gebracht.

Die Krankenzimmer sind groß und rechteckig. Jedes Bett ist auf allen Seiten und oben von einer Zeltplane umgeben und ähnelt ein bisschen den Zellen in manchen Klöstern bei euch. Die Behandlungsräume sind kleiner. Es ist einfacher, Patienten zu überwachen, wenn sie beieinander liegen, wie es auch bei euch heute der Fall ist. Sie werden nur bei wirklich schweren Krankheiten isoliert. Es ist immer ein diensthabender Arzt da, der die Krankenbehandlung kontrolliert. Therapien werden bei Sonnenauf- und -untergang durchgeführt, weil es die wirksamsten Zeiten dafür sind. Nach Verabreichung der Medikamente übernimmt der für den jeweiligen Fall verantwortliche Arzt – der Oberpriester oder einer der Oberärzte – den energiespendenden Teil der Behandlung durch Handauflegen. Ist der Patient schwer krank, bleibt er dafür im Bett.

Die Behandlung besteht also aus zwei Teilen, der Verabreichung einer Arznei und dem Handauflegen mit einer kurzen Pause dazwischen. Danach fühlt sich der Patient in der Regel besser und kann etwas essen. Ist er noch zu schwach dazu, bekommt er Tropfen, aber das erkläre ich dir später.

Unter den 42 Tempelpriestern gibt es viele Ärzte. Manche widmen sich der Behandlung Kranker, andere der medizinischen und Arzneimittelforschung. Das Krankenhaus liegt deswegen neben den Bädern, weil Waschungen und Massage als feste Bestandteile zur Heilbehandlung gehören. Alles, was mit der Behandlung von Körper und Seele zusammenhängt, befindet sich in diesem Tempelteil in der Nähe des Gartens der Düfte. Die Bäder haben wir bereits zum Teil beschrieben, und du warst mit Anuphti da.

Wie du weißt, sind wir es gewohnt, uns völlig zu enthaaren und einzuölen, weil wir es unrein finden, wie Tiere behaart zu sein. Zudem ist es unter den Kleidern unangenehm.

Zu Zeremonien und Feiertagen tragen die Priester gefältelte Gewänder wie auf den Wandmalereien. Doch für den Alltag im Tempel tragen wir ganz dünne, beinahe durchsichtige Tuniken. Nacktheit ist bei uns ästhetisch, und Körperpflege ist sowohl eine körperliche wie geistige Disziplin. Geistige Disziplin beinhaltet Pflege, Sauberkeit und Achtung für den Körper. Deswegen liegen die Räumlichkeiten für die Heilbehandlungen neben denjenigen, die der Schönheit und körperlichen Lust dienen. Im zweiten Stockwerk der Bäder befinden sich einige hotelzimmerähnliche kleine Räume. Sie werden fleckenlos rein gehalten und von den Priestern benutzt, wenn sie zusammenkommen oder Geschlechtsverkehr mit einer Priesterin, einem anderen Priester oder einem Schüler haben möchten.

Die Angehörigen der oberen Klassen kompensieren die konzentrierte Verstandesarbeit mit intensiver geschlechtlicher Aktivität. Der Anblick eines schönen, gepflegten Körpers ist eine Lust, die manchmal den sofortigen Wunsch nach Sex wachruft. Dieser wird zusätzlich durch die Nähe der Blumen und Düfte dieses Gartens stimuliert. Wir mögen Rosen besonders gern. Hier wachsen sehr viele davon, und sie werden sorgsam gepflegt. Zu den ägyptischen Sorten gehören eure so genannten Damaszenerrosen und einige Arten mit besonders steifen, papierartigen Blütenblättern. Für uns gleicht die Rose dem Anbruch eines neuen Tages, einer neuen Liebe oder eines Traums. Man kann beinahe zusehen, wie sich die Knospe öffnet. Sie ist das Symbol sexueller Begierde. Der Tau auf den Blütenblättern ist wie die Erwartung der Lust, die uns wohlig erschauern lässt.

Wir trocknen viele Blumen und stellen Essenzen für das Krankenhaus daraus her. Über ein Leitungssystem zirkuliert wohlriechende Luft durch das ganze Gebäude, besonders in den Räumen mit unangenehmen Gerüchen. Außer Rosen verwenden wir Jasmin, Wasser- und Wüstenlilien sowie viele andere wohlriechende Blumen, die die Ägypter mögen. In die Lüftungsschächte der Bäder geben wir Zedernessenz und andere Harzstoffe zusammen mit den Blüten. An vielen Orten im Gebäudekomplex werden die entsprechenden Öle zudem in Kohlebecken erhitzt. Alle Krankenzimmer werden auf diese Weise belüftet, doch zusätzlich strömt wohlriechende Luft auch direkt aus dem Garten zum Fenster herein.

Die Fenster des Krankenhauses sind alle verschieden und nach speziellen Kriterien konstruiert. In den Zimmern für

Schwerkranke sind sie meist in sieben schmale Schlitze
unterteilt. Der besseren Luftzufuhr wegen befinden sie sich
immer in der Ost- und Westmauer, denn die günstigsten
Winde bei Sonnenauf- und -untergang wehen aus diesen
Richtungen herein.

Die Betten sind in einer genau berechneten Diagonale
aufgestellt. Sie stehen nicht an der Wand, sondern etwa vier
Handbreit vom erzeugten Luftzug entfernt. Das ergibt eine harmonische, für die Patienten als optimal geltende Belüftung.

Harmonie besteht aus zwei Polen und einer relativen
Komponente. Vollkommenes Gleichgewicht wird durch eine gewisse Elastizität erlangt, nie durch reine Vernunft. Der
männliche direkte Ansatz muss durch den indirekten weiblichen gemäßigt werden. Mit der männlichen Seite bestimmen wir einen Punkt und ziehen eine Linie. Doch mit der
weiblichen Seite, die mit dem Unbewussten in Kontakt
steht, berichtigen wir die Koordinaten. Wir beziehen die
unwägbaren Faktoren der Natur mit ein. So wird beispielsweise ein unvollkommenes Kind durch die Liebe der Mutter vollkommen. Es ist Bestandteil der Natur, und dank ihrer Liebe wird die Unvollkommenheit zum Ausgangspunkt
einer neuen Harmonie. Die Wahrheit ist eine Gerade, aber
auch eine Bogenlinie, genau wie Bogen und Sehne. Du
weißt ja, unser gesamtes Denken beruht auf dieser Grundlage. Für uns werden Isis und Osiris durch Horus miteinander verbunden und harmonisiert. In Ägypten sind Wissenschaft, Weisheit und Religion alle Bestandteile derselben
Wahrheit.

Doch zurück zu den Fenstern, die für den harmonisie-
renden Luftzug sorgen. Der Körper des Patienten, der dieser ständigen Belüftung ausgesetzt ist, erlangt sein Gleichgewicht allmählich wieder. Wie gesagt, sind die Betten von
Zeltplanen umgeben, die nachts zugezogen werden.

Die Genesenden kommen in kleinere Zimmer, in denen
die Betten zur Morgensonne ausgerichtet sind, im Gegensatz zu den Todkranken, die zur untergehenden Sonne blicken. Weshalb? Für uns ist es wichtig, uns mit der Natur zu
verbinden und uns als Teil des Weltalls zu fühlen. Ein Ster-
bender fühlt sich mit der untergehenden Sonne eins. Die
untergehende Sonne wird nach einem scheinbaren Tod
wiedergeboren. Wir glauben an die Wiedergeburt. Durch
die Dunkelheit werden wir im Licht wiedergeboren, in anderer Form, aber mit unveränderter Essenz und Seele.
Dann sind auch wir Bestandteil der strahlenden Schönheit
des Kosmos.

Deswegen schaut der Todkranke durch ein niedriges Fenster zur untergehenden Sonne, während der Genesende
durch ein hohes die aufgehende Sonne erblickt. Dazu muss
er den Kopf im selben Winkel heben wie bei der übersinnlichen Meditation. Die Morgendämmerung kann Halb-
schlaf, Träumen oder die Tatsache bedeuten, dass man —
noch — am Leben ist. Die Morgendämmerung verheißt
neues Leben, der Patient lädt allmählich seine Energie mit
der Kraft einer noch gemäßigten, schützenden Sonne auf.

Für uns ist es ausnehmend wichtig, das Gleichgewicht im
kranken Körper wiederherzustellen. Dieses Ziel verfolgen
wir auf vielerlei Arten. Unser gesamtes Leben ist eine stän-

dige Suche nach Harmonie, nach Ausgleich der Dualität von Licht und Dunkelheit. Wenn ich ›wir‹ sage, meine ich damit den höher entwickelten Menschen, denn wie in vielen Ländern besitzt das einfache Volk lediglich einen Bruchteil ihres Wissens und versteht auch diesen noch nur äußerst begrenzt.

Weshalb wir die Sonne verehren? Weil wir wissen, dass wir zwangsläufig einen großen Schatten haben, wenn viel Licht in uns ist. Ohne die Tiefen der Dunkelheit unseres Unbewussten können wir das Licht der Wahrheit nicht begreifen. Der Begegnungspunkt zwischen Unbewusstem und Bewusstem bildet den Punkt unserer eigenen Realität. Dieser Punkt entfaltet sich stetig durch Filtern äußerer und innerer Faktoren. Wir streben unablässig nach Harmonie, nach Gleichgewicht zwischen zwei Wirklichkeiten, die zur ständigen Ausweitung und Mehrung unseres Wissens beitragen. Das Weltall ist unendlich, und das Wissen nimmt wie ein auf dieses ausgerichteter Kegel zu. Harmonie zwischen den beiden Welten ist das erste Ziel der ägyptischen Kultur. Der Treffpunkt beider Wirklichkeiten ist sowohl ein Ziel- wie Ausgangspunkt. Es ist der Punkt, von dem aus der Geist sich ausdehnt.

Wie erwähnt, ist alles Geist und geistiges Gleichgewicht für uns. Der Körper folgt dem Geist. Der Geist erschafft den Körper und wandelt ihn. Wir alle wissen, dass ein gesunder Geist den Körper durchleuchtet und jeden Defekt zu transzendieren vermag. Für den Ägypter ist das Weltall das Rätsel, das es zu lösen gilt. Die Hinweise dazu liegen in uns als Mikrokosmos. Wir studieren die kleinen Dinge und gelangen zum Großen. Wir alle sind durch das Unbewusste – die Welt der Gedanken – miteinander verbunden, ein Magma in unserem Inneren, mit dem wir in engem Kontakt stehen. Nichts ist unmöglich. Wissen ist unendlich. Deshalb ist Gott dem Ägypter nahe. Er ist nahe, weil es kein Geheimnis gibt. Es gibt nichts, das wir letztlich nicht erkennen könnten, auch wenn es Arbeit an uns und Entfaltung erfordert, bis wir die Gipfel der Erkenntnis und Weisheit erklimmen. Der Ägypter der oberen Klassen ist selbstherrlich. Nichts kann ihn in seinem Streben aufhalten. Er spürt, dass er sich Gott nähern, ihn in sich aufnehmen und sich mit ihm gleichsetzen kann.

Das Wissen der ägyptischen Priester ist so umfassend, dass es sie zur obersten Klasse macht, und zwar sowohl innerhalb der Gesellschaft wie im Vergleich zu weniger fortschrittlichen Nachbarn, die sich immer noch recht primitiv durchschlagen und herausfinden möchten, wie unser System funktioniert. Dieses würden sie gerne nachahmen. Also schicken sie einige ihrer klügsten Köpfe zum Studium nach Ägypten und hoffen, sie würden so große Gelehrte wie ihre ägyptischen Vorbilder. Doch sind diese Außenseiter erst einmal in unsere Priesterschaft eingetreten, gehen sie selten wieder fort. Niemand verlässt den Tempel, und jeder, der dafür zu schwach ist, wird eliminiert. Es gibt keine Umkehr. Manchmal flieht ein Adept, und nur in sehr seltenen Fällen kehren fremde Besucher in ihr Land zurück, nachdem sie Priester geworden sind.

Ägyptische Priester besitzen sehr viel Überzeugungskraft und ein solches Wissen, dass sie allmächtig zu sein glauben. Gott ist beinahe ein Freund, Gefährte und Führer für sie. Gott ist das Symbol dessen, was ein Priester erreichen kann, und ständiger Bestandteil seines Lebens und seiner Rituale. Ich meine damit, dass wir das Ritual als Fähigkeit verstehen, unsere Schwingungen mit Gott in Einklang zu bringen. Das verlangt ein hohes Maß an Konzentration und Meditation und wird stufenweise erreicht. Dieses hohe Niveau bringt auch die Macht mit sich, oben zu bleiben. Wenn du weißt, wie du auf einen Baumwipfel kommst, kannst du zwar heruntersteigen, aber auch immer wieder hochklettern. Der Ritus zeigt den allmählichen Anstieg entlang der Spiralwindungen der Evolution an.«

Sumhat verlässt das Krankenhaus mit mir, und wir setzen uns auf eine Bank unter der Laube. Jasminduft umschmeichelt uns. Nach einer kleinen Weile kommt der Obergärtner Uznupher mit äußerst willkommenen Erfrischungen auf einem Tablett zu uns. Es gibt süßen, gewürzten Tee mit gebratenen Bananen und Blüten aus dem Garten mit einer Soße aus Honig, Sesamsamen und Zitrone.

»Wir haben Pause wie die Schulkinder!«, stelle ich fest.

»Allerdings«, lächelt Sumhat belustigt.

Er nimmt seine Ausführungen wieder auf:

»Jetzt möchte ich dir erklären, wie wir die Kräuter ganz anders als ihr zu Heilzwecken verwenden. Wir haben zwei Methoden. Über die eine, die Arzneimittelherstellung in den Apotheken, berichte ich dir später. Bei der anderen stellen wir uns den Körper wie auf einer Leinwand vor, und über dieses Bild legen wir die Pflanze, mit der wir ihn behandeln wollen. Hierbei geht es um den Symbolwert der

Pflanze. Aus ägyptischer Sicht sind Wurzeln und Rhizome der Pflanzen hoch wirksam. Sie sind voller Minerale, was an der Beschaffenheit unseres Erdbodens liegt. Deswegen verwenden wir diese Teile der Pflanze für die Behandlung schwerer Erkrankungen, doch tun wir dies geistig auf symbolische Art. In den Wurzeln steckt die aus den Tiefen der Dunkelheit steigende Energie. Sie enthält alle Nährstoffe für die Pflanze und wirkt gleichzeitig als Filter. Die Kraft der Wurzel ist hoch konzentriert und wird somit in schweren Fällen eingesetzt. Wir müssen der Krankheit auf den Grund gehen, zu ihren Wurzeln vorstoßen, um die Krankheit zum Abklingen zu bringen und Heilung zu bewirken.

Die grünen Pflanzenteile werden vorwiegend für Darmerkrankungen eingesetzt. Sie nehmen Sonne auf und erzeugen mit ihrer Energie Chlorophyll, dem wir stark entgiftende Kräfte zuschreiben. Alte, trockene Blätter fallen ab, neue wachsen nach. Diesen Neuwuchs verwenden wir zur Darmreinigung und dem Wiederaufbau der Darmflora. Wie du weißt, ist grün die Farbe der Wissenschaft und Metamorphose bei uns. Die Sonnenwärme beschleunigt den Reinigungs- und Erneuerungsprozess. Chlorophyll ist das Gegenmittel gegen schädliche Bakterien und bringt dafür gesunde hervor.

Ich möchte dir gerne die geistige Methode zur Auswahl der richtigen Behandlung erklären. In unseren Augen beruht die Behandlung nicht nur auf den Eigenschaften der verwendeten Ingredienzen, sondern ist zudem ein geistiger Vorgang. Gesundheit ist Harmonie. Behandeln heißt, die durch Krankheit gestörte Harmonie wiederherzustellen.

Das wird symbolisch durch Wiederherstellung des geistigen Gleichgewichts bewirkt.

Sehen wir uns nun die restlichen Pflanzenteile an. Der Stamm oder Stiel der Pflanze ist wie die Wirbelsäule beim Menschen. Er verleiht ihr Form und Struktur. Deswegen setzen wir ihn mit dem Skelett gleich und verwenden ihn zur Behandlung von Knochenkrankheiten. Der Pflanzensaft wird bei Blutkrankheiten eingesetzt. Man sagt, Blumen seien Verwandte der Luft. Weshalb? Weil die Blütenblätter leicht sind und im Wind davonfliegen. Wie Regenbogen sind sie vielfarbig und bringen Farbigkeit ins Leben. Mit ihnen heilen wir Atemwege und Herz, also Organe, die ständig stimuliert werden müssen. Die Blume sammelt nicht nur Wasser und Sonnenstrahlen, sondern vor allem Luft. Sie birgt alle Farben der Schöpfung und schenkt neues Leben. Sie bringt den Samen hervor, aus dem neue Pflanzen entstehen. Genauer gesagt, behandeln wir Lunge und Kreislaufprobleme mit den Blüten und das Herz mit den Samen. Für das Gehirn verwenden wir die ganze Pflanze. Du weißt ja, für uns steht die Macht des Geistes über allem.

Zu dieser Methode der Visualisierung kommt eine Behandlung, bei der wir die Pflanze als Arznei verabreichen. Das geschieht so:

Bei Sonnenauf- und -untergang geben wir das Medikament ein, und zwar vermischt mit destilliertem Wasser, das entweder magnetisiert wurde oder in der Sonne Energie aufgetankt hat. Dazu wird meistens Nilschlamm wegen seiner reinigenden und ableitenden Eigenschaften eingesetzt.

Der wichtigste Teil der Behandlung ist und bleibt jedoch die geistige Projektion der verwendeten Pflanze. Der Arzt stellt sich den Körper des Patienten vor, speziell das erkrankte Organ oder den befallenen Körperteil, und legt im Geiste die Pflanze oder den Pflanzenteil darüber, die sich medizinisch am besten dafür eignen. Er legt die Hände auf und strahlt die Pflanzenkräfte zusammen mit den Kräften aus seinem dritten Auge in den kranken Körper. Diese sind positive Energien, die seinem elektromagnetischen Feld entstammen. Der Patient steht oder sitzt in einer Entfernung, die je nach erforderlicher Strahlungskraft berechnet wird. Es ist eine aktive Behandlung, weil der Patient mit dem Arzt interagiert. Die vom Arzt ausgehenden Strahlen bilden einen geschlossenen Kreislauf mit dem Patienten. Sie werden auf den befallenen Körperteil projiziert und kehren zurück, um gereinigt und neu aufgeladen zu werden wie in einer ununterbrochenen Acht. Dabei wird das Negative immer wieder herausgefiltert und ausgeschieden.

Ist der Patient zu krank und körperlich zu schwach, um zu reagieren, wenden wir eine passive Behandlung an. Dazu steigern wir unsere Heilkräfte anhand eines eigens dafür konstruierten Instruments zur Belebung der Chakras. Der Apparat besteht aus einem Metallgebilde in Körperform, das in einer Pyramide aufgehängt ist. Von diesem hängen Spiralen auf die Hauptchakras herab. Der Rahmen ist aus Eisen, die Spiralen sind aus Kupfer. Manchmal bestehen die Bindeglieder aus Gold. Der Patient liegt darunter. Unter seinem Lager wird eine weitere Spirale unter dem Sonnengeflecht angebracht. Die Behandlung wird von vier bis sieben Ärzten durchgeführt. Sie stehen über der Vorrichtung und aktivieren sie mit ihren elektromagnetischen Kräften. Die Strahlung, die sie erzeugen, wird durch den Apparat hochgradig potenziert und belebt den Patienten. Die Behandlung wirkt energetisch wie Sonnenkraft, der Arzt übernimmt die Heilkraft der Sonne. In diesem Fall wird die Sonne als Wärme, als positive Energie gesehen, die den Körper wieder harmonisiert.

Kaharbnam hat dir bereits über die Chakras berichtet, die außerhalb des Körpers liegen. Sie befinden sich nicht mehr als eine Handbreit vom Körper entfernt. Diese äußeren Chakras projizieren ihre Energie auf den Körper. Wir reaktivieren je zwei dieser Punkte auf einmal, indem wir die Hände auflegen und sie kreisförmig bewegen. Bei allen Behandlungen geht es uns um ein vollkommenes Ausbalancieren des Energiefeldes des Kranken. Es ist eine körperliche und seelische Therapie zugleich. Der Arzt wirkt wie ein Sonnenstrahl, der das Heilmittel auf den Patienten abstrahlt. Das geschieht nicht ausschließlich anhand des dritten Auges und Handauflegens, sondern erfordert einen hundertprozentigen Einsatz des Arztes. Er sieht den gesamten Körper des Kranken wie auf einer Leinwand und stellt sämtliche Punkte fest, die aus dem Gleichgewicht geraten sind.

Die Landkarte der inneren und äußeren Energiepunkte des Körpers ist von entscheidender Wichtigkeit für uns, um während und nach einer Krankheit das Gleichgewicht wiederherzustellen. Hat die Krankheit nervöse Ursachen, behandeln wir sie mit eurer so genannten Psychoanalyse.

Allerdings gehen wir anders vor. Wir versuchen, die Kräfte allmählich ins Gleichgewicht zu bringen, indem wir den Patienten veranlassen, sich selbst auf allen Ebenen von Negativem zu befreien, das sich in ihm festgesetzt hat. Wie wir vorgehen? Wir versuchen, zur Wurzel der seelischen Krankheit vorzustoßen. Wir untersuchen sowohl körperliche wie geistige Symptome wie auch Träume, und wenn es sich um ein tief vergrabenes Ereignis handelt, setzen wir Hypnose ein, um den Ausgangspunkt des Zusammenbruchs zu finden, der das Krankheitsbild ausgelöst hat. Hypnose wird auch bei der Behandlung selbst eingesetzt. Unter Hypnose wird dem Patienten neue Energie zugeführt, die sein gesamtes Körpersystem reinigt und harmonisiert.

Energie ist für den Ägypter die Triebkraft sowohl des Menschen wie des Weltalls. Die auf Erden Leben spendende Energie stammt von der Sonne und teilt sich in verschiede Arten auf: in geistige Energie, Lebensenergie, elektromagnetische und ätherische Energie, die alles verbindet und durchdringt. Alle diese Energien sind in uns und unserer Aura vorhanden. Sie lassen sich zusammen einsetzen und führen eine stete Wandlung herbei. Die gesamte verbrauchte Energie kehrt ins Weltall zurück und wird dort von der Sonne zur Verwendung in unserem Sonnensystem regeneriert. Durch die Energien bleiben wir in Kontakt miteinander, wobei die elektromagnetische Energie der Hauptbrennstoff für geistige Fähigkeiten ist. Energie wird vor allem durch das Sonnengeflecht aufgenommen, aber auch über die anderen Chakras, die spiralförmig sich drehenden Wirbel, die den Körper und sein Energiefeld aufladen.«

Mein Freund erkundigt sich, ob ich müde sei. Als ich verneine, nimmt er seine Ausführungen über ägyptische Kräuterarzneien und Drogen wieder auf. »Ich möchte noch bei der Kraft des Geistes verweilen. In Verbindung mit dem elektromagnetischen Strahl aus dem dritten Auge und dem Händeauflegen ist die Geisteskraft unermesslich. Es heißt, man könne damit erreichen, was man wolle. Dessen sind wir uns bewusst und gewiss. Wir setzen die Kraft des Geistes anhand einer hoch entwickelten Technik ein, in der unser gesamtes Wissen liegt. Sie ist der Kern und Gipfel unserer Kultur und Meisterschaft. Schon früh bringen wir unseren Schülern Telepathie – die Grundlage dieser Geisteskraft – bei. Nach strengen Regeln lernen wir, elektromagnetische Wellen zu kontrollieren und einzusetzen. Diese Fähigkeit hat uns zu einem der Völker gemacht, die ihr individuelles und kollektives Potenzial am intensivsten ausschöpfen. Die dank dieser Lehre erlangte Konzentrationsfähigkeit zeitigt außergewöhnliche Ergebnisse. Die geistige, aus dem dritten Auge ausgestrahlte Kraft erzeugt eine Bandbreite elektromagnetischer Strahlen, die in Verbindung mit dem Handauflegen zu einer Zauberformel wird. In der Gruppe führt dies zu einem erstaunlich wirksamen Phänomen.

Heute wird die Geisteskraft zum Teil durch Störungen und Ablenkungen getrübt. Ihr könnt den Konzentrationsgrad nicht halten, der für die hohe Schwingung der Willenskraft erforderlich ist. Das Schattenland eures Unbewussten liegt für euch in so weiter Ferne, dass es euch nur die archetypischsten Botschaften zu senden vermag. Es ist nahezu machtlos geworden, und sein Reichtum ist euch verwehrt. Das habt ihr den Griechen zu danken. Ihre Kultur ist großartig, aber in unseren Augen asymmetrisch und daher anormal. In eurer Gesellschaft sind die Wurzeln der Menschen häufig verkümmert, und es fällt ihnen schwer, Nährstoffe aufzunehmen. Sie leiden, sind ständigen Gefahren ausgesetzt, und ihre Energien sind beschnitten und verkümmert. Diese Menschen sind ein blasser Abglanz einer größeren, kraftvolleren, lebendigeren und differenzierteren Seinsweise.« Sumhat hält inne.

»Es tut mir immer Leid, wenn ich Bonsais sehe. Es kommt mir wie eine Missachtung der Natur vor«, werfe ich ein.

»Da hast du ganz Recht«, erwidert Sumhat. »Auch wir haben in manchen Teilen der Gärten und auf dem Tempeldach einige stark gestutzte Pflanzen. Doch das liegt nicht an mangelnder Achtung unsererseits, sondern daran, dass ihre Wurzeln nicht genügend Bodentiefe haben, um wirklich wachsen zu können. Doch zurück zum Gesagten. Heutzutage werden die gewaltigen Geisteskräfte nur noch minimal oder falsch genutzt. Schließt euch geistig auf, konzentriert euch und meidet den stetigen Lärm und die Geschäftigkeit, nach der ihr anscheinend lechzt; bleibt für euch, aber nicht im Sinn des Verlassenseins, sondern als Mittel, die eigene Mitte zu finden, euch zu konzentrieren und wieder ins Gleichgewicht zu kommen. Ihr müsst euch von den Schlacken sinnlosen Verhaltens und trivialer Belanglosigkeiten befreien, mit denen ihr euren Alltag vollstopft. Hört auf, in Gemeinplätzen zu denken, und vermeidet es, euch ständig durch die Rücksichtslosigkeit anderer stören zu lassen. Es ist mir klar, dass das jeder weiß, und ich will dir auch keinen Vortrag darüber halten. Aber ich möchte doch auf diese bedrohlichen Tatsachen hinweisen, die euch frustrieren und die Talente einer leidenden Gesellschaft ersticken. Es gibt einen Ausweg, eine Möglichkeit, nicht funktionierende Methoden zu beurteilen und zu ersetzen.

Um auf die Geisteskräfte der Ägypter zurückzukommen, muss ich allerdings zugeben, dass eine solche Lebensweise sich in einer so alten Gesellschaft wie der unsrigen viel leichter verwirklichen lässt und erfolgreich ist. Ein Hauptvorteil liegt in der Tatsache, dass wir zeitlich nicht beschränkt sind. Unser Leben braucht sich nicht an einen strengen Zeitplan zu halten, auch wenn das Leben in der Gemeinschaft und die Achtung vor Mitmenschen bestimmten Regeln unterliegt. Für uns sind diese Regeln ein Vorteil und kein Hindernis. Wir essen, schlafen und arbeiten, wann und wie es uns gefällt, aber wir halten einen gemeinsamen Rhythmus ein, der uns allen gefällt und uns vereint. Wir treffen uns zu frohen Ritualen, um die gegenseitigen Verbindungen zu vertiefen, wenn wir Seite an Seite Gefühle und Schwingungen austauschen. Wir gehen alleine den eigenen Weg, um uns zu bereichern, und kommen zusammen, nachdem wir neue Energien getankt haben, die wir weitergeben, mit den anderen teilen und mehren. Unsere gemeinsamen Wurzeln sind reich an Nahrung und lassen denselben Saft in jeden einzelnen Ast aufsteigen. Unsere Blätter berühren einander, erblicken dieselbe Sonne, sind derselben Dürre unterworfen und miteinander verbunden, wenn die ganze Pflanze leidet und uns braucht.

Doch jetzt zur Arzneimittelherstellung, vor allem der Herstellung von Tropfen aus Pflanzen und anderen Grundstoffen. Später zeige ich dir die Apotheke und komme noch auf Gifte zu sprechen.

Zuerst setzen wir die Pflanzen und andere Ingredienzen einer sauren Reaktion aus, die ihr nicht mehr verwendet. Für eine gewöhnliche Erkältung beispielsweise legen wir Pfefferminze, Löwenzahn und manchmal noch andere Zutaten in Zwiebeln ein. Die Zwiebel ist ein ausgezeichneter Hustenlöser und wird bei Katarrh verwendet. Löwenzahn lindert, Pfefferminze hingegen belebt und erfrischt. Man lässt die Mischung bis zur Gärung liegen. Danach wird sie in Gaze gewickelt und in einem Topf mit kochendem destilliertem Wasser aufgehängt. Der Topf wird hermetisch verschlossen, damit die Energie der verwendeten Zutaten sich nicht verflüchtigt. Die Tropfen, die sich dabei bilden, enthalten alle Eigenschaften der verwendeten Pflanzen, sammeln sich im Topfdeckel und werden durch eine Abflussöffnung am Rand des Deckels in Glasfläschchen abgefüllt. In diesen wird die Flüssigkeit von den Priestern durch den üblichen Vorgang des Handauflegens potenziert. Je stärker die Arznei sein soll, desto öfter wird sie magnetisiert. Die Hohepriester sind fähig, die Energie in diesen wenigen Tropfen genau zu dosieren. Dazu verwenden sie die rechte Hand und bestrahlen sie mit der Kraft des dritten Auges. Das erwärmt die Arznei. Vor der ersten Magnetisierung und zwischen den darauf folgenden lässt man sie abkühlen. Das stabilisiert und potenziert die Arznei, deren Stärke durch kleine Kerben auf dem Gläschen gekennzeichnet wird. Verwendung und Zusammensetzung werden mit Symbolen angegeben. Medikamente werden in der Regel in den Eiskellern aufbewahrt. Sie bleiben nur wenige Tage wirksam.

Gewöhnlich verläuft eine Behandlung wie folgt: In den ersten sieben Tagen wird die Arzneimittelstärke täglich um ein Grad erhöht. Nach einer Pause von 24 Stunden setzen wir die Behandlung weitere drei Tage mit einer höheren Potenzierung fort. Als Schocktherapie verabreichen wir gleich drei bis sieben Tage lang die stärksten Tropfen und verringern die Dosis allmählich im Laufe der folgenden sieben Tage. Jeder Mensch reagiert anders, deswegen wird jede Behandlung auf den Kranken abgestimmt.

Zwiebel und Knoblauch sind infolge ihrer ausgezeichneten und hochgradig desinfizierenden Eigenschaften sehr häufig die Basis der Arzneien. Wir kennen Vitamine als solche nicht, wissen aber, dass manchen Menschen bestimmte Stoffe fehlen. Diese Mängel werden für jeden durch den Körpertyp festgelegt, den wir anhand unserer Farbmethode und des persönlichen Horoskops bestimmen, wie du bereits gehört hast. Zum Ausgleich von Mangelerscheinungen verwenden wir ein Tonikum. Wir wissen, dass manche dazu neigen, Minerale mit dem Urin auszuscheiden. Das ist erblich bedingt und führt zu höherer Entzündungs- und Krankheitsanfälligkeit. Die Minerale werden ersetzt, indem der Patient beispielsweise Leberextrakt und getrocknetes Tierblut verabreicht bekommt. Bei Kalziummangel verwenden wir Milchpulver.

In Zeiten reichlicher Milchproduktion trocknen wir die

überschüssige Milch mit ziemlich ausgeklügelten Methoden. Wir stellen sie nicht in die Sonne, weil sie sauer würde, sondern bewahren sie an den kühlsten Plätzen auf. Die Tiere werden abends oder bei Morgengrauen gemolken, dann kommt die Milch zum Abkühlen in die Eiskeller. Sie wird belüftet und zur Verdunstung und Kondensierung wiederholt durch ein spiralförmiges Rohr gegossen. Erst dann stellen wir sie in den kühleren und trockeneren Tageszeiten zum Trocknen an die Sonne.

Milchpulver wird zur Ernährung königlicher Säuglinge und Kranker eingesetzt. Es ist sehr nährstoffreich und für Kleinkinder der höheren Klassen bestens geeignet. Dazu werden meist Honig, Pollen und Gelee royale hinzugefügt. Gelee royale wird auch zur Behandlung der Alten verwendet, die es in der Morgendämmerung und bei Sonnenuntergang mit ein paar kleinen Löffeln Honig und Pollen einnehmen. Auch Honig wird manchmal getrocknet und den Tonika für Kinder, Genesende und alte Leute beigemischt. Zudem wird Met daraus gemacht und zum selben Zweck eingesetzt.«

Sumhat hält inne: »Was meinst du, wollen wir mal in die Apotheke? Dort kann ich dir vieles zeigen. Unterdessen kann ich dir noch einiges erzählen. Wie gesagt, bewahren wir sowohl die Fläschchen mit den potenzierten Arzneien wie auch manche Ingredienzen, die frisch sein müssen, in den Eiskellern auf. Es gibt, wie du weißt, in jedem Tempel zwei Apotheken. Ich zeige dir jetzt die innere, die nur dem Tempel dient und keine Verbindung nach außen hat. Sie liegt auf der Nordseite.«

Wir gehen durch mehrere dunkle Gänge und treten durch eine schwere, mit Schlössern und Riegeln versehene Tür in die Apotheke, auf deren Rückseite sich eine zweite, identische Tür befindet. In den Wänden sind ringsum Schlitze für die Belüftung direkt unter der Decke angebracht, und sämtliche Öffnungen sind mit Moskitonetzen bedeckt.

Mein Führer erklärt: »Siehst du, die Apotheke ist so gebaut, damit niemand hereinkommt, der keine Erlaubnis dazu hat. Auf den Regalen bewahren wir allerlei notwendige Zutaten auf, entweder im Reinzustand oder mit anderen gemischt. Im Safe dort sind Gifte, Drogen, Narkotika und Halluzinogene eingeschlossen. Deswegen ist dieser Raum so gesichert.«

Auf den Regalen stehen Behälter, Vasen, Krüge, Fläschchen und Schalen in allen Größen und Formen. Manche sind beschriftet, andere nicht. Sumhat fährt fort: »Hier sind die getrockneten Kräuter für Kräutertees, Kompressen, Salben, Balsame, Cremes, ätherische Öle, Puder, alkoholhaltige Stoffe, Pasten, Zäpfchen, Getränke, Pillen und Elixiere. Zäpfchen wirken schneller als Pillen. Sie werden meist aus Tier- oder Pflanzenfett gemacht, das mit Propolis gereinigt wird. Bei Entzündungen verwenden wir Propolis, so wie ihr Antibiotika verwendet. Diesen Fetten geben wir die für die jeweilige Arznei erforderlichen aktiven Wirkstoffe bei. Außerdem machen wir ausgiebigen Gebrauch von Giften und Drogen. Die Gifte gewinnen wir aus Pflanzen, etwa Fingerhut, Schierling, Tollkirsche und verschiedenen Arten Wolfsmilch. Dazu kommen Tiergifte, etwa von Schlangen, Skorpionen und manchen Fischarten. Die Gifte werden mit destilliertem Wasser oder Alkohol verdünnt, wie die anderen Arzneien potenziert und nach dieser Prozedur für den Gebrauch noch einmal verdünnt. Das tun wir, um die Wirkung beizubehalten, aber besser dosieren zu können. Gewöhnlich ist dies die Aufgabe des Obermumifizierers, eines Meisters auf diesem Gebiet, der mit alchemistischer Genauigkeit starke Mixturen für schwere Herz- und Darmleiden sowie für Krämpfe, Anämie und Leukämie herstellt. Die Gifte werden auch als Gegengifte und Impfstoffe und zur Schockbehandlung bei Nervenanfällen verwendet. Das Horn des Nashorns ist ebenfalls ein potentes Gegenmittel.

Die Gifte werden meist mit Drogen – etwa Opium – vermischt, das wir zur Narkose verwenden. Wir arbeiten also mit einer Vielzahl von Substanzen und setzen Drogen und Gifte auch in vielen Fällen ein, um die Wirkung des Handauflegens, der Autosuggestion und der Hypnose zu steigern. Viele Pflanzen, aus denen wir Präparate herstellen, gibt es heute nicht mehr, oder sie sind zu schwer zu beschreiben. Ich denke dabei an gewisse Obstbäume, speziell mehrere wilde Pflaumen- und Feigensorten, Wasserpflanzen, stachlige Beerenbüsche, die man heute nicht mehr findet, weder in Ägypten noch sonstwo. Aloe Vera, deren Ursprung viele fälschlich in Amerika vermuten, verwenden wir oft bei Verbrennungen, Geschwüren und Wunden sowie für die Augen. Fingerhut und Weißdorn setzen wir bei Herzleiden wie Angina Pectoris ein, Raute für Augen, Herz, Nerven und Geschwüre, Salbei für die Leber und

Schafgarbe gegen Krämpfe, offene Wunden, Bisse von giftigen Tieren, Fieber und Hautleiden. Johanniskraut wird direkt in Geschwüre und offene Wunden eingerieben oder als
Öl gegen Gifte, als schmerzstillendes Mittel bei Neuralgien
und zur Behandlung von Angstzuständen eingegeben. Fei-
genmilch wirkt gut gegen Wespen-, Hornissen- und Skor-
pionstiche. Feigenbaumschößlinge helfen gegen Hundebiss
und eiternde Entzündungen. Die Genesenden bekommen
reife Feigen zu essen, weil sie sehr nahrhaft, aber nicht so
giftstoffreich sind wie Fleisch. Mit Nilschlamm vermischt
werden Feigen auch zwischen zwei Gazestreifen auf eiternde offene Wunden und Abszesse gelegt, um die Entzündung und schädlichen Körpersäfte nach außen zu ziehen.
In der Volksmedizin werden Feigen bei Halsschmerzen und
Husten eingesetzt. Meistens ist die wilde Feige wirksamer
als die kultivierte.

Der Saft der ägyptischen Brombeere ist ein Mittel gegen
Schlangenbiss, Bandwurm und andere den Darm befallen-
de Würmer. Affodill, besonders dessen Zwiebel und
Stamm, ist ein starkes Gegenmittel bei Fischvergiftung und
Vergiftungen durch andere Wassertiere. Bei Verrenkungen
und Knochenbrüchen ist Bärenklau ein hervorragendes
Mittel.

Wir verdünnen viele Harze mit Olivenöl und verwenden
sie bei Wunden und Abszessen als Wickel. Weiter wirkt das
Gift der Herbstzeitlose ausgezeichnet gegen Rheuma-
tismus und Fehlfunktionen der Leber. Zur Behandlung von
Brand setzen wir Hafer und andere Getreidesorten sowie
Hopfen ein. Möhren und Kopfsalat sind gut für Haut und

Geschwüre, bei denen man auch Rosmarin verwendet, das ebenfalls bei Epidemien wie Cholera zum Einsatz kommt.

Du siehst, wir bewahren hier in der Apotheke nicht nur Arzneien, Pflanzen und medizinische Ingredienzen auf, sondern auch Parfüme, ätherische Öle und allerlei Essenzen, Seifen, frische oder getrocknete Blumen und Girlanden, Harze, Enthaarungswachs, verschiedene Honig- und Metsorten, Tonika und abführende Getränke, Nilschlamm, Lehm, Rosen- und Lilienwasser, allerlei Säfte, etwa Granatapfel, kondensierte Milch, gesalzenen Fisch und Fleisch sowie spezielle Nahrung für Säuglinge und Genesende. Das alles haben wir hier auf Lager oder können es bestellen.

Es ist nicht so leicht, die Zubereitung der Arzneien, welche die geistige Behandlung ergänzen, im Detail zu beschreiben. Ich möchte dir nur einen annähernden Überblick geben, auch wenn unsere Medizin durchaus nicht vage, sondern vielmehr eine überaus genaue Wissenschaft ist. Tehephron wird noch einmal auf dieses Thema zurückkommen.«

Er deutet auf Uznupher, der schon die ganze Zeit schweigend hinter einem Arbeitstisch mitten im Raum gestanden hat: »Du hast Uznupher bereits kennen gelernt. Er ist Obergärtner im Garten der Düfte, aber auch Naturheilkundiger. Deshalb hat er Zugang zur Apotheke. Dieser Tisch wird übrigens für die Unterrichtsstunden für angehende Ärzte in Anatomie, Chirurgie und Akupunktur verwendet. Die praktische Unterweisung an Leichen findet in den unterirdischen Gewölben statt, in denen wir mumifizieren. Adcem-Nut hat sie dir bereits gezeigt. Zwar haben wir einen telepathischen und geistigen Zugang zu den wissenschaftlichen Kenntnissen, aber die jungen Ärzte müssen üben und sich Methoden, gutes Timing und eine leichte Hand aneignen. Dies alles kann man nur durch Praxis erwerben.«

Sumhat sucht ein Töpfchen aus den Regalen: »Das ist für dich. Es ist ein Rosenparfüm. Ich weiß, du magst es sehr. Es ist gemischt mit Geißblattcreme.«

»Danke«, strahle ich ihn an und öffne den seltsamen Deckel des Töpfchens aus Gaze, Palmenfasern und Wachs. Dann rieche ich am Inhalt. »Welch umwerfender Duft!«, rufe ich aus.

»Ja«, erwidert mein Freund, »er ist aus vielen Rosensorten gemacht. Ich habe dir schon etwas über die ägyptischen Rosen erzählt. Wir haben sehr viele, stark duftende Sorten. Ich will dir mit Uznupher zusammen unsere wertvollsten und wohlriechendsten darunter zeigen. Wie gesagt, könnten wir tagelang darüber reden. Aber das Wichtigste ist doch, dass du im Laufe deines Aufenthaltes bei uns siehst, was im Tempel vor sich geht und wie wir leben.

Ich möchte dir noch etwas über Duftgirlanden sagen, weil wir sie gerne und häufig verwenden. Wir binden sie aus Blumen, Blättern, Zweigen und anderem. Bei der Geburt eines Kindes durchtrennen wir die Nabelschnur — allerdings nicht sofort wie bei euch. Das Baby wird gebadet und mit Duftölen und Cremes eingerieben. Dann legen wir ihm eine Girlande um den Hals, noch bevor wir es wickeln. Die Düfte und Zusammensetzung der Girlande werden dem Geschlecht des Kindes, seinen Eigenheiten, der Jahreszeit und astronomischen Gegebenheiten, Klasse und Rasse, Familiensymbolen und geistigem Stand entsprechend ausgesucht.

Die drei wichtigsten Sinne für den Ägypter sind Geruchs-, Tast- und Geschmackssinn. Das Auge täuscht häufig, und zudem haben wir viele Blinde. Auch das Gehör verformt manchmal die Töne und kann in die Irre führen. Der Geruchssinn jedoch lenkt uns ebenso sicher wie das Tier. Er hilft uns, Freunde, Feinde, Zu- und Abneigung auseinander zu halten. Der Geruch des Geliebten hält länger an als sein Anblick. Durch Berührung entdecken wir, was das Auge verbirgt. Eine anscheinend glatte Oberfläche kann dennoch rau sein. Schönheit muss alle Sinne ansprechen. Der Geschmackssinn sagt uns mit dem Geruchssinn zusammen, ob ein Gericht gut oder verdorben ist, ein Kuss süß oder bitter.

Die Ägypter schmusen gern und häufig mit Neugeborenen. Sie werden mit großer Sorgfalt und liebevoll gewaschen, eingeölt und parfümiert. Als Erwachsene sind wir Meister in der Kunst des Streichelns geworden, und im Alter erinnern uns die Sorge und Zuwendung, mit der wir reich bedacht werden, an die Kindheit und rühren uns bis ins Innerste. Girlanden begleiten uns von der ersten Stunde an bis in den Tod und ins Grab. Wir tragen sie zu besonderen Anlässen. Ihr Duft, der sich mit dem unseren vermischt, verleiht jedem seine ganz persönliche Note. Von frühester Kindheit an lernen wir diese erkennen. Wir freuen uns an Girlanden, Blumen und Düften, denn sie spielen in unserer Sinnenwelt eine entscheidende Rolle. Unsere endokrinen Drüsen sind stärker entwickelt als die euren. Für uns sind der Nacken mit der Hirnanhangdrüse und diesem gegenüber das dritte Auge mit der Zirbeldrüse die Zentren der übersinnlichen Fähigkeiten.

Auch die Sinneskräfte und die eng damit verbundenen medialen Fähigkeiten sind bei uns stärker entwickelt. Unser sechster Sinn und die Zirbeldrüsenaktivität gehen vom sechsten Lebensjahr an zurück. Sie verschwinden praktisch, um dem siebten Sinn und der Aktivität der Hirnanhangdrüse Platz zu machen. Im frühkindlichen Stadium bereichern die fünf Sinne mit dem sechsten zusammen den Symbolreichtum unserer Welt und erlauben uns auf kindliche Weise eine direkte telepathische Kommunikation. Mit nachlassender Aktivität der Zirbeldrüse setzt die geschlechtliche und endokrine Entwicklung ein. Die Hirnanhangdrüse übernimmt das Steuer, absorbiert die Fülle der kindlichen Erfahrungen, die in der Zirbeldrüse lagern, und verarbeitet sie, bis sich der Mensch zum Erwachsenen entfaltet. Durch das direkt gegenüberliegende, wie eine Antenne wirkende dritte Auge wird Energie abgegeben und aufgenommen, die in der Hirnanhangdrüse reift und sich mit Hilfe der anderen sechs Sinne zum vollkommenen siebten Sinn entwickelt.«

Sumhat hält inne. Uznupher bringt jedem von uns ein kleines, mit allerlei Blumen und Blütenblättern dekoriertes Tablett mit geschältem Obst sowie knusprigen Keksen mit Sesam- und Mohnsamen.

»Ein Fest für die Sinne!«, stelle ich fest.

Mein Freund setzt seine gewohnte Miene auf – eine Mischung von Seligkeit und Geistesabwesenheit –, die ihm das

Aussehen eines Wissenschaftlers im Urlaub verleiht und ihn überaus reizend und liebenswert macht. Schweigend genießen wir unsere Pause. Dann kosten wir Uznuphers Spezialität zusammen mit ihm: Brombeersaft.

Sumhat meint dazu: »Dieser Saft ist ausgezeichnet zur Vorbeugung und Behandlung einer ganzen Reihe von Darminfektionen und -entzündungen geeignet. Doch das Beste ist natürlich, dass er so ausgezeichnet schmeckt. Kinder lieben ihn.«

Uznupher schenkt seinem kindlichen Meister ein liebevolles Lächeln.

»Bleiben wir hier in der Apotheke sitzen, dann erzähle ich dir etwas über die Wasserdiäten«, meint Sumhat.

»Die Priester beachten solche Diäten. Auch Patienten und meistens alle Mitglieder der oberen Klassen halten sich an einige davon. Wir wissen, dass der Körper zum Großteil aus Wasser und nur zu einem geringen Teil aus anderen Stoffen besteht. Deshalb sollten wir dieses Wasser stets erneuern, damit es nicht stagniert. Die anderen Stoffe erscheinen uns wie ein Standbild aus Nilschlamm oder Ton. Um das Standbild zum Leben zu erwecken, muss es mit Wasser gesättigt werden. Das Wasser sickert durch den Ton, verdunstet und fließt wieder ab, wobei es alle Unreinheiten und versteckten Abfallstoffe mit sich fortschwemmt.

Die Priestern reinigen sich mit Wasserdiäten, insbesondere zu Zeiten spiritueller Einkehr, um die telepathischen oder magischen Fähigkeiten zu fördern. Die Wasserdiät unterstützt die Wirkung des Handauflegens, bringt Energie und Funktionstüchtigkeit der Chakras wieder ins Lot, steigert die geistige Aktivität und sorgt ganz allgemein für Gesundheit.

Wir schlucken das Wasser nicht einfach hinunter, sondern steuern den Diätverlauf mit dem Geist. Wir suchen das Wasser aus und lenken es geistig. Wie gesagt, sind die festen Körperteile für uns lediglich ein Filter für das Wasser, aus dem wir fast gänzlich bestehen. Der stete Wasseraustausch wird durch die aufgenommene Energie in Gang gesetzt und schwemmt sämtliche stagnierenden und giftigen Stoffe aus. Damit der Körper richtig funktioniert und rein bleibt, ist dieser ständige Fluss durch die Gewebe erforderlich. So regeneriert sich dieses gleichzeitig mit unserer Energie, und daraus entsteht Lebenskraft. Der Geist, in dem die übersinnlichen Kräfte wurzeln, verlangt nach Transformation des Körpers durch Läuterung, Verschönerung und Verbesserung. Wasser ist Leben, ebenso wie die Erde, und zusammen bilden sie den Menschen. Der Geist überschaut, bestimmt, erhebt sich und regeneriert sich. Das Wasser löst uns auf, und stark und weise werden wir wiedergeboren. Glücklich, frei und leicht gehen wir daraus hervor und stellen uns neuen Herausforderungen.

Es gibt sieben verschiedene Wasserdiäten.

Die erste ist eine Reinigung in sieben Tagen. Zwischen Morgengrauen und Sonnenuntergang werden nur sieben Krüge destilliertes Wasser getrunken.

Die zweite ist eine rituelle Diät und dauert 21 Tage. In der ersten Woche trinken wir Wasser und essen sieben verschiedene Getreide, jeweils drei kleine, in Wasser gekochte Schalen voll. In der zweiten Woche trinken wir Wasser mit

Nilschlamm. Der Schlamm setzt sich über Nacht im Wasser ab. Davor wurde er sieben Tage lang an der Sonne getrocknet, um sich mit Energie zu sättigen. In der dritten Woche trinken wir nur destilliertes Wasser. Zum Abschluss der Diät halten wir in der Morgendämmerung ein Ritual ab. Zu dieser Tageszeit werden alle Einweihungsriten durchgeführt. Diesmal ist es ein Sonnenritual, bei dem die Teilnehmer wie in Trance an einem Spiralmuster entlanggehen. Sie beginnen einer nach dem anderen in der Mitte, heben die Arme und strecken sie der Sonne entgegen. Dabei werden die den sieben Ka-Schwingungen entsprechenden Laute ausgestoßen, und zwar immer lauter, je näher die Teilnehmer den äußeren Spiralwindungen kommen. – Diese Diät und das Ritual sind den obersten Priestern vorbehalten, und sie wenden sie nur an, wenn größte Konzentration und innere Erhebung erforderlich sind. In der Regel bleiben die Betreffenden während der Wasserdiät für sich.

Die dritte ist eine Entgiftungsdiät. Sie besteht aus drei Krügen Wasser bei Morgengrauen, dann nichts mehr für den Rest des Tages und die folgende Nacht. So werden die Organe passiv gewaschen. Wir verfolgen geistig den Verlauf des Wassers. Die Diät dauert sieben Tage.

Die vierte ist eine normale Erneuerungsdiät. Drei Tage lang wird destilliertes Wasser mit in der Sonne getrocknetem, abgesetztem Nilschlamm getrunken.

Die fünfte Diät ist geistiger Art. Sie dauert 14 Tage, und der Fastende bleibt so lange in einer dunklen Zelle, trinkt destilliertes Wasser in der Morgendämmerung und Quellwasser bei Sonnenuntergang. In der Nacht gibt es Kräutertees, die auf die jeweiligen persönlichen Bedürfnisse abgestimmt werden.

Die sechste Diät dient der Vorbereitung für bestimmte Festtage und Rituale und wird drei Tage lang eingehalten. Das dabei getrunkene Wasser setzen wir zuvor der Sonne aus, damit es Energie aufnimmt.

Die siebte Wasserdiät ist für Kranke, und der Arzt bestimmt ihre Dauer. Dazu trinken sie eine Mischung aus warmem Wasser mit Zitronensaft, Honig und einem Siebentel geharztem Wein. Du hast bestimmt bemerkt, dass unser Wein ganz anders schmeckt als eurer.

Du bist sicher inzwischen etwas müde geworden. Gehen wir mit Uznupher noch kurz im Blumengarten spazieren. Ein Hauch wohlduftender Luft tut uns bestimmt gut.«

Wir treten aus der Apotheke, während Uznupher alles abschließt, um sich dann wieder zu uns zu gesellen. Ein warmer, herrlicher Jasminduft umweht uns, als wir uns dem Garten nähern.

Sumhat berichtet: »Hier wachsen Tausende von verschiedenen Rosensorten. Wie bei allen anderen Blumen, Pflanzen und Bäumen hier im Garten werden nur duftende Sorten gepflanzt. Hier findest du Schwertlilien, Lilien, Narzissen, Veilchen, Geranien, Nelken, Geißblatt, Hyazinthen, Erdbeeren; Kräuter wie Thymian, Majoran, Rosmarin, Koriander, Fenchel, Pfefferminze, Lavendel und Myrte sowie Bäume wie Zitronen- und Bergamottbäume. Wie du gesehen hast, werden sie für Öle und Essenzen, Girlanden und natürlich zu medizinischen Zwecken verwendet.«

Wir gehen zwischen makellos gepflegten Beeten hindurch. Manchmal stehen verschiedene Sorten einer Art beieinander, manchmal sind sie vermischt, aber immer so angelegt, dass alles harmonisch und natürlich wirkt. Zu dieser Tageszeit ist die Luft von süßen, würzigen Düften erfüllt. Morgens riecht sie feiner und frisch.

Sumhat hebt wieder an: »Ich möchte dir die Legende von der Pfingstrose erzählen! Arafut war ein ägyptischer Priester, Gärtner und Naturheilkundiger, und er hatte wertvolle Pfingstrosensetzlinge von sehr weit her bekommen. Er hatte gehört, die Blüten hätten eine wunderbare, zarte Farbe wie die Lippen eines jungen Mädchens. Arafut war fast blind und hatte eine Schwäche für die kleine Prinzessin Vitniti. Von Kindheit an hatte sie ihn in seinem Garten besucht, und er hatte ihr beigebracht, die Pflanzen zu pflegen. Seine Lieblingspflanzen waren die Pfingstrosen, von denen er einige frisch gesetzt hatte. Es dauert sehr lange, bis sie blühen, und er kümmerte sich ständig mit größter Sorgfalt um sie. Er gelobte, die erste blühende Pflanze seiner verführerischen jungen Freundin zu schenken. Nach langer Zeit brachte eine der Pflanzen die ersten Blüten hervor, doch alle anderen waren eingegangen. Inzwischen war Arafut völlig erblindet. Er legte seine umhegte Pfingstrose in einen Papyruskorb und ließ sie seiner kleinen Prinzessin bringen. Sie dankte ihm nie dafür, begann jedoch, die Pflanze mit aller Sorgfalt zu pflegen. Eines Tages erfuhr Vitniti, dass Arafut todkrank darnieder lag, eilte an sein Krankenbett und küsste ihn mit ihren herrlichen Lippen. Sterbend hauchte er: ›Die Pfingstrose ist wieder erblüht – o danke, Vitniti!‹«

Wir bleiben noch eine Weile im Garten, und Uznupher zeigt uns stolz mehrere Rosen, die er mit Leidenschaft züchtet. Seine Augen funkeln, und er lächelt befriedigt über unser Interesse.

Sumhat geht nun mit mir aus dem Garten und führt mich durch viele Gänge und Wege. Ich habe die Orientierung in den schwach erleuchteten Winkeln des Gartens völlig verloren. Schließlich öffnet mein Gefährte eine Tür mit den Worten: »Hier ist mein Zimmer.«

Ich sehe ihn erstaunt an. Ein riesiges Bett beherrscht den ganzen Raum. Es steht nicht an der Wand, aber unter der üblichen Pyramide. Sie ist aus Holz, an dem leichte Vorhänge wie Schleier hängen und sich bei jedem Luftzug bewegen. Das Bett steht etwas schräg im Raum, eine Seite ist nach Norden ausgerichtet. Alle Vorhänge sind gezogen, und eine Blumengirlande ist daran befestigt.

»Weshalb hast du ein so großes Bett?«, staune ich.

Sumhat erwidert: »Ich wollte dir nur meine Räumlichkeiten zeigen. Wie du siehst, ist das Zimmer sehr groß und hat eine geräumige Nische. Ich teile es mit meinen drei Schwestern.«

»Wirklich?«, entfährt es mir überrascht.

Sumhat muss lachen: »Jaja, ich teile mein Bett mit Chnaaru, Sahanktepet und Metnophem. Unser wunderbares Bett ist aus Akazienholz, und unsere Nächte sind voller Wohlgerüche und Liebe.«

»Das hätte ich bei deinem Anblick nie gedacht. Du siehst am wenigsten danach aus, aber offensichtlich täuscht das Aussehen!«

Wieder muss Sumhat lachen und meint: »Na ja, vielleicht sehe ich am wenigsten attraktiv von uns allen aus. Meine Schwestern sind sehr schön, und wir sind von Jugend an sehr glückliche Liebende und sind nie eifersüchtig gewesen. Meine Schwestern teilen manchmal das Bett anderer Männer und Frauen oder bringen sie her. Ich erhebe keinen Besitzanspruch, im Gegenteil, ich mag diese Abwechslungen. Meine Schwestern und ich haben eine ganz einzigartige Beziehung, die keinerlei Konkurrenz fürchtet. Wir haben eine erfüllte Sexualität und bilden zusammen einen flexible, disziplinierte Kerngruppe.«

»Schläfst du nur mit deinen Schwestern?«, frage ich.

»Nein, meine Liebe. Ich liebe auch andere Frauen. Heute Abend will ich über die Frauen sprechen. Ich liebe sie auf eine Weise, die es nicht mehr gibt. Zumindest glaube ich das. Ich liebe sie vollständig und intensiv. Ich liebe ihren Duft, die Art, wie sie sich bewegen, ihre liebenswerte raubtierhafte Aggressivität, ihr Aufbäumen, ihre Verrücktheiten, den Tanz ihrer Körper.«

Drei ziemlich große Gestalten treten aus dem Schatten. Sie sind zart und anmutig wie ihr Bruder, vielleicht nicht überwältigend schön, aber berückend attraktiv. Ihr besonderer Charme wird durch einen herrlichen, unverwechselbaren Duft verstärkt, der sie umgibt. Jede trägt eine Blume in der gewölbten Hand und bietet sie mir schweigend an. Es ist ein elektrisierender, beinahe erotischer Augenblick. Sumhat bricht den Bann und sagt: »Es wäre eine Ehre für meine Schwestern, mit dir und Anuphti in die Bäder zu gehen.«

»Vielen Dank«, antworte ich etwas unsicher.

Sumhat fügt hinzu: »Danach gibt es ein Bankett. Der Abend soll meinen zwei Lieben — den Frauen und Blumen — gewidmet sein. Darin bin ich ein echter Ägypter.«

Sumhat begleitet mich zu meinem Zimmer zurück: »Geh und ruh dich ein wenig aus. Danach geht ihr zusammen baden.«

Ich lege mich hin und schlafe sofort ein. Es scheinen nur wenige Minuten vergangen zu sein, da sehe ich, wie mich Anuphti durch die Bettvorhänge anlächelt. Sumhats Schwestern sind auch da. Anuphti reicht mir die gewohnte Tasse stark gesüßten Tee.

»Du brauchst dich nicht zu beeilen«, meint sie, »wir gehen uns nur noch vor dem Abendessen etwas in den Bädern ausruhen.«

Ich lächle zurück, lege ein Badetuch um und gehe mit. Der Tee hat mir neuen Schwung verliehen, und ich bin bereit, die Behandlungen in aller Ruhe zu genießen. Wir lassen uns alle fünf in ein lauwarmes, wohlriechendes Becken gleiten. Auf dem Wasser treiben Blüten und Blätter. Es ist angenehm und geht fröhlich zu. Die anderen waschen mir und einander gegenseitig das Haar. Dazu tragen sie eine Paste federleicht wie von Feenhand auf, und wir spülen sie mit Krügen voll Wasser aus. Darauf steigen wir in ein zweites, tiefes Becken mit kaltem Wasser. Danach trocknen und reiben wir uns ab und begeben uns in einen nur Frauen vorbehaltenen Bereich. Dort kämmen wir einander die Haare aus und werden mit Ölen und Cremen massiert, die meine neuen Freundinnen mitgebracht haben. Wir befin-

den uns in einem großen, angenehm hellen und stark duftenden Raum. Mehrere Frauen liegen oder sitzen auf Bänken, Kissen oder Binsenmatten. Es herrscht eine Atmosphäre des Einverständnisses und gegenseitigen Interesses,
der Austausch ist spontan und echt. Alles ist sehr entspannend. Ich werde schläfrig und aale mich in Wohlsein, Sym-
pathie und duftender Wärme. Nur ungern verlasse ich dieses behagliche Nest.

Anuphti begleitet mich in mein Zimmer zurück, während Sumhats Schwestern das ihre zum Umziehen aufsuchen. Anuphti hat uns Girlanden geflochten, die sich von
unseren weißen Kleidern wunderbar abheben. Dann begeben wir uns in den Garten der Düfte, wo Sumhats Abend-
veranstaltung zu Ehren der Frauen und Blumen stattfinden
soll. Das Bankett ist unter der mit Jasmin und Geißblatt
vermischten Rosenlaube angerichtet. Sumhat ist ganz weiß
gekleidet und trägt die formelle goldene eiförmige Kopfbedeckung, die ihm ein königliches Aussehen verleiht. Er bewegt sich wie immer voller Anmut und blickt verträumt.
Ich lächle ihn an, und er kommt uns entgegen. Er setzt
Anuphti und mich neben seine Schwestern und meint:

»Heute sitzen alle Frauen auf der einen Seite des Ti-
sches, und alle Männer ihnen gegenüber.«

Eine Musikantin spielt Harfe. Die Musik und der Blumenduft sind himmlisch. Überall brennen Fackeln und
hängen Girlanden. Alles wurde im Handumdrehen organisiert. Wir sind sehr zahlreich, und alle haben sich bereits gesetzt.

Sumhat steht vorne und hebt an:

»Bevor wir mit der heutigen Abendunterhaltung beginnen, möchte ich etwas über die Frauen sagen, insbesondere die Ägypterinnen, die ich am besten kenne. Wie alle Ägypter liebe ich Frauen innig und mit großer Neugier. Ein Mann, der eine Frau für geringer hält, ist selbst gering. Er ist ein ängstlicher Schwächling, ein Feigling, dem die Männlichkeit abgeht. Eine Frau, die einen solchen Mann erträgt, nimmt ihre wahre Rolle nicht wahr. Ihr ist es bestimmt, eine Last zu tragen, unter der alle Nachkommen leiden müssen.

Isis ist die Frau, die alle Facetten der Weiblichkeit entfaltet und deren Wesen in sich vereint hat. Eine echte Frau weiß, dass sie zum größten Teil aus weiblichen, zum geringeren aus männlichen Säften besteht, die sich harmonisch in ihr vermischen sollen. Die Ägypterin ist äußerst verführerisch. Sie ist sich ihres Charmes bewusst und setzt ihn von Kindesbeinen an ein. Sie weiß aber auch, dass sie ihren männlichen Anteil nicht vernachlässigen darf, wenn sie ein ganzer Mensch sein will. Also errichtet sie einen Schrein in sich, einen Obelisk, der sämtliche männlichen Tugenden darstellt. Intuitiv und flexibel lernt sie, alle Seiten dieses inneren Schreins zu lieben und damit umzugehen. Er gehört zu ihr, ist jedoch gleichzeitig ein konfliktträchtiges Element. Damit geht die Frau weiter, als lediglich eine weibliche Hülle zu sein. Sie ist ein ganzes Wesen und sich dessen bewusst, zwei Seiten in sich zu tragen, die einander vervollständigen, miteinander in Einklang sind und einander lieben. Eine Frau, die ihre männlichen Seiten nicht entfaltet ist wie ein Mensch ohne Wirbelsäule.

Die Frau ist die wahre Hüterin männlicher Tugenden, Trägerin des Samens, der das Geschenk des Mannes ist, eines Samens, den sie in sich heranwachsen lässt, sie, die Starke und Zarte zugleich, die Widerstandsfähige in Zeiten der Not und Gefahr. Die Frau besitzt Größe und Weitblick, nicht weil sie mit den Augen sieht oder der Logik folgt, sondern weil sie auf Herz und Gefühl hört. Treu und loyal folgt sie ihrem Mann wie ein Schatten. Sie liebkost ihn, deckt ihn zu und schützt seinen Schlaf. In zarter Alchemie ist sie seine Mutter, Frau, Geliebte und Tochter zugleich. Sie ist wechselhaft, fröhlich oder schweigt, nicht weil sie ihren Launen nachgibt, sondern weil sie anpassungsfähig genug ist und jederzeit spürt, was von ihr erwartet wird und was in jedem Augenblick das Richtige ist. Sanft und stark lässt sie das sorgenbeladene Haupt des Mannes auf ihrer warmen, befreienden Brust ruhen. Beweglich und still schreitet sie rasch voran oder hält inne und horcht. Sie ist die kluge Magierin, die eine komplexe, wirksame Strategie gemeistert hat. Sie ist weich und fest, gerecht und mitfühlend, Eigenschaften, die der Weise erkennt und in sich selbst pflegt, um vollständig zu werden.

Diese Eigenschaften sind das Fundament eines Teiles im Manne, den es anzunehmen und zu schützen gilt, wenn er ein ganzer Mann sein will. Der Mann, der seine weiblichen Seiten ohne Scham weise und vernünftig pflegt, ist selten. Er weiß, dass Dualität ein Ganzes ergibt und dass er, um sich selbst lieben und verstehen zu können, alle Seiten entwickeln muss, die sich in ihm manifestieren, ohne sie zu unterdrücken. Jede Facette der Persönlichkeit muss ihren rechten Platz und ihre Bedeutung erhalten, damit uns nicht plötzlich Seiten in uns überraschen, die uns übermannen und in großes Unglück oder würdeloses Verhalten führen.

Isis verkörpert für den Ägypter alle weiblichen Fähigkeiten. Sie ist die Essenz der Weiblichkeit. Als Ägypten der Dreiheit von Isis, Osiris und Horus den Rücken kehrte und sich mit Ra und dem Sonnenkult dem Monotheismus zuwandte, setzte der Untergang unserer Kultur ein. Sie richtete sich nun auf das Männliche aus. Durch Missachtung der weiblichen Rolle wird die männliche lächerlich. Wir haben die Harmonie eines intelligenten, intuitiven Volkes aus dem Gleichgewicht gebracht. Das war der Anfang der Diktatur und Arroganz von Menschen, die glaubten, ihre männliche Macht ausüben zu können. Es war der Anfang des hinterhältigen Verhaltens frustrierter Frauen, die plötzlich bösartig wurden. Von da an herrschte Verwirrung und setzte die Auflösung unseres Landes ein.

Isis ist also unser Vorbild. Frauen streben ihr nach, Männer verehren sie. Frauen wissen, dass ihre Rolle im Leben hart und manchmal schmerzlich ist und sie nur weiterkommen, wenn ihnen ihre Aufgabe klar ist. Nur durch standhaftes Voranschreiten kann die Frau die Verantwortung von Ehe und Geburt auf sich nehmen und sich als pflichtbewusste Tochter, Schwester, Frau und Mutter um ihre Familie kümmern und in ständiger Entwicklung Überflüssiges am Wegrand liegen lassen. Sie ist es, die die Tradition in sich trägt und weitergibt. Sie geht in der Dunkelheit voran, vom Glauben gelenkt, der ihr Inneres erleuchtet.«

Sumhat hält lächelnd inne und setzt sich uns gegenüber.

Harfenmusik umgibt uns mit ihren anmutigen weiblichen Klängen. Ein Gefolge von Frauen gleitet schweigend mit diversen zu Schiffen, Fischen und Füllhörnern geformten Körben und Behältern herbei, in denen vielerlei Speisen fantasievoll auf Blättern und Blüten angerichtet sind. Geschmeidig tragen sie uns auf und flüstern uns die Speisenfolge ins Ohr. Es gibt kleine Garnelentörtchen mit Artischocken, Gazellenhirn mit Safran, Erdbeeren mit kandiertem Ingwer, Büffelbraten an Meerrettichsoße mit Honig und Sesamsamen, gebratenen Grieß mit Jasminblüten, Kroketten mit Myrte, Korianderente auf kleinen Spießchen mit Schalotten und Pflaumen, gebratene Hirse mit Kardamom, Palmenherzen mit Ei. Alles ist geschmackvoll, harmonisch und frisch. Eine Reihe neugieriger junger Mädchen sammelt sich um uns. Sumhat sucht sieben unter ihnen aus und bittet sie, für uns zu tanzen. Hocherfreut willigen sie ein und wiegen sich wie in einem musikalischen Lufthauch zu den Klängen der Harfe.

Nebdukhem

Nebdukhem ist Architekt, Erbauer von Monumenten und Städteplaner. Er hat die Gesichtszüge eines typischen ägyptischen Aristokraten, dazu schräggestellte, schwarze Augen und ganz glattes, schulterlanges, gerade abgeschnittenes Haar. Seine glatt rasierte Haut ist hell, und er hat breite Schultern und schmale Hüften. Er trägt eine kürzere Tunika als die anderen und einen blau-grünen Umhang darüber. Seine Füße stecken in leichten Stiefeln aus grobem Tuch.

Nebdukhem hat eine geschliffene, aber etwas abrupte, fast militärische Art. Er ist ein ausgesprochener Ästhet, der hohe Anforderungen an die Ausführung seiner in Auftrag gegebenen Arbeiten stellt und mit großem Geschick erreicht, was er will.

Fünfter Ka

Nebdukhem – der Architekt und Städteplaner

Inzwischen erwache ich schon vor Anuphtis Kommen und bin gerade dabei, aufzustehen, als sie eintritt. Wir frühstücken, und Anuphti beginnt mit ihrer zweiten Massagelektion:

»Es gibt zwei Arten von Massage. Die eine ist eine therapeutische Behandlung, die andere entspannt, harmonisiert und regt an. Bei der therapeutischen Behandlung liegt der Patient meistens auf einer mit einem nassen Tuch bedeckten Kupferplatte. Der oder die Massierende trägt eine große Eisenspirale auf Höhe des Sonnengeflechts, die von der Brust herabhängt. Das erzeugt eine starke elektrische Ladung, die dem Patienten gut tut. Der stete Fluss elektromagnetischer Energie reinigt und reaktiviert das Nervensystem, insbesondere die Chakras, und eliminiert Gifte, Blockaden, Fehlfunktionen, Neurosen und weiteres mehr. Die sieben Chakras, Füße, Hände und Kopf sind bei der ägyptischen Massage die wichtigsten Punkte, wobei wir aber, wie gestern erwähnt, nie Druck direkt auf die Chakras ausüben, sondern stete, sich wiederholende Kreisbewegungen anwenden, deren Grundmuster die Spirale ist. Jeder Mensch ist wie ein Musikinstrument mit eigenen Saiten und Tönen, auf dem man geschickt und liebevoll, aber nie hastig oder dissonant spielen sollte.

Wir beginnen bei den Füßen, die lange abwechselnd mit stärkeren und leichteren Bewegungen und unterschiedlichem Druck behandelt werden. Jeder Zeh wird gründlich bearbeitet, danach kommen Fußsohle, Spann und Ferse. Bei den Händen gehen wir gleich vor. Wir beginnen bei den Fingern, machen bei der Handfläche weiter, dann kommen der Handrücken und schließlich das Handgelenk dran. Oft werden nur Füße, Hände und Kopf massiert.

Bei einer Ganzkörpermassage gehen wir von außen nach innen vor: Zuerst kommen Füße und Beine, danach Hände und Arme, dann geht es bei Kopf und Hals weiter und am Ende kommt der Rumpf an die Reihe, außer bei der Dreisonnenmethode, die ich dir gestern erklärte. Der Kopf wird eher gestreichelt als gerieben. Zuerst behandeln wir das Gesicht mit Bewegungen wie fließendes Wasser aus einem Springbrunnen. Wir beginnen bei den Augenbrauen an der Nasenwurzel, fahren über Stirn, Schläfen und Wangen bis zum Kinn, bei dem wir eine Zeit lang verweilen, dann geht es um die Mundwinkel und an der Nase entlang nach oben. Wir kühlen die Finger ab und legen sie leicht auf die geschlossenen Lider. Am Hinterkopf werden zuerst Hals und dann Nacken mit offenen Händen und sanften und doch festen Streichbewegungen behandelt. Wir üben nie starken Druck aus. Die Fingerkuppen kreisen stets ganz entspannend.

Zuletzt sind die Ohren an der Reihe. Zuerst ziehen wir das Ohrläppchen nach unten, dann drücken wir den Ohrrand mit den Fingerspitzen von unten nach oben und ziehen das Ohr am Schluss sanft in alle Richtungen. Dem Ohr schenken wir viel Beachtung. Kopf, Füße und Hände erfordern Zeit, Konzentration, Ruhe und Zuneigung. Es ginge zu weit, dir jede Bewegung zu beschreiben, und zudem wendet jeder eigene Varianten an. Aber wir legen großen Wert auf Massage, nicht nur als ärztliche Behandlung, sondern auch zur allgemeinen Entspannung und um das Wohlbefinden zu steigern. Es ist ein Ausdruck der Kommunikation, des Austausches und der Liebe und, wie wir alle wissen, auch ein hervorragendes Vorspiel zum Geschlechtsverkehr.« Anuphti unterbricht sich und meint:

»Wir können nun in die Bäder gehen.« Dort treffen wir Sumhats Schwestern und andere Freundinnen im Wasser an und steigen ebenfalls hinein. Sie verwenden faustgroße Bälle aus Palmenfasern, um einander abzurubbeln. Nachdem wir etwas im Wasser gelegen haben, steigen wir hinaus, trocknen uns ab und ölen den Körper von Kopf bis Fuß ein. Dann setzen wir uns zu einem Glas Zitronentee hin, bevor wir das überschüssige Öl auf der Haut entfernen und uns mit kaltem Wasser abspülen. In Badetücher gewickelt, kehren wir zum Anziehen in unsere Zimmer zurück.

Schon bald steht Nebdukhem vor meiner Tür. Er ist ganz in makelloses, strenges Weiß gekleidet, jung und vornehm mit seinem glatten, schwarzen, glänzenden Haar.

»Wie geht es dir?«, erkundigt er sich und umarmt mich. »Komm, gehen wir ans Licht.«

Wir kommen am Haupteingang des Tempels vorbei und gelangen in den Garten der Schüler. Sie haben eben ihre Unterrichtsstunde im Becken. Wir setzen uns auf eine Bank im Schatten des Palmenhains.

Nebdukhem hebt an: »Gott hat die Bäume erschaffen, und die Ägypter haben die Pyramiden erbaut, um ein Denkmal zu errichten, das ihres Gottes würdig ist. Der Baum ist ja eines der wichtigsten Symbole der Welt. Für uns, die wir alle Ästheten, Liebhaber von schematisierten und abstrakten Darstellungen und leidenschaftliche Alchemisten sind, ist der Baum zusammen mit der Sonne und dem Nil das Mark unserer Mythologie. Das göttliche Auge des Horus ist von einem Dreieck umgeben. Wenn du einen Baum schematisch darstellst, entsteht ein Dreieck. Der Baum stellt das Erdenleben in allen Formen dar, und die Pyramide ist ein Bauwerk, das den Tod, den Abschied von der Erde und die Rückkehr in die ewige Unendlichkeit symbolisiert. Der Baum bleibt aufrecht stehen, wenn er abstirbt, und wenn er gefällt wird, bleiben würdevoll seine unterirdischen Wurzeln zurück, die seine lange Geschichte erzählen und der unsichtbaren Welt übermitteln, wo seine Aura auf ewig bewahrt wird.

Unter dem Baum befinden sich seine Hüter und Beobachter: die Löwen. Auch diese werden zum Monument – der Sphinx –, damit die Nachwelt sie erforscht und die kosmische Reife der Ägypter begreift. Die Pyramide ist somit das Symbol des kosmischen Wissens der Ägypter. Sie ist ein Monument, das ihn mit seinem Gott verbindet. Eine Pyramide zu errichten ist ein Akt der Hingabe, eine Dankesbezeugung und ein Gebet an Gott, unseren Schöpfer, von dem wir kommen und zu dem wir zurückkehren. Die Pyramide ist der Archetyp der kosmischen Lehre. Sie strahlt Energie, Macht, Zerstörung und Wiederaufbau aus und bildet damit das göttliche Rätsel vollkommen nach. Das ägyptische Volk dankt seinem Gott bewusst und erbaut eine Pyramide, um sich ihm zu nähern und ihm zu danken.

Dieser versteinerte, monumentale Baum, dieses Fossil mit dem Appetit eines Menschen fängt Energien auf, assimiliert sie und lagert sie in seinem Verdauungstrakt. Dieser Riese, der durch göttliches Anhauchen zum Leben erwacht, spuckt die Energien wie ein Vulkan wieder aus, die wir dazu verwenden, unserem Land drohende Katastrophen abzuwenden. Wir verbinden die Pyramidenspitze, der diese Energien entströmen, mit dem Mond als ihrem Gegenpol. Unsere Ahnen waren die großen Meister und Erfinder der Pyramide, einer vollkommenen Ansammlung von Symbolen und Wahrzeichen menschlicher Macht. Wir, die Schöpfer eines Tyrannen, mit dem wir unsere Kräfte messen, nutzen seine Energien und werden von ihnen benutzt. Dieses Wesen, das okkulte Mächte besitzt, treibt seine Wurzeln tief in das Erdinnere und ernährt sich von ihren elektromagnetischen Kräften. Es vermittelt zwischen Erde und Mond, nicht als Grabstätte, sondern als Mittler im Augenblick des Übergangs vom Leben zum Tod. Seine Kräfte kristallisieren und mumifizieren das Leben, wobei es durch den ständigen Energiefluss zur Transformation kommt. Deswegen lassen wir einen mumifizierten Körper vor seiner Beisetzung in der Pyramide ruhen, damit er von ihren stabilisierenden Kräften durchdrungen wird. Aber das hat dir Adcem-Nut bereits erzählt.

Wie erbauen wir die Pyramiden?

Nun, eigentlich ist nichts voll und nichts leer. Von diesem Grundsatz ausgehend erstellen wir im Geist die gewünschte Form – die Pyramide – in Proportionen, die wir aus kosmischer Wahrnehmung und kosmischem Wissen beziehen und von geistig festgelegten Punkten aus perspektivisch erkennen. Dann suchen wir den Ort aus, wo sie nach astronomischen Gesichtspunkten erbaut werden soll. Dabei handelt es sich sowohl um innere wie äußere Gegebenheiten, denn sie entstammen der doppelten Projektion des Weltalls, die durch die menschliche Konditionierung führt und irdische Bezugspunkte zur Orientierung braucht. Es verhält sich wie beim Baum mit seinen erdwärts nach innen gewandten Wurzeln und dem äußeren, kosmischen Stamm und den Ästen.

Die menschliche Bemühung verbindet sich nun mit der göttlichen Macht wie folgt: Ist die Pyramide visualisiert und ein Ort für sie gefunden, wird sie in zwei Stadien realisiert, die mit der Schwangerschaft und der Geburt vergleichbar sind. Doch zunächst findet die Zeugung statt, indem die Priester sich in hohe Schwingungen versetzen und mit der göttlichen Macht verbinden. Sie empfangen deren kosmische Energien und erstellen im Geiste damit eine zweite Pyramide um die zu erbauende. Diese ist siebenmal größer als die endgültige, hat jedoch genau dieselben Proportionen. Sie wirkt wie ein imaginärer Brutkasten, in dem die Energien der echten Pyramide während der Schwangerschaft ernährt werden. Die Priester erbauen also die größere Pyramide anhand ihrer Kenntnis der kosmischen Energien. Innerhalb dieses energetischen Rahmens ist die

Schwerkraft zum Teil aufgehoben, und das macht es möglich, die schweren, für den Bau der Pyramide benötigten Steinquader mit Leichtigkeit zu heben.

Die Hauptsache dabei ist somit die vorgestellte Pyramide, welche durch Erzeugen einer Leere in ihrem Inneren das Erbauen der physischen Pyramide gestattet. Das Problem ist nun nur noch ein logistisches, da die Steine innerhalb dieses Raumes zwar nicht mehr so schwer, aber immer noch sehr groß sind. Der Transport aus den Steinbrüchen findet auf geölten, mit Sand abgestützten Gleisen unter geistiger Unterstützung der Priester statt. Die Gleise führen bis in die vorgestellte Pyramide hinein und werden während des Baus nach Bedarf weiter verlegt. Die Pyramide wird ›geboren‹, wenn die Priester ihre geistigen Kräfte ein zweites Mal anwenden und diesmal dazu einsetzen, die Energiekonstruktion aufzuheben und zu zerstreuen. Die fertiggestellte Pyramide ist nun zum ersten Mal der Schwerkraft ausgesetzt, und alle ihre Teile setzen und fügen sich perfekt ineinander. Neu geboren, ist sie nun für ihr Leben als irdisches und göttliches Wesen bereit.«

Nebdukhem unterbricht sich und fragt: »War das klar? Es sind ja vielleicht doch neue Vorstellungen für dich.«

»Ja, es ist völlig klar«, danke ich ihm.

»Jetzt möchte ich dir gern erzählen, welche Bäume uns am liebsten sind und den größten Nutzen bringen. – Der erste unter den Bäumen ist die Palme. Sie streckt ihre Wedel wie Hände in den Himmel, die einen entschwindenden Geliebten umarmen wollen. Sie verzehrt sich in ewiger Sehnsucht und sammelt, selbst bescheiden, ihre Energien,

um sie ihren Kindern – den Datteln – zu geben. Mit ihrer
nährenden Liebe reich beschenkt, zehren diese von Luft
und Sonne. Diese himmlischen Früchte sind der goldene,
saftige erste und letzte Kuss jedes Ägypters und fester Bestandteil unserer Ernährung. Zusammen mit Honig, zerstampftem Getreide, Sauermilch und unseren viel geliebten
Pistazien sind sie das Geheimnis der Langlebigkeit unserer
Priester. Aus Datteln machen wir auch den Likör Phri, der
ein wahrer Göttertrunk ist. Manchmal mischen wir ihn mit
etwas Jasmin-, Zitronen- oder Bergamottessenz. Wertvoll
ist die Mischung von Datteln und Mandelöl zur Massage
von Füßen, Nägeln und Haar, und außerdem ist sie ein
vielgepriesener Bestandteil zahlreicher Schönheitsrezeptu-
ren. Die fasrige Rinde der Palme, mit Leim und Harz ver-
stampft, ergibt einen auf vielerlei Arten verwendeten Brei.
Unsere Kopfbedeckungen werden beispielsweise daraus gemacht. Der Brei wird erhitzt, in Formen gepresst und danach in Teer, Kreide oder Goldstaub getaucht. Auch
Schachteln und andere Behälter werden daraus geformt,
oder er wird für Möbel, zum Beispiel für Betten, verwendet.

»Wie schade, dass wir dieses Material nicht kennen«, sage ich.

Nebdukhem fährt fort: »Für uns ist es ein sehr einfaches
Material. Bei den Angehörigen der oberen Klassen werden
Kopfbedeckungen und Kleider mit dem Leichnam verbrannt. Die Schachteln aus dem Material verwenden wir,
um neue Ingredienzen und Samen aufzubewahren und zu
katalogisieren, die wir von den Expeditionen in fremde
Länder mitbringen. Dafür ist es ein wunderbares Material,

weil es trocken und sauber, leicht und somit einfach zu transportieren ist. Das Holz der Palme ist sehr faserig, aber schön, und man kann es polieren. Es sieht wie Walnussschale aus. Wir verwenden es gerne als polierte, in Pech eingelassene Bodenplatten. Es isoliert gut und ersetzt in vornehmen Häusern die gestampfte Erde. Mit den Palmwedeln decken wir Dächer, oder sie werden mit Lehm vermischt und für Wände verwendet und bemalt. Auch in den Häusern der Ärmeren werden die Wände farbig gestaltet. Farbe ist Leben, und das Haus des Ägypters strahlt Fröhlichkeit aus.

Für uns sind die Bäume wie Sterne der Erde, Sterne, die uns Schatten spenden, während die Sterne am Himmel Licht spenden. Bäume sind unsere schattigen Bezugspunkte auf Erden. Ein Baum beschreibt einen Ort, einen geographischen Punkt, und steht vielfach in der Mitte unserer Höfe. Fast immer pflanzen die Ägypter einen schönen Baum vor ihr Haus, mit Vorliebe eine Pharaonenfeige, weil sie wunderbar Schatten spendet. Der Baum ist jedoch hauptsächlich der Ort, um den sich das Familienleben konzentriert. In seinem Schatten setzen sich die Bewohner auch zum Nachdenken; er ist ein Symbol ihrer Kultur, ihre Zuflucht und Wohnstatt der Ahnen, die in der Nähe ihrer Nachkommen bleiben und ihnen ihr Wissen übermitteln.

Die Pharaonenfeige ist der Baum der Überlieferung, der Vorfahren, sie ist ein mystischer Baum. Diesen Baum fällen wir nie, wenn er nicht abgestorben ist, sondern pflegen ihn sorgfältig, als liebte man in ihm die eigene Familie und schützte diese. Unter ihm kommen wir zusammen. Die

Ägypter schätzen Natur und Bäume, auch wenn es leider nicht viele davon gibt. Junge Paare pflanzen gewöhnlich einen jungen Baum beim Bau ihres Hauses. Der Baum altert mit ihnen und erzählt die Geschichte ihrer Ehe. Auch in den Häusern der Ärmeren gibt es immer einen Innenhof mit einem Baum, unter dem Kinder und Tiere Zuflucht finden.

Der Baum stellt die ständige Erneuerung heiliger Kräfte dar. Seine senkrechte Energie regeneriert sich laufend. Er ist wie die sich in der Natur aufrichtende Manneskraft, wachsam und Schatten spendend und streut die befruchtenden Samen auf die Erde aus.

Die Zeder wird bei uns ebenfalls hoch geschätzt. Sie ist kein so heiliger Baum wie die Pharaonenfeige, stellt aber dennoch die der Erde entspringende Lebensenergie dar. Sie ist ein männlicher, harter und duftender Baum und erfüllt unser Volk mit Stolz und Bewunderung. Sie ist sehr wertvoll und wird nur für Möbel und Gegenstände von Qualität verwendet. Mit dem Ebenholz, der Zypresse und Thuja, die aus benachbarten Ländern eingeführt werden, ist sie die Königin der Hölzer. Im ersten Stadium der Mumifizierung lassen wir den Körper auf Zedernholz austrocknen, weil es seine Zersetzung verhindert. Das Harz wird mit dem anderer Hölzer zur letzten Behandlung des mumifizierten Körpers eingesetzt. In der Regel werden Harze zum Versiegeln, Füllen und Leimen verwendet.

Das Holz der Thuja, ebenso wie das von Zypresse und Zeder, hat stark konservierende Eigenschaften. Betten werden mit Vorliebe aus Thujaholz gefertigt. Die Ägypter glauben, jede darin verbrachte Stunde werde dem Leben hinzugefügt. Die Thuja wird nicht nur ihres Wohlgeruchs wegen geschätzt, sondern regt auch die Schilddrüse und ganz allgemein die Drüsen an. Zudem wird sie gegen Geschwülste verwendet.

Dann gibt es eine ziemlich kleine, buschige Pinienart bei uns, die etwas dem Wacholder gleicht. Davon verwenden wir hauptsächlich das Harz und die grünen Zapfen für Arzneien.

Gemeinsam mit Palme, Feigen-, Mandel- und Pistazienbaum bildet der Olivenbaum den Reichtum des Landes. Seine Oliven sind klein, aber ausgezeichnet, und wir lieben sie auf Myrtenholzkohle geröstet. Mit Fenchel und Knoblauch gewürzt, essen wir sie mit Brot. Olivenöl wird häufig zum Kochen verwendet, aber auch für vielerlei Behandlungen und Massagen. Die leichten Feldbetten für Patienten werden mit Olivenzweigen bedeckt. Sie ziehen alles Negative an und sind mit Schaffell zusammen das beste und schnellste Heilmittel bei offenen Wunden. Die Rinde des Olivenbaums wird aus hygienischen Gründen auf den Fußboden der Operationsräume gestreut.

Ein weiterer Liebling ist der Feigenbaum, von dem wir zahlreiche Arten mit fleischigen Früchten kennen. Sein Holz ist biegsam wie das des Lorbeerbaums und zum Erbauen leichter Konstruktionen und Gerüste sehr nützlich. Die Feigen nehmen wie die Datteln einen besonderen Platz in unserer Küche ein. Ich selbst mag sie am liebsten reif und noch sonnenwarm. Sie sind eine wahrhaft köstliche Frucht, mit der wir auch zahlreiche Krankheiten behandeln, wie dir Sumhat schon sagte.«

Nebdukhem nimmt seine Ausführungen als Baumeister wieder auf: »Wie du weißt, bin ich für die Auftragserteilung und Überwachung von Kunstwerken für den Tempel, das ägyptische Volk und den Pharao verantwortlich. Darüber möchte ich dir jetzt berichten. Was ist Schönheit für Ägypter, und nach welchen Regeln wird sie definiert?

Für uns gehen Schönheit und Erhabenheit bei einem Kunstwerk Hand in Hand, sogar bei kleinen Ausmaßen. Schönheit ist Proportion, Raum und Feinheit, doch auch Gefühl, Anregung und Begeisterung. Welches ist die ästhetische Sprache der Ägypter? Womit wecken wir das Interesse? Die drei wesentlichen Komponenten für ein vollendetes, aussagekräftiges Kunstwerk sind Magie, Energie und Geheimnis. Der ägyptische Künstler bringt etwas Harmonisches, Reines, Strenges und Vornehmes hervor. Affektiertes und Ungeschliffenes ist verpönt. Der inspirierte Künstler widmet sich einer nie endenden Synthese. Er ist Vermittler zwischen Natur und Kunst. Die Energie umgibt ihn mit gigantischer Motivation und unterstützt ihn mit unerschöpflicher Kraft. Unablässig strebt er nach Verschmelzung mit seinem Werk und vervollkommnet es mit Liebe. Er ist der fanatische Erfinder neuer Gleichgewichte, geht ganz in seiner Arbeit auf und opfert ihr alles. Er ruft Gottes Hilfe an, ihm magische Kräfte zu verleihen. Der Künstler und sein Geschöpf sind in einem gemeinsamen Schicksal miteinander verbunden, das beide unsterblich macht. Er schenkt ihm seine gesamte Konzentration, Lebenskraft und Inspiration. Er vergeht in ihm und wird in einer ihn verschlingenden neuen Welt in ihm wiedergeboren. Das ist Kunst für uns: Streben nach Erhabenem, Inspiration durch das Erhabene und die segnende Gnade, die den Auserwählten zuteil wird.

Die Rollen des Künstlers und des Kunsthandwerkers hängen bei uns zusammen. Beide gehören einer hoch angesehenen Klasse an. Sie bilden mit dem Militär und den Schreibern eine mittlere Schicht, die ihr als Mittelstand bezeichnen würdet. Auch wenn sich ihr Lebensstandard nicht mit dem der Priester vergleichen lässt, ist er in der Regel dennoch sehr viel höher als derjenige der Bauern und Arbeiter. Gewisse Facharbeiter, etwa solche, die beim Bau von Pyramiden und Monumenten mithelfen, werden als Kunsthandwerker eingestuft. Die Werkstätten der Künstler und Kunsthandwerker befinden sich meistens in Tempelnähe. Gibt ein Priester ein Kunstwerk, einen Gegenstand oder ein Möbelstück in Auftrag, macht er dem Künstler genaue und detaillierte Angaben. Er nennt ihm seine Idee, sucht die Materialien aus, prüft den Entwurf und die Proportionen. Offizielle oder große Aufträge wie Tempel, dessen Ausstattung oder andere Monumente werden von den Hohepriestern oder dem Pharao geplant. Für jede Arbeit gibt es Spezialisten, etwa Kunsttischler, Goldschmiede und Stuckateure. Wir erachten keine Kunstform höher als die andere. Der Künstler, dem ein Meisterwerk gelungen ist, wird oft mit der ersten Ausbildungsstufe zum Priester belohnt. Das ist eine hoch begehrte Anerkennung und Ehre. Der Künstler wird teilweise eingeweiht und erreicht damit auch gleich ein höheres Niveau.

Manche Künstler erfreuen sich einer großen Beliebtheit,

was ihrer gesamten Familie zugute kommt. Sie werden ausgezeichnet und gehören nicht mehr zur Masse der Arbeiter. Die Priester kümmern sich persönlich darum, dass begabte junge Leute von den besten Künstlern ausgebildet werden. Die Klasse der Künstler ist die Grundlage unserer Kultur. Vielfach stammen sie aus alten Familien. Kunsthandwerker und Künstler sind häufig medial begabte und inspirierte Übermittler der Botschaften, die sie durch ihre Kunstwerke weitergeben wollen. Sie sind sich bewusst, Schöpfer einer Kunst zu sein, die zum Gipfel menschlichen Könnens gehört. Von einer weitblickenden, feinsinnigen Kultur durchdrungen, widmen sie ihre Kraft hingebungsvoll ihrer Berufung.«

Mit strahlendem Lächeln hebt mein Freund wieder an: »Kunst ist vollkommene Liebe. Die Liebe, die in einem Kunstwerk steckt, strahlt ständig Leben spendende Impulse aus. Kunst setzt das Leben fort. Durch sie bricht das Talent des Menschen hervor. Die zeitlose Qualität unserer Kunstwerke ist gewollt, weil wir damit unserem Wunsch, ein Geheimnis zu offenbaren, deutlich Ausdruck verleihen. Es ist ein Geheimnis, an dem wir diejenigen teilhaben lassen wollen, die wie wir mit anderen über die Kunst in Verbindung treten wollen. Wir übermitteln eine kraftvolle Botschaft, damit sich unsere Gefühle mit den euren vermischen. Deswegen möchte ich dir auch etwas über die Wichtigkeit der Wahl der Farben, Materialien und über die Stellung der abgebildeten Figuren erzählen.

In unseren Kunstwerken sieht man das Auge immer von vorne. Es folgt dem Betrachter. Es meidet dich nie, sondern erinnert dich daran, dass wir uns des Wissens um das Richtige gewiss sind. Wir haben die Perspektive um einer stärkeren Wirkung willen ausgeschaltet. Der Blick ist wachsam. Er lässt den Sucher nicht im Stich. Er übermittelt tiefinnerste Leidenschaften und Wünsche. Dank seinem göttlichen Ursprung erforscht er die Unendlichkeit und verliert sich darin. Unser Auge ist ehrlich und treu. Es teilt mit und hört zu. Das von vorne gesehene Auge mit dem Kopf im Profil, der von vorne gesehene Rumpf und die wiederum seitlich abgebildeten Beine entsprechen der ägyptischen Suche nach Vollkommenheit, einer Ästhetik ohne jede Oberflächlichkeit und der auf das Wesentliche beschränkten Harmonie einer neuen Realität. Die Kunst beschreibt die Erhabenheit und Kraft der ägyptischen Ambition, sich von materiellen Gegebenheiten zu lösen. Ihre übernatürliche Kraft zielt auf die reinste Form der Schönheit ab. Offene, parallel zum Körper dargestellte Hände zeigen an, dass etwas Wunderbares im Gange ist. Etwas findet statt, das staunend betrachtet wird. Liegen die Hände auf den Knien, sind sie Symbol von Macht und Hoheit. Sind die Arme über der Brust verschränkt mit einem Symbol der Macht in Händen – etwa einem Zepter –, bedeutet dies, dass der Betreffende der Königsfamilie angehört und daher vornehmer Herkunft ist, was Entscheidungskraft, Willensstärke und Führungsqualitäten voraussetzt.

Hängen die Arme an den Seiten des Körpers herab, ist dies ein Anzeichen für Natürlichkeit, das Akzeptieren der eigenen Rolle und Gelassenheit. Sind die Hände mit den Handflächen nach oben abgebildet, wird eine Gabe dargeboten, sind sie auf den Kopf eines anderen gelegt, bedeutet es Schutz. Wir berühren den Nacken und küssen den Scheitel als Zeichen der Zuneigung. Damit drücken wir aus, dass wir am Gefühlsleben und Geist des geliebten Menschen Anteil nehmen. Wir wachen über seine Gedanken und verteidigen ihn. Die Hand auf der Schulter eines Menschen bedeutet Hingabe und Zärtlichkeit. Die Art des Schreitens sowie das in Händen Gehaltene beschreiben die jeweilige Aufgabe im Leben. So können wir eine religiöse Geste, eine Kriegshandlung oder ein Jagdvorhaben ausdrücken. Ein sitzender Mensch ist stark, fest und entschlossen. Macht wird in sitzender Stellung ausgeübt. Im Stehen hingegen nimmt die Macht eine geistige, aktive und willensstarke Note an.«

Wir sitzen noch unter den Palmen. Nebdukhem drückt sich klar und präzise aus. Ihm zuzuhören ist sehr entspannend. Sein Kopf und Körper haben etwas Statisches an sich, das dennoch eine Kraft zu bergen scheint, die nur darauf wartet, entfesselt zu werden. Still und ausdrucksvoll sitzt er wie ein lebendiges Standbild neben mir. Dann neigt er sich mir verführerisch zu und fragt: »Sollen wir etwas essen?«

»Das wäre schön«, stimme ich zu.

Da kommt gerade ein junges, charmantes, schüchtern wirkendes Mädchen mit taufrischer Haut herbei.

Nebdukhem stellt sie vor: »Das ist Opceft. Sie ist eine Künstlerin unter den jungen Priesterinnen. Sie stellt wunderschöne Schmuckstücke und Objekte her.«

»Nebdukhem ist mein Lehrer«, fügt Opceft hinzu, »er hat mir alles beigebracht. Ich hole euch jetzt einige Speisen, die man für euch vorbereitet hat. Sie sollten fertig sein.«

Anmutig eilt sie davon und kommt kurz darauf in Begleitung eines jungen Mannes wieder. Sie stellen zwei kleine Tischchen jeweils links neben uns. Es ist hier Sitte, nur mit der linken Hand zu essen und eine Fingerschale zu benutzen. Man genießt das Essen langsam und mit graziösen Bewegungen. Heute besteht das ganze köstliche Menü aus hervorragend zubereiteten Feigen, Datteln und Pistazien. Dazu gibt es Bier. Allerdings trinke ich lieber den geharzten Wein mit Wasser. Die Ägypter trinken jeweils kleine Schlückchen zwischen den Gängen. Alkoholische Getränke werden meist erst nach Sonnenuntergang und nie auf leeren Magen serviert.

Nebdukhem führt dazu aus: »Alkohol ist nicht für die Armen, sondern fast ausschließlich den Reichen vorbehalten. Nur Händler trinken viel. Bei Geschäftsabschlüssen essen sie zusammen und trinken Alkohol dazu. Der ägyptische Wein wird aus gegorenen Trauben gemacht, dem Honig, Harze, Feigen und andere Trockenfrüchte beigefügt werden. Er ist stark und süß und wird fast immer mit Wasser verdünnt getrunken. Manchmal wird er mit Kräutern gewürzt.«

Ein angenehmes Lüftchen weht, doch plötzlich hört es auf, und es beginnt zu regnen. Wir gehen trotzdem in den astronomischen Tagesgarten. Auf einmal ist ein doppelter Regenbogen zu sehen, der sich über alle Tempelgärten wölbt. Der grüne, frische Garten ist prachtvoll. Mehrere Männer bereiten das Abendbankett vor. Nebdukhem pflückt ein paar winzige, dunkelrote Bananen, die unbeschreiblich gut schmecken. Während ich eine dieser köstlichen Früchte genieße, taucht plötzlich ein Krokodil auf. Ich schnappe vor Schreck nach Luft. Nebdukhem lacht. Erstarrt sehe ich, wie sich das Tier uns zwischen den Blättern nähert.

»Keine Sorge«, tröstet mein Freund, »es tut dir nichts. Die Jungen binden es hier an, damit es Mäuse und anderes frisst. Es ist ein lebender Abfalleimer.«

»Wie grässlich! Du hättest mich warnen sollen«, schmolle ich.

»Ich habe nicht daran gedacht. Wir wissen, dass es alt ist und keine Zähne mehr hat, und außerdem ist es angebunden. Es tut mir Leid. Ich habe es wirklich vergessen.«

Ich erhole mich von meinem Schrecken, schlucke die Banane vollends hinunter und setze mich, noch immer etwas zittrig, auf den Stumpf einer Palme, die als Bank dient. Dieser grandiose Garten macht einen orientalischen und futuristischen Eindruck zugleich. Das Becken mit der Sonne in der Mitte und die anderen Becken mit den verschiedenen Planeten, die wie Skulpturen daraus emporragen, sind faszinierend. Jeder einzelne Tempelgarten ist auf seine Weise geheimnisvoll und packend.

Inzwischen hat es aufgehört zu regnen. Nebdukhem hat sich wieder neben mich gesetzt und fährt fort: »Auf ägyptischen Wandmalereien sieht man meistens eine Figur, die nach dem Tod oder einem wichtigen Ereignis eine andere Farbe bekommt. Die Farbe beschreibt die innere Wandlung, wobei äußere Erscheinung und Kern sich gleich bleiben. Das individuelle Wesen durchläuft eine Entwicklung, die farblich hervorgehoben wird, weil sie von großer Tragweite ist. Dadurch wird der alchemistische Übergang zwischen einem bestimmten Seelenzustand und dem nächsten angezeigt. Nicht die Zeit verändert den Menschen, sondern der Mensch wandelt sich fortlaufend selbst. Die Lebendigkeit eines Kunstwerks entspringt dieser steten schöpferischen Mutation und ist nicht durch einen ästhetischen Konformismus gebunden. Die Farben haben Symbolwert.

Blau ist bei uns die Farbe des Wissens, des Weltalls und der Wissenschaft im Reinzustand, nicht in demjenigen, den der menschliche Verstand hervorbringt. Blau entzieht sich uns. Es ist unergründlich. Es verliert sich im Unbekannten und taucht unbekümmert in Tiefen, in die wir ihm nicht nachfolgen können. Es rüttelt uns aus geistiger Trägheit auf. Es beschwört Träume herauf, zeigt das Unerreichbare an, macht uns eine faszinierende Wirklichkeit bewusst, deren schwindelerregende Kraft jenseits unserer Möglichkeiten liegt.

Grün ist zugänglicher und wenig herausfordernd. Grün passt zu jemandem, der an sich gearbeitet hat und dank seiner Weisheit eine Wandlung bewirkt hat. Es ist Geisteskraft, der Treibstoff der Gedanken und der Kommunikation. Grün ist die Farbe der Medizin, Geburt und Magie, der alchemistische Saft okkulten Wissens. Es gehört zu edel gesinnten, hochstehenden Wesen, die nicht infolge von Überheblichkeit, sondern dank ihrer Qualitäten so weit gekommen sind. Grün ist die Evolution dank großer Erfahrung, die Wissen und Weisheit beschert. Es ist die esoterische Farbe der zahlreichen Eigenschaften des dritten Auges, die mächtige Mittlerin zwischen Willen und Tat. Grün ist die unreife Liebe, die Frucht eines noch nicht formulierten Wunsches. Grün ist der fruchtbare Nil, der sich durch unser Land zieht, manchmal lebenslustig und jung, dann wieder alt und melancholisch.

Schwarz ist kreativ, geheimnisvoll, urzeitlich, ungeäußert. Vielgesichtig und unbeständig stellt es Vertrauen und Stärke mit allen Zweifeln, die es in uns aufkommen lässt, auf die Probe. Es umfängt uns gigantisch und seiner gefährlichen Macht bewusst. In ihm wurzeln die Erinnerungen, in denen wir eine unruhige Zuflucht suchen. Chaotisch und sich selbst erneuernd fasziniert es mit unerschöpflichen fantastischen Schätzen. Mit seinem gewaltigen Einfallsreichtum voll Zauber und Wissen entrückt es uns bis zur Ekstase. Es entreißt uns der Monotonie und weiht uns in atemberaubende Abenteuer ein. Mit ihm werden wir von unbezwingbaren Leidenschaften mitgerissen und verzehren uns voller Sehnsucht und Angst. Auf ewig beschwört es die Seligkeit der mütterlichen Gebärmutter herauf und nährt uns mit seiner dunklen Kraft. Schwarz ist unsterblich wie Weiß. Es sind die zwei entgegengesetzten Seiten desselben Impulses, gegenteilige Energien, vom selben Willen erzeugt.

Weiß steigt rein, leuchtend und flüchtig empor. Heroisch opfert es sich, um uns zu weichen. Mit philosophischer Ruhe wartet es geduldig auf uns. Weiß ist ständige Aufmerksamkeit und Einsicht. Es hat alle anderen Farben sublimiert und sie von allen Schlacken befreit. Weiß ist ein Wesen, das Vollkommenheit erlangt hat und, wieder vereint mit seinem Gott, nun sein Lob singt. Weiß ist auf leichten Schwingen dahinfliegende Freiheit, nach der wir greifen,

um Gehör zu finden. Wir streben danach, mit seinem per-
lenden Lachen zur wohl erinnerten jungfräulichen Reinheit
zurückzukehren. Durch Offenbarung werden wir wieder im
Licht geboren, von ihm aufgelöst, verklärt und neu erschaffen. Sein wohltuender Tau erneuert uns ständig, und mit
unermüdlicher Ausdauer feilt es unsere Unebenheiten aus.

Doch nun zum lebhaften Gelb. Es wirbelt uns in ausge-
lassenem Tanz davon und führt uns exzentrisch in eine
blendende Welt. Es überwältigt uns, großartig und wahr,
mit seinem Leuchten. Ungläubig folgen wir seinem Glanz.
Gelb ist königlich in seinen goldenen Gewändern. Reich
und vornehm urteilt es gerecht und wohlwollend. Gelb lädt
uns in seine üppige Wohnstatt ein, umfängt uns mit der
Wärme seiner tröstlichen Musik. Edel ist sein Herz, unendlich seine Großzügigkeit, kraftvoll sein Reiz, eindrück-
lich seine Würde, und seine Liebe endet nie.

Rot stürzt heftig herbei, lechzt nach uns, ein leidenschaftlicher Liebhaber mit überschwänglicher Potenz. Es
will uns sofort ohne Aufschub verzehren. Unser verletztes
Herz blutet. Wie ein unersättlicher Vampir zehrt es uns aus,
tötet uns und lässt uns gedankenlos liegen. Es ist ein
schrecklicher Tyrann, der wie ein Geier seinen Opfern auflauert. Rot ist grausam, schmerzhaft, aber auch menschlich.
Es ist das Feuer, das unser Herz ein Leben lang verzehrt.
Ungestüme Liebe, Stammesfeste, wilde Jagden, sie alle verkörpert das tyrannische Rot.

Orange und Braun sind die beständige Erde. Sicher, positiv und friedlich beruhigt uns die Erde in sich wiederho-
lendem Ablauf. Sie begleitet uns wie ein echter Freund und

ist eine fruchtbare Quelle, die Wünsche erfüllt. Sie hat die Farbe von Datteln und des ägyptischen Volkes, ist Nahrung und Stärke der Tradition. Die Dattel ist köstlich und süß. Sie ergänzt und ersetzt die Muttermilch. Die ägyptische Rasse ist stark, und groß ist ihr Land.

Indigo und Violett halten sich bei der Hand, beide Brüder von Blau. Indigo ist kalt und genau, Violett theatralisch und schmerzhaft. Sie vermischen sich im Regenbogen, und die Ägypter denken kaum an sie.

Um dir die Farben verständlich zu machen, sollte ich dir mehr darüber erzählen, wie wir sie einsetzen.

Grün ist die Farbe der Natur in ihrer reinsten Form. Es ist das Sonnenlicht, das sich im Wasser und auf der Erde spiegelt; damit stellt es die drei Elemente dar. Der Nil ist grün. Horus wird in dem Moment, in dem er von Isis erschaffen wird, meistens grün dargestellt. Grün ist zudem die Knospe, die sich wiederum aus den drei Elementen Sonne, Erde und Wasser zusammensetzt.

Blau ist das Weltall. Es symbolisiert alles, was sich vom Irdischen zum Kosmischen entwickelt hat. Hellblau ist der Himmel am Tag und der Gedanke. Dunkelblau ist der Nachthimmel, die Tiefe des Forschens und der Weitblick des Unbewussten. Alles, was dem Geist knifflig und problematisch erscheint, ist dunkelblau. Zugleich zeigt es an, dass es eine Lösung gibt und sie nahe ist. Was bedeutet eine Sternennacht? Sie ist die Lösung vieler Fragen. Der Stern ist die Frage, das Sternbild eine Ansammlung davon. Der Stern fragt, der Sternenschweif trägt die Frage ins Weltall, die Antwort birgt der dunkle Nachthimmel.

Dunkelblau ist die Farbe der abstrakten wissenschaft-lichen Frage, Grün hingegen die Farbe des praktischen wissenschaftlichen Problems, das mit der Erde zusammen-hängt.

Gelb ist, wie wir alle wissen, die Farbe der Sonne. Daher ist es die Farbe des Osiris, wenn er zu Horus wird. Es ist eine männliche Farbe, denn bei uns ist die Sonne ein Mann. Das Attribut der Männlichkeit ist Gelb. Gelb ist die Farbe Gottes. Es ist die Kraft, die uns zur Entwicklung und Fort-bewegung zur Verfügung steht. Gelb ist dynamisch und ruht nie.

Blau ist sehr viel statischer. Grün bewegt sich langsam und verändert sich ständig. Gelb ist explosiv. Es ist positiv und hat keine dunklen Seiten.

Weiß hingegen bewegt sich wieder ganz langsam. Es ist die Farbe kultureller Wandlung. Es ist die Farbe des Steins, unmerklicher Transmutation und langsamen Werdens. Es ist ein allmähliches Auferstehen, das Rad, das sich mühse-lig zur Vollendung hin dreht.

Weiß ist die Lieblingsfarbe der Ägypter. Es ist für Klei-der sehr beliebt, würdig und feierlich und ebenso schön für den Mann wie die Frau. Es ist eine neutrale, isolierende Farbe, die alles zerstreut und in sich vereint, die Farbe der Meditation und Gelassenheit.

Schwarz ist Bewegung und Chaos für uns. Osiris ist weiß, Horus gelb und Isis schwarz. Wie in einer Wellenbe-wegung wird das weibliche Schwarz neutral und weiß, da-nach gelb und männlich.

Osiris erkennt, dass er Mann ist, als er Horus' Vater

wird. Wie kann sich ein Mann seiner Männlichkeit bewusst sein, wenn er keine Frau vor sich hat? Die Frau schenkt dem Mann die Erkenntnis seiner Männlichkeit.

Rot ist eine zweideutige Farbe, eine Farbe, die sich aus schlechten und guten Eigenschaften zusammensetzt. Es weist auf die Schwächen des Menschen, seine Zweifel und Fehlbarkeit hin. Die jeweilige Bedeutung des Rot wird durch die daneben liegende Farbe angezeigt. Es könnte Violett sein, in dem Blau und Rot sich mischen, was so viel bedeutet, dass die Problemlösung noch nicht in Sicht und der Betreffende erdgebunden ist.

Violett ist eine irdische Farbe ohne einen spirituellen Beiklang, auch wenn wir es gerne zum Meditieren tragen. Es ist die Farbe dessen, was auf dem Entwicklungsweg abgelegt wird.

Braun ist die Farbe der ägyptischen Kultur, der Erde, des Fleisches. Arbeiter werden immer in dieser Farbe dargestellt. Es ist die Farbe der Handarbeit, ägyptischer Bräuche und des Alltags. Wird ein Pharao braun abgebildet, soll diejenige Seite seines Wesens betont werden, die ihn mit allen Ägyptern verbindet. Gewöhnlich zeigen die dunklen Erdfarben außer Schwarz alle an, dass etwas durch Bemühung erlangt wurde. Es ist die Frucht der Disziplin, die den launenhaften Impuls unterwirft. Den Arbeiter erwartet nach einem Leben harter Arbeit der Lohn des Friedens und der Gelassenheit.

Alle in Ägypten verwendeten Farben sind rein. Wir wollen alles klar darstellen, damit euch unsere Botschaft vollständig und ohne Missverständnisse erreicht.

Wie bei den Farben ist für uns auch die Wahl des Materials von großer Bedeutung. Stuck ist historisch gesehen ein wertvolles Material, und zwar deswegen, weil es aus drei Teilen besteht. Der eine absorbiert, der zweite ist fest, der dritte isoliert. Die Geschichte wird von äußeren Faktoren bestimmt, absorbiert sie und wird von ihnen durchtränkt; sie hat eine feste Seite, nämlich ihre Kontinuität auf Erden; und schließlich isoliert und bewahrt sie denjenigen Teil, der die Kultur ausmacht. Stuck beschreibt die Entwicklung der ägyptischen Kultur. Das ist ein wichtiger Hinweis. Gewöhnlich ist die Färbung der Stuckaturen von zweitrangiger Bedeutung. Meistens verwenden wir nur drei Hauptfarben. Das zeigt die Wiederholung an, die sich auch in der Geschichte zeigt. Die erste Farbe gehört zur Zivilisation und ist eine Gerade. Die zweite bedeutet die Geschichte und wird durch eine Wellenlinie dargestellt. Die dritte schließlich hebt das Besondere an der ägyptischen Kultur hervor und wird mit kleinen Pinselstrichen aufgetragen. Es ist ganz interessant, Stuckaturen aus diesem Gesichtswinkel zu betrachten. Beim Stuck gibt es Hoch- und Flachreliefs. Er ist somit nicht nur ein Mittel für das Auge, sondern man kann ihn berühren und seine Formen ertasten. Dadurch haben Stuckaturen mehr Bedeutung als die Malerei. Eine Freske übermittelt eine unmittelbare, einfache Botschaft für alle. Wer die Farben in unseren Gemälden mit einbezieht und sich mit deren Bedeutung beschäftigt, erkennt einen tieferen Sinn. Er findet unsere zeitlosen Vorstellungen darin. Stuck ist weich und formbar. Er erzählt zahllose Geschichten. Liebevoll befriedigt er unsere kindliche Neugier.

Seine Erzählung baut die ägyptische Überlieferung auf und schenkt der Nachwelt deren zeitlose Werte.

Wenn wir beeindrucken wollen, verwenden wir Stein. Damit sagen wir: ›Dies ist unsere Macht.‹ Stein ist denjenigen vorbehalten, die einer Darstellung in diesem Material würdig sind. Bei uns wie der Nachwelt ruft er bereits durch seine physische Anwesenheit Gefühle hervor. Er berührt die geheimsten Seiten im Menschen und spielt auf den tiefsten Saiten seiner Empfindsamkeit, ruft Leidenschaften und unkontrollierbare Reaktionen hervor. Er ist der Hauch der Herrlichkeit, die geflügelte Macht, die uns von Druck und innerster Last befreit. Er ist die Stimme der Dunkelheit, die ihre Autorität reglos über uns auftürmt.

Metall ist langlebig und haltbar. Wir schätzen es als Mittel zum Beweis unseres Geschicks. Es ist das Bindeglied zwischen uns und euch. Wir verwenden verschiedene Metalle, um euch mit unserem Reichtum und der Vielfalt unserer Fähigkeiten zu verblüffen. Alles, was es verdient, der Nachwelt vorgeführt zu werden, ist aus Metall. Wer in diesem Material dargestellt wird, wird geehrt und verherrlicht. Metall kann flüssig sein, lässt sich perfekt mit chirurgischem Geschick gravieren, wird heiß und kalt, und mit menschengleicher Umsicht dehnt es sich aus und zieht sich zusammen. Exakt und unbezähmbar gibt es schließlich der hämmernden Besessenheit menschlichen Ehrgeizes nach. Wertvoll und arrogant bietet es sich der Gier der unwissenden Nachkommen an, verächtlicher Richter solcher niederen Instinkte.

Ton ist nachgiebig, erdig und mütterlich, nützlich und

hilfreich bei des Menschen Bemühen. Geschmackvoll und einfach, bei jeder Gelegenheit zur Hand, gehört er zum Alltag und ägyptischem Brauch. Als Meister der Fügsamkeit lehrt er uns sanft, Gestalt anzunehmen und die rauen Kanten unseres Wesens zu glätten. Die Ägypter lieben ihn um seiner zerbrechlichen Schönheit willen. Er begleitet uns durch dick und dünn und ist uns ein ständiger Freund auf dem Weg. Nach dem Tod wacht er — als stolzer Zeuge unseres menschlichen Daseins — mit eifersüchtiger Zuneigung über unsere Eingeweide. Bemalt oder glasiert, wertvoll oder einfach, loyal, treu oder vornehm, ist er stets schön und natürlich.

Holz ist das Material, das für den Ägypter dem Menschen am ähnlichsten ist. Wie Ton ist es biegsam und stark und ein verlässlicher Freund. Wir verwenden es mit großer Sorgfalt für jeden Zweck, vom einfachsten bis zum erhabensten. Ägypten fehlt dieses Rohmaterial. Das edle, praktische Holz unterstützt uns wohlwollend mit Mut und Geschick. Wir lieben es und arbeiten mit großem Respekt damit. Holz ist Wohlgeruch für uns, denn unsere Hölzer sind vorwiegend wertvoll und aromatisch.«

Nebdukhem hält inne. Noch sind wir im astronomischen Tagesgarten. Dann meint er: »Bevor wir weitergehen, möchte ich dir noch sagen, woher unsere Liebe zur Sonne stammt.«

Die Ägypter sind Kinder der Isis, der Göttin der Dunkelheit und jenseitigen Welt. Wir sind Wesen verborgener, okkulter Kräfte und verbringen einen beträchtlichen Teil des Lebens damit, uns mit der geheimen inneren Seite unseres Wesens zu beschäftigen, um unsere Herkunft zu ergründen. Wir stammen von Mutter Isis, dem Mond, ab, aber unser Vater sind die Sonne Osiris und Horus. Wir verlassen den Schatten der Isis, um ihm, unserem erleuchteten Mentor, zu folgen, der uns bei diesem irdischen Abenteuer geleitet, bis seine Strahlen uns ausgebrannt haben. Er verleiht uns seine hoch geschätzte Macht, um uns zu erheben und uns ihm zu nähern. Für uns Kinder der Isis steht die untergehende Sonne unter unseren Füßen, von Isis geschützt. Es ist die befruchtende Sonne, die unser Wissen über die Wurzeln nährt. Und am Ende des Sonnendaseins verleiht sie uns Weisheit.

Die Sonne ist nicht Oberflächlichkeit, Leichtsinn und Überheblichkeit. Die drei Sonnen des Ägypters bewirken die Evolution und vermehren sein Wissen auf dem Pfad der Erleuchtung, von den Schatten des Mondes bis hin zur untergehenden Sonne.

Die Mittagssonne, die Sonne des Horus, beherrscht das Sonnengeflecht. Sie bringt unser Sonnenbewusstsein, die schöpferische, zeugende Seite unseres Wesens zum Vorschein. Sie erfüllt uns mit der Wahrnehmung der Gegenwart und lässt uns dynamisch und willensstark werden. Die Sonne des Horus ist die Frucht, die den Samen neuen Lebens in sich birgt. Sie entspringt der Verbindung der beiden zusammenwirkenden Energien von Isis und Osiris. Sie selbst regenerieren sich in der großen Sonne vollkommener Liebe, des weisen, dynamischen, weitsichtigen Horus.

Die aufgehende Sonne gehört zu Osiris. Sie bestrahlt unseren Kopf und beherrscht unseren Geist. Sie läutert die

Wissenschaft und verwandelt sie in Weisheit. Geistige Arbeit macht uns autonom und der irdischen Realität bewusst. Dank ihr können wir Gedanken und den eigenen Willen manifestieren sowie durch Vergeistigung unseren Platz als erleuchtete, aktive Menschen einnehmen. Der Strahlenkörper — die Aura — wird durch die drei Sonnen verliehen. Sie nähren uns, strahlen in und durch uns in die ewige Unendlichkeit.

Wir bestehen aus diesen drei untrennbaren Energien und entwickeln uns stetig durch die uns befruchtende, läuternde Sonne. Sie verleiht uns die Kraft, zu lieben und in Herrlichkeit fortzuschreiten, bis zu der Zeit, in der wir in die sanften Arme unserer Mutter Mond zurückkehren. Sie wartet auf uns. Jede Nacht umgibt und nährt sie uns mit ihrem Traumreichtum, der uns an den eigenen Ursprung erinnert.«

Eine Libelle umflattert uns. Sie hat einen sehr großen, bläulichen Körper, und ihre leuchtenden Flügel schillern in allen Regenbogenfarben. Nebdukhem sagt: »Die Libelle ist ein faszinierendes Wesen für den Ägypter. Sie durchläuft sieben oder mehr Entwicklungsstadien. Daher ist sie für uns das Symbol eines hochstehenden Geistes, der sich in ständiger Wandlung befindet. Wir Priester ehren sie sehr, ebenso wie den Skarabäus.«

»Mir ist sie auch lieber als euer Krokodil«, sage ich.

Nebdukhem lacht und lässt seine schönen Zähne blitzen. Einige Knaben sind auf die Palmen geklettert, um Datteln zu sammeln. Einer von ihnen läuft herbei und bietet uns welche auf einem Blatt an.

»Vielen Dank, wie herrlich!«, rufe ich aus. Goldgelb und von der Sonne gewärmt schmecken sie wie Nektar. Ein anderer Schüler bringt den gewohnten starken, süßen Kräutertee.

Ich seufze: »Das haben wir wirklich gebraucht. Armer Nebdukhem, du hast lange geredet.«

Mein Freund reckt sich und meint: »Ich glaube nicht, dass dir jemand schon etwas über unser Militärwesen erzählt hat. Stimmt das?«

»Ja, richtig. Du siehst selbst wie ein Soldat aus.«

»Tatsächlich? Ich komme aus einer Militärfamilie, und mein Großvater war ein großer Soldat«, erwidert Nebdukhem und fährt fort:

»Wie ich schon sagte, die Soldaten sind eine hoch geachtete Klasse, die zahlreiche Privilegien genießt, besonders wenn eine Familie eine ganze Reihe davon hervorbringt wie bei uns. Meine Brüder und viele andere Familienmitglieder sind hohe Offiziere. Deswegen genießen wir viele Vorzüge und Ehren. Hat sich ein Soldat ausgezeichnet, hat er das Recht, seine Frau sogar unter den Töchtern der Königsfamilie zu wählen. Ein tapferer Mann wird immer anerkannt und hoch geachtet. Unsere Offiziere sind geschickte Strategen, die ihre Beobachtungsgabe zum genauesten, scharfsinnigen Studium ihrer Feinde einsetzen. Sie versuchen, Stärken und Schwächen der Gegner auszumachen, um sie in raschen, entscheidenden Schlachten zu schlagen. Der Feind wird meistens überrascht, was uns zeitlich zum Vorteil gereicht. Die Soldaten schlafen in Zelten, manchmal auch nur unter einem pyramidenförmigen Gestell, unter welchem sie rasch wieder zu Kräften kommen und auch nach kürzesten Ruhepausen wieder frisch sind. Wir verfolgen keine Expansionspolitik. Wir wollen unser Land behalten, sind aber nicht daran interessiert, neue Gebiete zu erwerben. Wir sind von Natur aus eher Bewahrer als Eroberer. Unsere Kultur liegt uns sehr am Herzen, aber wir wollen sie niemandem aufzwingen. Wir wachen eifersüchtig über unsere Tradition, die von Generation zu Generation weitergegeben wird. Krieg ist somit nur eine Schutzmaßnahme und dient weder dem Angriff noch der Eroberung. Unsere Soldaten sind die Beschützer unserer Kultur und verdienen die entsprechenden Ehren.«

Nebdukhem steht auf und reicht mir die Hand:

»Komm«, sagt er, »gehen wir und ruhen noch eine Weile vor unserem gemeinsamen Abend aus.«

Wir gehen denselben Weg zurück, den wir am Morgen gekommen sind, und Nebdukhem verabschiedet sich vor meiner Zimmertür. Er legt mir die Hände auf die Schultern und küsst mich auf den Scheitel.

»Ich sehe dich nachher«, sagt er und schon ist er weg.

Anuphti erwartet mich mit einem Krug Wasser.

»Während du das trinkst, gebe ich dir eine Fußmassage«, schlägt sie vor.

»Großartige Idee, danke!«

Ich setze mich auf den Tisch, und Anuphti nimmt auf einem niedrigen Schemel davor Platz. Langsam trinke ich das Wasser, und sie behandelt meine Füße. Ihre starken Finger gleiten wohltuend und energiespendend darüber. Dann setzt sie sich neben mich und bittet mich, mich umzudrehen. Sie zupft an meinem Haar, dann kämmt sie es mit leicht gespreizten Fingern und zieht sanft an den Spitzen. Es ist überaus entspannend. Nach einer kleinen Weile taucht sie ihre Finger in Duftöl und reibt mir die Kopfhaut mit federleichten Bewegungen ein.

»Ich fühle mich wie neu geboren«, seufze ich, »danke, du kannst ja richtig zaubern.«

»Komm, lass uns in die Bäder gehen«, schlägt meine reizende Freundin vor.

Wir machen uns in Badetücher gehüllt zu unseren gewohnten Waschungen auf. Inzwischen fühle ich mich schon wie zu Hause und genieße es, die erhaltene Behandlung an anderen zu erproben. Ich werde zur Schönheitstherapeutin nach ägyptischer Manier. Das ist angenehm, unterhaltsam und erfrischend.

Wieder in meinem Zimmer, finden wir zwei Kleider auf meinem Bett. Sie sind hauchdünn und weiß, und daneben liegen je ein grüner und ein blauer, ganz leichter, ärmelloser Umhang, dazu zwei Perücken und zwei emaillierte Halsketten aus Gold und Lapislazuli. An der einen hängt eine Libelle, an der anderen ein Skarabäus. Anuphti taucht die Kleider in ein bereit gestelltes Wasserbecken und wringt sie auf ganz spezielle Art aus.

»Zieh es an«, fordert sie mich auf.

»Aber es ist nass!«

»Es trocknet sofort und nimmt dabei deine Körperform an. Dann passt es perfekt.«

Widerstrebend schlüpfe ich hinein, aber das Resultat ist umwerfend. Wir binden das Haar nach hinten. Anuphti reicht mir die Halskette mit der Libelle, wir setzen die Perücken auf, schminken einander und ziehen zuletzt die Umhänge über. Jetzt sind wir bereit. Ich komme mir vor, als wollte ich auf einen Maskenball gehen.

»Wir sehen prachtvoll aus, geradezu königlich«, kommentiere ich unser Aussehen. Zufrieden lacht Anuphti und meint: »Nebdukhem hat an alles gedacht. Er weiß, was er tut. Er ist ein Ästhet!«

Zwei Schüler erscheinen mit Fackeln, um uns in den astronomischen Tagesgarten zu begleiten. Alle sind um das mittlere Sonnenbecken versammelt, das mit Brettern, Binsenmatten und Sand bedeckt ist und als Bühne dient. Viele junge Männer beleuchten den ganzen Platz mit Fackeln. Meine Freunde heben sich völlig weiß gekleidet von allen ab. Nebdukhem hat eine raffinierte Frisur und trägt den üblichen hohen Hut dazu, aber meine anderen Freunde haben trapezförmige Kopfbedeckungen aufgesetzt, die ich zuvor noch nicht gesehen habe. Sie sehen aus wie Sphingen und bewegen sich mit raubtierhafter Anmut, majestätischen, ungewöhnlich aussehenden mythologischen Wesen gleich. Wir setzen uns um die eine Seite des Beckens, jeder mit dem kleinen Tischchen links neben seinem Stuhl. Als Hintergrund ist eine Binsenmatte aufgehängt, auf welche Schattenbilder mit Fackeln geworfen werden. Die erstaunlichsten Figuren folgen aufeinander und bilden faszinierende Spezialeffekte. Ich sitze zwischen Nebdukhem und Tehephron, dem Führer für den morgigen Tag. Das Essen wird aufgetragen. Der reizende kleine Rhampu kommt, um mich überaus wohl erzogen zu begrüßen, und setzt sich würdevoll unweit von uns hin. Nebdukhem bemerkt, dass ich mich umsehe, und fragt, wonach ich suche.

»Du hast nicht etwa dieses schreckliche Krokodil zum Abräumen der Reste eingeladen?«

»Keine Sorge. Man hat es weggeführt, und außerdem geht es gerne früh schlafen«, lächelt mein Freund.

Das Essen ist wie gewöhnlich ausgezeichnet. Es gibt eine Vielzahl von Fischgerichten, die alle überaus geschmackvoll zubereitet sind. Unterdessen haben Schauspieler die Bühne betreten – sie stellen die sieben Regenbogenfarben dar. Sie bewegen sich der jeweiligen Farbe entsprechend und summen die passenden Klänge dazu. Es ist eine ergreifende Aufführung, die uns völlig in ihren Bann zieht. Der kleine Rhampu sieht ehrfürchtig zu, und er ist nicht der Einzige. Die Farben werden hintereinander dargestellt und kommen am Schluss zusammen. Sie vereinen sich in einem Reigen sowohl übereinstimmender wie unterschiedlicher Tanzschritte, was erstaunlich harmonisch und lebendig wirkt.

Nach einer Pause treten neue Gestalten auf die Bühne. Diesmal stellen sie die Planeten mit der Sonne in ihrer Mitte dar und führen ungewöhnliche Bewegungen und Schritte aus. Jeder trägt eine sich leicht von den anderen unterscheidende, fantasievoll bildhafte Kopfbedeckung, sodass man sofort den jeweiligen Planeten erkennt. Die Sonne wird von einem kräftigen Mann dargestellt. Sein Kostüm besteht aus hunderten Stoffstreifen in Sonnenfarben, die im Lufthauch wie Strahlen aussehen. Er steht unbeweglich da und trägt eine riesige Kopfbedeckung mit unzähligen goldenen Spitzen. Insgesamt ist es ein grandioses, atemberaubend schönes Schauspiel, über das wir alle staunen wie Kinder. Nach langem Schweigen beglückwünsche ich den sichtlich erfreuten Nebdukhem zu seinem bemerkenswerten Einfallsreichtum und ausgezeichneten Geschmack.

»Und ich dachte, mir könnte es im alten Ägypten langweilig werden«, füge ich hinzu.

Tehephron

Tehephron ist Chirurg und Zahnarzt. Er stellt auch alle Instrumente, die er braucht, selber her. Seine Gesichtszüge sind die eines Adlers, und seine hell wirkenden Augen haben fast die Form eines Dreiecks. Er ist mager und hat einen wiegenden Gang. Sein dunkles Haar trägt er nach hinten mit dem in der Mitte geteilten Bart zusammengebunden. Seine Kopfbedeckung gleicht dem Dogenhut, nur ist er hinten höher und reich verziert. Er ist in eine pflaumenfarbene Tunika mit einem langen, innen wassergrünen, außen hell terracottafarbenen, ärmellosen Mantel gekleidet. Tehephron ist zurückhaltend, aber sehr aktiv und liebt seine Arbeit leidenschaftlich.

Sechster Ka

Tehephron – der Chirurg und Zahnarzt

Ich stehe vor dem Fenster und blicke in den Regen hinaus, als Anuphti mit unserem Frühstück hereinkommt.

»Was für ein Wetter!«, entfährt es mir.

Anuphti ist etwas nass geworden und trägt einen Strauß Rosen und Zitronenblüten im Arm. Das Zimmer wird von herrlich süßem Duft erfüllt, vermischt mit dem Geruch nasser Erde.

»Keine Bange, es ist nur ein kleiner Guss«, antwortet sie. »Die Blumen sind von Tehephron, der dich in der Laube vor dem Gebäude mit dem Krankenhaus und den Bädern erwartet, sobald du bereit bist.«

»Danke. Das sind ja ganz besondere Rosen. Sie sind so vollkommen, als wären sie konserviert und in ihrer Schönheit eines Pharaos würdig«, sinniere ich bei ihrer Betrachtung.

Anuphti und ich frühstücken einander gegenüber zum Plätschern des Regens und tauschen begeistert Eindrücke über Nebdukhems prachtvollen Abend aus. Ganz offensichtlich bewundert sie seine vielseitigen Talente. Dann stellen wir die Tabletts beiseite, und Anuphti bittet mich, mich zu meiner täglichen Massagelektion hinzulegen.

»Heute behandeln wir den Rumpf. Ich zeige dir die

Punkte jeweils, wenn ich sie erwähne, und sage dir, wie man sie behandelt. Wir beginnen mit kreisenden Bewegungen vorn bei den Schultern. Dann streichen wir mit den Händen von der Mitte der Brust nach außen. Dabei öffnen wir die Hände, während wir sie mit langsamen, wiederholten leichten Bewegungen über die Brüste zu den Armen gleiten lassen. Danach umkreisen die Hände Brustkorb und Sonnengeflecht und streichen wieder über die Rippen. Jedesmal geben wir etwas mehr Druck. Danach kommt die ›Mittagssonne‹ – das Sonnengeflecht: Wir locken sie hervor, indem wir zuerst den Magen kreisförmig behandeln und dann die Finger wie Strahlen in alle Richtungen ausstrecken. Das öffnet das Chakra. Die Mittagssonne zerstreut Ängste und macht optimistisch und fröhlich. Die Bewegungen sind immer langsam und fließend. Die Hände bleiben möglichst in Kontakt mit dem massierten Körper. Dreh dich jetzt langsam um. Jetzt kommt der Rücken dran.«

Ich wende mich auf den Bauch.

»Wie vorhin behandeln wir zuerst die Schultern. Wir konzentrieren uns auf den Schulterbereich und die Halswirbel und setzen hauptsächlich die Daumen dazu ein. Das tun wir, wenn keine Probleme vorliegen. Sonst legen wir die Hände mit Druck auf oder wenden unsere Methode mit der Kupferplatte unter dem Körper und der Eisenspirale an. Doch das weißt du bereits.

Den Rücken behandeln wir, als zeichneten wir die Umrisse eines Baumes nach. Zuerst kneten wir das Steißbein und gehen mit den Daumen an den Wirbeln wie an einem

Stamm entlang nach oben. Die Hände breiten wir mit Streichbewegungen astförmig mit sanfter und doch fester Berührung aus. Am Ende drücken wir mit den Handflächen über den gesamten Rücken, und zum Abschluss fahren wir ganz leicht darüber, wobei sich die Hände immer weiter vom Körper des Massierten entfernen, bis sie ihn nicht mehr berühren.«

Entspannt, aber mit erneuerter Energie setze ich mich auf dem Massagetisch lächelnd und zufrieden auf. Der Regen hat nachgelassen, und wir gehen zu den Waschungen. Als ich mich zu meinem Treffen aufmache, blinzelt die Sonne bereits wieder hervor. Ich finde Tehephron tief ins Gespräch mit zwei Gärtnern und Schülern vertieft. Er ist immer aktiv und wirkt mit seinen lächelnden Augen und der originellen Kopfbedeckung wie ein liebenswerter Exzentriker. Er kommt mir mit federnden Schritten entgegen und begrüßt mich, indem er mir eine Hand auf die Stirn, die andere in den Nacken legt. Dann streichelt er mein Haar und meint: »Wir haben einen wunderschönen Tag vor uns. Komm, gehen wir im ummauerten Garten spazieren, wo wir alle Arzneipflanzen ziehen und giftige Tiere halten.« Wir machen uns in Begleitung eines großen, stämmigen jungen Mannes rasch auf den Weg.

Tehephron stellt ihn vor: »Das ist mein Assistent Djevre. Er kennt sich sehr gut mit Giften aus und ist ein ausgezeichneter Anästhesist, wie ihr heute sagt.«

Wir gelangen an eine hohe Pforte mit vielen Schlössern und Riegeln. Den Garten umgibt tatsächlich eine massive Mauer. Zwei Gärtner sind mit Hacken beschäftigt, ein dritter sortiert Samen. Es ist ein sehr gepflegter Garten mit schmalen Pfaden und unendlich vielen Pflanzen. Wir bleiben vor den Mohnblumen, Schierlingen, Tollkirschen, Fingerhüten und vielem anderen stehen.

Tehephron führt aus: »Das mittlere Wasserbecken speist die Bewässerungskanäle, und darin befinden sich auch giftige Süßwasserfische. Die Meeresfische sind jedoch am giftigsten. Wir bekommen sie aus einem Reservoir im Nildelta, zum Beispiel den gefürchteten Drachenkopf, dessen Gift wir mit äußerster Sorgfalt einsetzen. Hinten im Garten halten wir eine Menge Schlangen in Käfigen. Zu diesem Garten haben nur wenige Zugang. Die Pflanzungen werden von einem der erfahreneren Hohepriester überwacht, zum Beispiel von Adcem-Nut, unserem Obermumifizierer, oder von Sumhat und mir als Ärzten und natürlich von Betonthep, der als Großpriester alles beaufsichtigt. Mit dem dritten Auge wachen wir über alles, was im Garten vor sich geht, ähnlich wie eure Überwachungskameras. Hier führen wir auch Versuche mit Samen und Pflanzen durch, die wir von Expeditionen heimbringen und zum Mumifizieren oder für Arzneien verwenden wollen. Die Pflanzen bekommen die bestmögliche Pflege, und wie jeder Gärtner oder Landwirt achten wir sehr auf die Wetterlage. In Dürrezeiten versuchen wir, wie du weißt, mit Hilfe der Pyramiden Regen herbeizuführen.

Ich möchte noch etwas zu den Giften und der Art sagen, wie wir sie geistig aufspalten. Das Gift besteht aus zwei Teilen, einem positiven, aktiven und einem negativen, passiven Teil. Geistig isolieren wir sie, indem wir sie in einem dop-

pelwandigen Schmelztiegel erhitzen und sie durch Handauflegen aufspalten. Die beiden auf diese Weise gewonne-
nen Teile lassen sich leichter verwenden. Wir können sie mischen, verdünnen und potenzieren. Das macht unsere Drogen und Gifte viel wirksamer, und sie lassen sich so leichter
dosieren. Die Arzneien sind das Ergebnis einer ausgeklügelten alchemistischen Zusammensetzung. Zum Einschläfern werden sie über Kanülen in die Nasenlöcher eingeführt. Aber auch Akupunktur wird zur Narkose eingesetzt.
Die Nadeln dafür sind aus geeichtem, mehrfach gehärtetem
Stahl und Gold; sie sind mit verschiedenen Spitzen und
Köpfen versehen und unterdrücken den Schmerz. Wir anäs-
thesieren vor den meisten Operationen — beispielsweise der
Schädeleröffnung —, aber auch in der Zahnchirurgie. Dann
können wir ruhiger arbeiten, weil der Patient den notwen-
digen Eingriff nicht durch seine Reaktionen gefährdet. Wir
besitzen ein ansehnliches chirurgisches Können, ziehen es
jedoch vor, Krankheiten mit anderen Methoden — Magnetisieren, Hypnose, Handauflegen und Harmonisieren des
Körpers auf diverse weitere Arten — zu behandeln. Leider
ist das nicht immer möglich, dann müssen wir operieren.
Wir entfernen Tumore, richten Knochen, nähen Wunden
und füllen Zähne. Im Krieg sind Chirurgen für Verletzun-
gen und Amputationen unerlässlich.

Wie Adcem-Nut dir bereits berichtet hat, kultivieren wir
Bakterien, die wir verschiedentlich einsetzen, beispielsweise
für Impfstoffe gegen Darmkrankheiten, Ruhr und viele
Entzündungen. Wir isolieren Bakterien und verstärken sie
durch Handauflegen in Verbindung mit der Bestrahlung

aus dem dritten Auge. Dann spritzen wir sie mit kurzen Nadeln um den Bauchnabel in den Magen. Bricht eine Epidemie aus, verteilen die Apotheken Impfstoffe an die gesamte Bevölkerung. Die Impfung ist für sie Pflicht. Manchmal allerdings ist es zu spät, und die Krankheit fordert dann eine große Zahl von Opfern. – Bakterien werden auch zu Kriegszwecken verwendet. Dabei infizieren wir die gegnerischen Truppen und die Bevölkerung mit Pfeilen.

Immer wieder wurde behauptet, wir hätten die Gräber mit einem Fluch belegt, und deswegen seien die Entdecker oder Grabschänder auf mysteriöse Weise gestorben. Es stimmt, dass wir negative Strahlensender einsetzen, um Grabstätten gegen Entweihung zu schützen. Vor allem aber setzen wir haltbare Bakterienkulturen ein, die wir geistig noch immer überwachen. Hegen Entdecker eine böse Absicht, handeln aus Gier und nicht, um unsere Kultur zu studieren, dann bestrafen wir diejenigen, die uns keine Achtung erweisen und unsere Regeln übertreten.«

»Du siehst geradezu grimmig aus, wenn du das sagst«, stelle ich fest.

»Du hast Recht. Bei diesem Thema rege ich mich immer auf. Ich nehme an, Neugier ist menschlich. Aber Entdeckungen sollten der Allgemeinheit dienen. Die Grabstätten sind ein erhaltenswertes Erbe, das es zu verstehen gilt. Alle sollten Nutzen daraus ziehen und sich dank ihnen mit ihren Vorfahren verbunden fühlen können. Die Ahnen wollten ihre Kultur und Überlieferungen an künftige Generationen weitergeben, damit diese daran teilhaben und das Wunder der Schöpfung und des menschlichen Potenzials erkennen. Doch sollte ich wohl besser dort fortfahren, wo wir stehen geblieben sind, bevor ich mich so aufrege.

Der Tag eines Priesters ist lang. Da wir nur wenige Stunden schlafen, können wir unseren diversen Tätigkeiten und der Meditation viel Zeit widmen. Die gewöhnliche Laborarbeit wird in der Regel von jungen Priestern und älteren Schülern ausgeführt. Nur der letzte Schliff bleibt stets dem Großpriester, Hohepriester oder Obermumifizierer vorbehalten. Sie sind für das Handauflegen und Bestrahlen mit dem dritten Auge, das Visualisieren der Heilmittel für Krankheiten und Störungen, das Durchleuchten der Patienten mit dem geistigen Auge und deren Behandlung verantwortlich. Wir haben viel zu tun. Zusätzlich zu unserem jeweiligen spezialisierten Arbeitsbereich haben wir zahlreiche administrative Pflichten zu erfüllen. Bei Sonnenuntergang finden die Treffen statt, bei denen wir uns über neue Entwicklungen informieren und an der gemeinsamen Entwicklung teilnehmen. Jeden Tag erweitern wir unser Wissen und studieren gemeinsam alle Möglichkeiten zur Anwendung von Neuerungen und Neuerworbenem. Wir nutzen die angeborenen Talente eines jeden und arbeiten zusammen, um die weitläufigsten Projekte auszuführen. Der ständige Kontakt untereinander hilft uns, unser Bestes zum allgemeinen Nutzen zu geben. Gemeinsam streben wir nach Entwicklung zum Besten aller. Es ist, als würden wir durch diese Arbeit ständig geläutert und durch ständig erneuerte schöpferische Energien regeneriert.«

»Es wäre großartig, wenn auch wir in Gruppen an uns arbeiten könnten wie ihr«, sage ich. »Wer weiß, vielleicht

werden wir eines Tages euer System zum Wohl unserer Gesellschaft wieder aufnehmen, der es so an Gemeinschaft
und Verbindung mangelt. Heute leben wir wie Inseln im
Meer ohne wirkliche Anteilnahme am Leben anderer. Wir
fürchten eher, dass jemand kommen und uns unhöflicher-
weise um Trost und Verständnis bitten könnte. Es ist wirklich traurig zu sehen, wie wenig Solidarität herrscht. Ein
Lächeln ist keine freundliche Geste mehr, sondern löst
Misstrauen und Vorsicht aus.«

»Da hast du wohl Recht«, meint mein Freund. »In eurer
Welt hat man Intuition, gesunden Menschenverstand und
Zusammenarbeit beinahe vergessen. Logik und Respektlo-
sigkeit, die durch Egoismus und Ehrgeiz nur gefördert werden, machen den Menschen gemein. Sie werden ent-
menschlicht und verdrängen den Schatten des Unbewussten. Uns lenkt dieser Schatten wie eine weise Mutter und
umfängt uns mit dem Trost der Erinnerung. Es ist eine se-
lige, sinnliche und zarte Welt, die uns miteinander verbindet. Als intuitiver Schatten des Unbewussten geht Isis stets
Hand in Hand mit dem rationalen, strahlenden Osiris.
Hier herrscht ewige Liebe zwischen zwei untrennbar miteinander verbundenen Teilen, die den Ägypter zu einem
harmonischen, gelassenen Menschen machen. Komm, gib
mir die Hand. Gehen wir in mein Zimmer. Dort ist es herrlich kühl, und ich kann dir noch vieles erzählen.«

Wir treten in einen Raum mit schönem Grundriss, in
dem tatsächlich eine angenehme Kühle herrscht. Er liegt
ganz in der Nähe der Apotheke und ist nach Norden ausgerichtet. Ein großer Tisch nimmt stolz den Platz in der

Mitte ein, darüber befindet sich ein Gebilde aus Rohr in Pyramidenform.

»Siehst du, ich brauche diesen Tisch für alles. Ich schlafe, arbeite, meditiere und operiere sogar manchmal darauf, wenn es sein muss«, erläutert Tehephron. »Die Wanne auf der Seite ist immer mit Wasser gefüllt. Djevre wechselt es regelmäßig. Ich benutze sie häufig, und sie ist mir lieber als die Bäder, in die ich nur nachts oder im Morgengrauen gehe. Weißt du, es ist herrlich, sein Leben mit anderen zu teilen und gleichzeitig frei und unabhängig zu bleiben. Ich bin eine Nachteule und ruhe mich häufig tagsüber aus. Deswegen hat man mir dieses schattige, ruhige Zimmer zugeteilt.«

Auf einem Regal sind viele raffinierte, messerscharfe Instrumente aufgereiht. Da gibt es Sägen, Schädelbohrer und Spritzen. Auf einem anderen Regal sind zwei Schädel und eine Wirbelsäule sowie Hand- und Fußknochen ausgestellt.

Tehephron sagt: »Für mich sind Knochen ein spannendes Zusammensetzspiel, die mich wie ein Kind begeistern. Einen menschlichen Körper durch Operieren wieder gesund und harmonisch zu machen, begeistert mich leidenschaftlich. Beim Operieren werde ich nie müde. Doch setzen wir uns. Ich möchte dir über Lunge und Herz berichten.

Das Luftelement wird für den Ägypter durch den Wind verkörpert. Der Wind bewegt die Luft, und Luft wird zu Atem. Sie dringt überall ein und durchdringt alles. Gott ist Atem, jener Hauch, der in die Seele des Priesters dringt und Zweifel weckt. Der Zweifel wächst zu einer immer dunkler werdenden Wolke an, bis er Regen wird. Die Lunge stellt für uns die Wolke dar. Wir besitzen zwei sich zusammenziehende Wolken. Die Lungen sind wie zwei Schwämme, die Luft aufnehmen und Atemenergie abgeben. Der Wind ist materialisierte Luft. Er vermittelt die Empfindung, dass die Luft existiert, weil wir sie spüren. Er ist der göttliche Atem, der alles bewegt und am Leben erhält. Mit jedem Atemzug nehmen wir Energie auf, sammeln sie unbewusst und setzen sie in Notfällen ein. Unsere beiden Wolken sind reinigende Filter, die uns erstaunlich viel Kraft geben und von Giften und negativer Energie befreien. Bewusstsein und Atemkontrolle verleihen dem Geist die Sauerstoffzufuhr, die ihn hell erleuchtet. Atmen ist Verbindung mit dem göttlichen Hauch. Jeden Tag streben wir nach Erweiterung unseres Horizonts und zunehmendem Weitblick. Das Wissen um alles, was uns zur Verfügung steht, führt zur bewussten Wesenserweiterung.

Wir Priester setzen die Atmung als Mittel ein, uns allmählich einer immer reineren Wahrheit zu nähern. Jeder Impuls wird in Energie übersetzt, die vom Körper mit Kraft versehen und durch den Strahl des dritten Auges ausgesandt wird. Die verbrauchte Luft, die keine Energie mehr enthält, wird durch Mund und Nase ausgestoßen. So bezähmen wir den Wind, der uns ansonsten in seiner Macht hielte. Das ist bei vielen Menschen der Fall, die ihr Leben dem Zufall überlassen. Sie kennen weder Zweifel, noch schenken sie ihrer Entwicklung einen Gedanken oder irgendeine Bemühung. Sie versuchen nicht, sich Wissen und Verständnis anzueignen. Alles wird als selbstverständlich erachtet, weil die Wirklichkeit fern und die Wahrheit entbehrlich ist. Atmen aber ist Leben, das sich uns in winzigen Schritten eröffnet. Es lässt uns das Wunder der Schöpfung begreifen, und dank seiner nehmen wir am Wunder des Daseins teil. Durch den Lebensatem sind wir in Einklang mit der Natur, schöpfen unser grenzenloses Potenzial aus und nähern uns der Wahrheit.

Wie verletzlich wäre das Herz, filterten die Lungen die Gefühle nicht. Schmerz wird durch die Lungen in Schach gehalten, indem sie dessen Wucht abfangen. Sie sind unser freundlicher Schutzschirm. Sie lenken uns ab in den Tanz des Windes. Die unbestechlichen Lungen sind die am schwersten zu zähmenden Körperteile. Unduldsam beherrschen sie uns mit ihrem unablässigen Rhythmus und komprimieren uns ständig, ohne auf Schwächen zu achten. Wir Priester greifen entschlossen und kategorisch ein und meistern ihr Widerstreben. Wir unterwerfen sie willentlich und machen uns ihre unendlichen Fähigkeiten zu Nutze. Mit der Atmung klären wir den Geist und erklimmen Schritt für Schritt die Höhen erleuchteten Wissens. Wir streben immer reinere Erfahrungen an. Unser Ziel ist die Freisetzung einer von allen Schlacken gereinigten Kraft und die Befreiung des Geistes von instinkthaftem Verhalten.

Wir unterteilen die Atmung in drei Kategorien:

Zuerst kommt die Gefühlsatmung, die uns wärmt und positive Energie erzeugt. Sie verleiht Lebenskraft, macht froh und stellt überall Gleichgewicht her. Es ist eine Tiefenatmung, die den ganzen Körper durchströmt und allmählich aus jeder Pore dringt.

Als Zweites kennen wir die geistige Atmung, die wir ganz bewusst durchführen. Wir nehmen Energie durch die Nase auf und lassen sie mit Druck ins Gehirn aufsteigen. Von dort strahlen wir sie durch das dritte Auge als magnetisierten Kraftstrahl wieder ab. Was ausgeschieden werden soll, entweicht durch den Mund. Für diese Atmung wird nur der oberste Teil des Körpers eingesetzt.

Die dritte Atmungsart ist die passive Bauchatmung. Sie betrifft das Unbewusste und verbindet uns mit den innersten Gefühlen. Sie ist instinktiv und erinnert uns an Leben und Tod. Sie beschwört die Kindheit herauf und verbindet uns mit früheren Leben, mit der Mutter und der Natur. Bei dieser einfachen Atmung strömt die Luft automatisch in Lungen und Unterleib.

Atmen beruhigt oder regt an. Bei jeder seelisch-körperlichen Disziplin gibt die Sauerstoffzufuhr den Rhythmus und die Intensität an, durch die wir Macht und Kontrolle über die eigenen Fähigkeiten erlangen. Schritt für Schritt werden diese Fähigkeiten gesteigert. Du hast gesehen, dass wir unsere Schüler mit Übungen im Wasser und außerhalb des Beckens schulen. Wir bringen ihnen bei, jenes unbewusste Verhalten zu entwickeln, das wir im Mutterleib hatten, als wir von Fruchtwasser umgeben waren und äußere Signale aufnahmen. Wasser ist ein ausgezeichneter Leiter für die Telepathie. Es erhöht das Atembewusstsein und hilft, unsere Disziplin zu entwickeln, indem es unbewusste Abläufe bewusst werden lässt. Die Atmung wird dabei von Einschränkungen befreit, von Überflüssigem gereinigt und führt uns in einen höheren Daseinszustand.

Die Lungen arbeiten für alle Organe und sind deren Meister zugleich. Sie erlegen ihre tyrannische Kontrolle dem Körper zu seinem Nutzen auf und wollen auch den Geist beherrschen. In Wirklichkeit sind sie jedoch lediglich die hingebungsvollen, eifrigen Gehilfen des Geistes. Für die Ägypter sind die Lungen die starken, gesunden Verteidiger des Körpers.

Wie kann man diese tapferen, unverletzlichen, den Wind bergenden Soldaten bezwingen? Wir kommen nie auf den Gedanken, dass die uns umgebende und durchdringende Luft uns Böses wollen könnte. In Ägypten leiden wir nicht an Entzündungen der Atemwege. Wie Wolken verdunkeln sich die Lungen manchmal, doch werden sie bald wieder hell. Der alles reinigende Sturm ist dann nur noch eine wohltuende Erinnerung. Eine Erkältung leitet eine gesunde Pause ein, einen Moment, in dem wir in die Nestwärme zurück können.

Wie zwei Kissen schützen die Lungen unser verletzliches Herz und gewährleisten seine Sicherheit, indem sie Probleme fernhalten. Der Wind facht das Feuer an. Die Flammen verzehren die Gefühle und befreien uns von den Fesseln jedes düsteren Banns. Im Feuer des Lebens, in der Liebestollheit, in nicht endenden Fantasien schlägt das Herz voller Furcht, Trübsinn bedroht es, Leidenschaft packt es. Es ist die schmerzende einzige Frucht eines denkenden Baumes, der seine Wurzeln in die geheimnisvolle Erde treibt. Es pumpt voller Hoffnung und erträumt eine ideale Zukunft – das heißblütige Herz, das nichts fürchtet und alles liebt. Bei jeder Gelegenheit regt es sich auf. Im Nu verliebt es sich und wird von neuen Visionen und verzehrenden Leidenschaften mitgerissen.

Das Herz des Ägypters schlägt hinter einer undurchdringlichen Maske für sein geliebtes, durch zahlreiche Nöte heimgesuchtes Land. Unser Herz ist tapfer, gebadet vom Nil, von der Wüste bedroht, doch vom Himmel geschützt. Es ist ein hingebungsvoller Freund, der die Sterne der Milchstraße für uns entzündet. Das Herz ist Ka, der Puls des Lebens, der uns im Rhythmus ständiger Bewegung mit der Natur verbindet. Das Herz schreit freudig oder angstvoll auf, setzt aus, erholt sich und erlischt. Der Tod ist sicher, das letzte Geschenk bebender Liebe. So ist der Ägypter, und sein Herz ist wie er. Es schwingt mit denselben Klängen derselben Lieder mit. Das Herz ist ein Organ, das sich unserer Kontrolle entzieht. Es ist sein eigener Herr. Geheimnisvoll beobachtet es uns. Es lässt uns geheime Botschaften zukommen und ist unbezwingbar und uns nicht zu Willen. Das faszinierende Spiel prüft uns alle. Die Schlacht wird geschlagen, der Preis ist das Leben. Gewinner und Verlierer, beide erliegen und hauchen gemeinsam den Atem aus.

Eines Pharaos Herz ist sehr schwach und wird durch ständige Gefühle aufgewühlt. Von Kindesbeinen an bleibt er von großen Verantwortungen nicht verschont. Der Hohepriester bringt ihm deshalb Autosuggestion und Atemübungen bei, um sein Herz zu stärken, doch vergebens. Unser Freund, das Herz, ist das anfälligste Organ des Ägypters. Es wird ehrfürchtig zuerst in uns und danach in einer Kanope gehegt. Ein Leben lang wird es voll Liebe gepflegt und begleitet uns schließlich blutentleert in eine reglose Zukunft, zu Stein geworden mit uns, in Erwartung der Auferstehung.

Zur Belebung des Herzens verwenden die Priester eine Metallspirale, die auf die linke Brustseite gelegt wird. Mit pumpenden Bewegungen und Handauflegen wird das Herz stimuliert. Im Verlauf einer oder mehrerer Sitzungen gelingt es uns meist, seinen Rhythmus zu stabilisieren. Bei einem sehr schwachen Herzen wird diese Prozedur täglich durchgeführt.

Jeden Tag wird das Herz des Pharaos untersucht und abgehört. Das schwächste Organ des Ägypters ist es umso mehr in den oberen Klassen. Der Pharao ist stets unter Druck und leidet unter Unzulänglichkeit.

»Armer Pharao«, seufze ich. »Er wird derart gefeiert und verehrt, und gleichzeitig ist er das Opfer der Priester auf der einen und des Volkes auf der anderen Seite. Er hat keine leichte Aufgabe, und ihn und sein Herz zu stärken ist bestimmt ein schwieriges Unterfangen.«

»Da hast du allerdings Recht«, erwidert Tehephron. »Doch lass uns zur Entspannung in den allgemeinen Speisesaal gehen.«

»O gerne. Ich mag diesen Raum sehr«, antworte ich.

Dort angekommen, fächeln uns zwei junge Männer mit großen Fächern Luft zu. Wir setzen uns zu weiteren Gästen, die uns lächelnd begrüßen. Wieder faszinieren mich die Wandmalereien, besonders das Albinokrokodil und der Narwal mit seinem Horn. Das Kamel mit drei Höckern hatte ich noch nicht bemerkt.

Ich stelle fest: »Das ist ein wunderbarer Raum mit seinen Binsenmatten, Kissen und Gemälden seltener Tiere.«

»Ja, ich mag ihn auch und komme sehr häufig her. Mir gefällt die unbeschwerte Atmosphäre«, pflichtet mir mein Freund bei.

Wir kosten verschiedene appetitanregende Gerichte und genießen die zugefächelte Luft. Danach kehren wir langsam in Tehephrons Gemach zurück.

»Würdest du dich gerne hier etwas ausruhen?«, erkundigt er sich.

»O nein, vielen Dank. Ich glaube, ich ziehe mein Bett deinem Tisch vor«, meine ich lachend.

»Ja, das kann ich mir denken, aber ich habe auch weiche, mit Algen und würzigen Kräutern gefüllte Liegekissen, die sofort einschläfern«, meint Tehephron. »Aber nun will ich dir etwas über die symbolische Bedeutung der Tiere in Ägypten erzählen.

Tiere haben sehr interessante, ausgeprägte Eigenschaften und bei uns eine entsprechende Symbolik. Jedes Tier hat uns etwas zu sagen. Wir beobachten sein Verhalten und stellen seine typischen Eigenschaften fest. Das Heilige, das wir in ihnen sehen, ist die Sublimierung der jeweils besonderen Eigenschaften in Verbindung mit den okkulten Kräften, welche die Tierwelt ausmachen. Das instinktive Verhalten der Tiere zusammen mit den idealisierten spezifischen Wesenszügen sowie ihrer unsichtbaren Kraft übermittelt uns eine Botschaft, aus der wir eine abstrakte Lehre ableiten. Jedes Tier zeigt uns auf originelle Art und Weise, wie die eigenen Charakterzüge zu verbessern sind.

Übersinnliche oder mediale Fähigkeiten sind die Grundlage einer Sprache, die das Innerste des menschlichen Wesens berührt und die uns umgebende dichte Materie durchdringt. Die Intuition wird zum Anhaltspunkt, der uns auf dem Entwicklungspfad des Verhaltens entlangführt und uns die verschiedenen Seiten ein und derselben Tatsache aufzeigt. Das Tier als Symbol ist Träger eines Geheimnisses, das es schrittweise offenbart und damit den idealen Weg zu noch unbekannten Zielen weist. Höchste Weisheit stammt aus der gemeinsamen Erfahrung zahlreicher Lehrer. Wir entdecken verschiedenartige Lektionen. Okkulte Kräfte lassen uns in das Unbewusste tauchen, um uns zurück zum Kern der Kontakte zu führen, zu empfindsamen Gefühlen, die unsere Entwicklung durch Sublimierung fördern. Deswegen wird Gott manchmal mit einer Tiermaske dargestellt.

Wir sind Menschen, die auf dieser Erde leben und in dieser Welt ein Gleichgewicht zu finden haben, um den Weg zur Weisheit zu gehen. Der Tiergott führt uns durch die Stadien geistigen Wachstums und befreit uns von der Materie. Er arbeitet mit uns und richtet uns auf das hohe Ziel der Vervollkommnung aus. Er begleitet uns und stärkt die Willenskraft, uns aus jeglicher Versklavung zu lösen. Gott trägt die Maske, um seine unendlichen Fähigkeiten anzudeuten und diese in unsere Reichweite zu rücken, wenn wir es brauchen. Er offenbart uns seine unendliche Weisheit und hilft uns, unser Unwissen allmählich abzulegen. Er schenkt uns den Nutzen seines riesigen Erfahrungsschatzes. Als Lehrer und Freund arbeitet er mit uns zusammen an unserer Kraft und prüft uns am Ende.

Wenn wir also Horus mit dem Kopf eines Falken darstellen, schätzen wir die Qualitäten des Vogels in ihm: Weitblick, Herausragen aus dem in der Sonne faulenzenden Mittelmaß, Willenskraft, Schärfe, Entschlusskraft und männliche Intelligenz, alles Eigenschaften, die dem Falken zugesprochen werden. Horus ist das Sonnenwesen, der Fürst der Himmel und Sohn der Liebe, der großzügig seine edlen Werte verteilt. Er gewährt rasch die Bitte um eine Erleuchtungserfahrung, er meißelt die unentrinnbare Kraft eines nach Höherem strebenden Schicksals heraus. Von der Materie befreit erheben wir uns in die Lüfte und in das Licht des vollkommenen Wissens. Wir greifen nach dem fruchtbaren Weltall, lernen kraft des dritten Auges und verwandeln Lebenskraft in Weisheit. Die Sonne blendet uns nicht, sondern erweckt den göttlichen Gedanken in uns. Geisteskraft wird durch die Glut der Freiheit gelenkt. Wir steigen hinan, folgen dem Wirbel des Lichts und lassen allen Ballast verbrennen, der unseren Flug hindert. Das Feuer der Wiedergeburt verwandelt unser Warten und erfüllt uns vollends mit Reinheit. Und wir erlangen den Sieg durch den Aufstieg der Hoffnung in geistiger Glut, die heroisch um Wahrheit ringt und das Mittelmaß besiegt.

Dann ist auch Anubis, der Schakal, zu erwähnen, der den Tod voraussagt. Er verschlingt den Körper und bedroht unsere Seele. Sorgfältig reinigt er die Knochen, verdaut als Alchemist das faulende Fleisch und verwandelt es in ein Meisterwerk der Einbalsamierungskunst. Der Schakal ist der Magier, der Meistermumifizierer, der den Tod verarbeitet, sich der Materie annimmt und sie assimiliert. Er schenkt neues Leben durch alle Stadien des Verfalls hindurch, dem er die Schöpferkraft des Kosmos entgegensetzt, die durch Entmaterialisierung eine ständige Transformation bewirkt und in welcher sich Bilder in unendlicher Folge übereinander legen. Es ist eine okkulte Alchemie, die sich von übler Ausdünstung ernährt, die Ausscheidungen von jeder Negativität befreit und neu zu fruchtbarer Blüte wird, ein betörender Duft, der uns bei geheimen Unterhandlungen zum Sieg verhilft und durch Destillieren der Essenz den Gestank überwindet. Der Schakal ist der herrschende Gott, der Siegelträger geheimer Priestermagie, der die Kunst der Mumifizierung bewahrt.

Auch das Krokodil nimmt mit seiner Galle an der Mumifizierung teil — ein wertvolles Geschenk an das ägyptische Volk. Das Krokodil kennt das Wesen des Menschen und betrachtet dessen Überlegenheit mit Gleichmut. Angst macht den Menschen verantwortungslos, sein gelähmter Geist verrät ihn. Das Krokodil nutzt diesen panischen Augenblick, um ihn Selbstkontrolle zu lehren. Das kaltblütige Tier bringt ihm ungerührt seine erschreckende Lektion bei. Es verschlingt die menschlichen Schwächen und verdaut sie ohne Erbarmen. Das Schicksal ist grausam und lässt kein Unwissen zu. Das Krokodil ist der verächtliche Richter unserer mangelnden Erfahrung. Es verurteilt unsere Gebrechlichkeit, Oberflächlichkeit und Inkompetenz, am meisten jedoch unsere Angst. Aber wenn es zerstört, zerstört es zugleich sich selbst. In seinem Selbsterhaltungstrieb wirken die Gesetze höchster Gerechtigkeit, die nicht vergeben und nicht vergeben werden, ein Maßstab absoluter, unverrückbarer Gewissheit. Das Krokodil ist der fleißige Diener des Gottesgesetzes, der eifrige Scharfrichter schrecklicher Urteile.

Der Affe hingegen ist das Symbol der Weisheit, der Klugheit und des Einfallsreichtums. Er ist Künstler und inspirierter Schöpfer imaginärer Räume. Er ist der aufmerksame Erforscher geheimnisvoller Welten, der wunderbare Illusionen herbeizaubert. Als kluger Hellseher besitzt der Affe die Kraft einer mit Einsicht gekoppelten großen Vision. Als weitsichtiger Idealist achtet er dennoch auf Tradition. Er ist flexibel, besitzt Unterscheidungsvermögen, die Schlauheit des Alters und Neugier der Jugend. Die glückliche Verbindung beider Seiten gewährt ihm unendliche Kontakt- und kreative Möglichkeiten. Dank seinem den Ernst des Lebens auflockernden Sinn für Humor hält er an der Beständigkeit bewährter Kultur fest. Er denkt innovativ, aber logisch und analysiert laufend, um eine neue Wissenschaft zu begründen und weiterzugeben. Leichte Hand und Entschlusskraft sind zwei Eigenschaften, die der Affe mit Erfahrung und Willensstärke zu verbinden weiß. Er sieht auf den ersten Blick, mit wem er es zu tun hat. Er ist nicht launisch, sondern inspiriert und seines kultivierten Denkens gewiss. Als Freund der Morgendämmerung meditiert er früh, doch bei Sonnenuntergang schwingt er sich fröhlich zum Tanz. Freudig und asketisch zugleich findet er bei jeder Gelegenheit das richtige Gleichgewicht und zeigt Klugheit und Weisheit in tausend Erfahrungen.

Dann haben wir den Ibis, den Storch. Beine und Schnabel sind lang. Die Form des Schnabels ähnelt dem Neu-

mond. Der Ibis steht wie der Mond für Regeneration und
Wiedergeburt. Er gehört zum Mythos des Thot, des Gottes der Astronomen und Hellseher. Der Ibis kennt das
Weltall, betrachtet es jedoch mit Menschenaugen. Der
Mond spiegelt sich im Wasser, und auch der Storch verbringt Stunden – besonders frühmorgens und nachts – mit
den Beinen im Wasser, in dem sich sein Schnabel spiegelt.
Er ist ein Mondwesen und besitzt alle entsprechenden Eigenschaften. Der Storch ernährt sich und seine Jungen mit
totem Fleisch. Die Jungen fressen toten Fisch und Schlangen und lernen damit das Jenseits, den Tod und die Wiedergeburt kennen. Der Ibis begleitet den Menschen auf der
wichtigsten Reise seines Lebens. Er versteht die menschliche Angst vor dem Unbekannten. Er folgt uns und nimmt
an unserer Reise in die Dunkelheit teil. Unseres Schicksals
bewusst, hilft er uns, es mutig und mit Gelassenheit anzunehmen. Im Wissen um unsere Verletzlichkeit bereiten wir
uns tapfer auf das Unentrinnbare vor. Wagemutig stellen
wir uns der letzten Prüfung. Indem sich der Ibis wie der
Astralreisende aufspaltet, übermittelt er uns seine Vertraut-
heit mit der Astronomie. Als Meister des Raumes beschreibt er uns dessen unendliche Herrlichkeit.

Die Katze ist ein Symbol der Unbestechlichkeit. Sie ist
frei von Vorurteilen und steht zu ihrem Tun. Scharfsinnig
und unergründlich vertraut sie niemandem. Schlau beobachtet sie die Fehler anderer. Unerschütterlich, doch wachsam behält sie ihre Opfer mit geduldiger Ironie im Auge.
Sie ist eine trittsichere Strategin mit teuflischer Fantasie.
Die Katze stellt die tiefinneren Abläufe dar, die das Unbe-

wusste beeinflussen. Als weibliches, intuitives Tier kennt sie die Dunkelheit, aus der sie ihre okkulte Erfahrung bezieht. Sie ist eine mächtige Alchemistin und Hüterin geheimer Magie, ein rätselhaftes, unabhängiges Wesen, das seine Weisheit nie preisgibt, seine Entwicklung eifersüchtig hütet und sein Wissen nicht mit anderen teilt. Sie ist schlau und kaltblütig, empfindet kein Mitleid, sondern erteilt uns Lektionen. Die Katze liebt ihre Behaglichkeit und weiß dafür zu sorgen. Schwächen und Armut anderer rühren sie nicht, und sie vermeidet die Härten des Lebens, indem sie sich zu den Gewinnern schlägt. Die Katze lehrt uns, über Gefühle und mittelmäßiges Streben hinauszugehen.

Der Hund unterscheidet sich in vielem von der Katze. Er gibt freizügig und ist stets ein guter Zuhörer, den menschliches Elend bewegt und der unser Schicksal teilt. Der Hund bleibt Ideen und Idealen treu und handelt entsprechend. Strikt und diszipliniert, auch ein wenig soldatisch, ringt er um hohe Ziele. Er ist ein treuer Freund und lässt die ihm Anvertrauten niemals im Stich. Der Hund hat ein tiefes inneres Wissen um die Höhen und Tiefen des menschlichen Lebens. Er bietet Trost und Verständnis, vergisst jedoch mit seinem guten Gedächtnis keinerlei Kränkung. Grollend steckt er sie weg und klammert sich manchmal engstirnig und stur an sein Urteil. Er ist der erbitterte Hüter und fanatische Verteidiger unsichtbarer Tugenden und liebt seinen einzigen Meister aus ganzem Herzen.

Sehen wir uns noch die misstrauische Eule an. Sie erschreckt uns, und doch ist sie liebenswert. Melancholisch und scharfsinnig sitzt sie nachdenklich da und betrachtet die menschlichen Schwächen mit wohlwollender Weisheit. Sie ist eine ausgezeichnete Psychologin und geschickte Ermittlerin. Ihr entgeht kein Elend, unter dem wir leiden. Sie ist romantisch, loyal und entflieht in mannigfaltige Träume, um die brutale Realität zu vergessen. Als liebevolle Mutter ist sie stolz auf ihre verschlafene Brut und widmet sich unermüdlich und würdevoll ihrer Familie. Die Eule ist das Symbol desjenigen, der durch die Schwierigkeiten des Lebens hindurch zur Erlösung gelangt, im Vertrauen darauf, dass die göttliche Gerechtigkeit wahre Tugend anerkennt. Die Eule ist ein edles Tier, das sein zartes Wesen befangen verbirgt und sich seiner Verletzlichkeit fast schämt. Bescheiden, einfallsreich, launisch und fantasievoll erschrickt sie über die eigene telepathische Gabe. Sie mag es nicht, wenn ihre Gefallsucht kritisiert wird, weil sie dieser ihre Ehrlichkeit nicht opfert. Als fliegendes Erdengeschöpf erhebt sie sich hoch über irdisches Tun. Sie achtet die Tradition und holt sich erleuchteten Rat in der Dunkelheit, um Verständnis zu finden. Als kühne Archäologin versteht es die Eule, Schlüsse aus den verzwicktesten Lagen zu ziehen. Sie schätzt die Beschränkung der engstirnigen, konventionellen Gesellschaft gering. Als Individualistin ist sie Meisterin im Aufdecken von Heuchelei und List und schenkt uns ihre unvoreingenommene, lautere Ehrlichkeit.

Nun bleiben noch der Skarabäus, der Skorpion und die Schlange, die wir zum Teil schon erwähnten.

Der Skarabäus ist ein zusammengesetztes Symbol. Er verbindet das denkende Wesen mit dem kosmischen Geist, der durch vielseitige Entwicklung, die auch die Weltentstehung enthält, Kulturen erschafft. In ihm verbindet und konzentriert sich die Macht des von ihm geschaffenen Mythos.

Du weißt, dass der Skorpion das Symbol des Priesters und Begleiters der großen Magierin Isis ist. Er ist der in ihr Wissen Eingeweihte und dessen Verbreiter. Der Skorpion ist ein giftiges Tier, doch kämpft er nur, wenn er angegriffen wird. Er ist stolz auf sein erleuchtetes Wesen. Er geht seinen Weg und richtet seine stete Bestrebung auf geistiges Wachstum, seiner selbst gewählten Aufgabe wohl bewusst. Eifersüchtig hütet er die göttliche Botschaft. Er opfert sich auf und widmet sich der Wissenschaft im Bemühen, die höchste Wahrheit zu schützen.

Die Schlange sucht stets das Unendliche. Davon ist sie besessen. Sie symbolisiert die kosmische Energie, die sich selbst in Ewigkeit erneuert. Sie stellt die Spirale von Leben und Tod dar sowie die ambivalente Kraft, die durch Zerstörung Neues gebiert. Sie ist die geschlechtliche Verbindung zweier untrennbarer Hälften. Die Kobra, das magisch anziehende Wesen, richtet sich auf und verwendet die Gabe des dritten Auges, um göttliches Wissen zu erschauen.«

»Euer göttliches Bestiarium ist wirklich faszinierend. Ihr versetzt euch in den jeweiligen Tiercharakter, um seine Sicht von innen heraus zu erleben und zu erfahren, was diese euch lehrt«, schließe ich aus seinen Ausführungen.

»Ja, meine Liebe. Wir können in der Tat einiges durch Beobachtung der Schöpfung lernen«, meint Tehephron und setzt hinzu: »Die Zeiten des Lebens, die Zeiten Ägyptens: Krankheit, Liebe und Tod. Not und heilende Einkehr. Wis-

sen, das unsere Sterblichkeit überlebt. Geh voller Lebenskraft voran, die Quelle speist dich! Energie entspringt ewig
der Freude. Sie geht ein, wenn du sie leugnest oder tadelst.
Sie schenkt ohne Einschränkung, wenn du vertraust, und
zieht sich zurück, wenn du zweifelst. Sie macht deine Ab-
wehr zunichte und hungert dich aus, bis du krank wirst.
Durch Vernachlässigung wirst du zerstört. Sei großzügig,
damit dich das Leben durchströmt und nichts Negatives in
dir stagniert. Lächle gelassen, höre zu und atme. Die ägyptischen Jahreszeiten entsprechen denen des Lebens. Die Geburt ist die Blüte, die Reife ist jung und erfahren zugleich,
das Alter langsam und asketisch. Wir halten den Übergang
vom einen zum anderen nicht fest, sondern vielmehr das
weise Entfalten desjenigen, der sich der glücklichen und
schmerzlichen menschlichen Erfahrung bewusst ist, während wir durch das Leben gehen, das uns Leidenschaft
schenkt und stetig mit Staunen erfüllt, unser Wesen tränkt
und seine Zeichen darin hinterlässt. Es treibt neue Knospen
lebensnotwendiger Bedürfnisse, schöpferisch in seiner Bewegung, die sich durch Selbstzerstörung und Gärung erneuert. Die Materie wird von der Chemie des Lebens modelliert und geläutert, die Kristallisierung von den Gefühlen geformt. Liebesqualen bereiten uns vor auf die Qualen
des Todes. Das Herz ist ein Gefängnis, das seiner Seele
harrt. Ohne Unterlass streben wir nach dem Trugbild der
lange ersehnten und niemals erreichbaren Freiheit. Unablässig versuchen wir alles für eine Integrität hinzugeben, die
jenseits unserer Reichweite liegt. Die Liebe lässt keinen
Raum für den Preis. Sie ist ein strahlender Augenblick, der

Verhandlung verschmäht. Krankheit umwölkt den Geist, Seelenqual macht Angst und setzt den Schmerz frei. Schönheit verzehrt das Böse, menschliche Schwäche gibt sich der Zerstörung hin. Lehne dich auf, meine Liebe! Lasse Gesundheit über alles herrschen.

Gewissheit, Mut und Frohsinn sind wirksame Gegenmittel gegen die Krankheit, die uns in jedem Moment grimmig auflauert. Sie beobachtet dich und lechzt nach dir, die schwarze, heimtückische Verführerin, die langsam dein Unbewusstes abtötet. Gib ihr nicht nach, sondern lerne, die Botschaft zu lesen. Halte sie dir fern im Bewusstsein deiner Ausgewogenheit. Als Feind deiner inneren Harmonie wird sie dich fliehen, um Zuflucht zu suchen im Nebel der Schatten.«

Mein Freund hält inne. Da frage ich ihn:

»Tehephron, manchmal hört man, die Ägypter seien dem Sex abgeneigt. Das kann doch nicht stimmen?«

»Die Ägypter dem Sex abgeneigt! Welch beleidigende Theorie! Ich weiß, dass man das gesagt hat, aber wie könnte das sein, wo wir das Leben und alles verehren, was es darin zu genießen gibt? Wir nehmen an den Wundern der Natur teil und sind treue Hauptfiguren ihrer uralten Tänze. Uns vom Geist Beherrschte wärmt die Sonne. Ja, wir sind Verstandesmenschen, dennoch suchen verzehrende Leidenschaften uns heim, und wir geben uns wahrer Liebe hin. Das Herz teilt sich durch die Geschlechtsorgane mit. Die Säfte unserer Gefühle erwärmen sich und verströmen sich bei vielen Gelegenheiten. Wir sprechen nicht von der unbegreiflichen, besessenen Sehnsucht, die auf unsere erregten

Sinne einhämmert. Wir sprechen nicht darüber, wir hören darauf. Ihre erhabene Intensität zieht uns an. Die Suche nach ewiger Vereinigung ist glühend und zart. Niedergeschlagen gehen wir dahin, in der Hoffnung, der Erträumten erneut zu begegnen. Wir sehnen uns nach den Zärtlichkeiten, die unsere Erinnerung nur flüchtig bewahren kann. Der jetzige Augenblick ist mit neuer Hoffnung erfüllt, die Zukunft bevölkert von den Wesen unserer Fantasie. Unsere Hände umfangen einander in stiller Umarmung. Süßer, durchdringender, improvisierter Tanz, faszinierendes Spiel in unzähligen Rahmen, atemlose Liebe, geteiltes Wissen, ewiger Glücksmoment. Wir lächeln mit entrücktem Blick. Der Duft der Erinnerung verführt und benebelt uns immer noch.

Was ist die Liebe für den Ägypter? Was Geschlechtlichkeit, Leidenschaft? Die Zeit hat nichts an den Gefühlen des Menschen geändert. Die Zeit ist ein zerstörerischer Gedanke, der Nähe bekämpft und uns in sinnlose Berechnungen verstrickt. Sie ist ein Feind, der den Menschen programmiert und seine Illusionen mit Füßen tritt. Systematisch und genau ist die Zeit und geht keine Kompromisse ein. Tyrannisch zwingt sie uns und vernichtet unser Streben. Lehnt euch gegen den absurden Druck ihrer frenetischen Rhythmen auf, ihr, die ihr Opfer ihrer willkürlichen Hysterie und des endlosen Taktes steriler Noten seid. Die Zeit ist eine schäbige Dimension für euren Horizont. Sie verstümmelt eure souveränen Impulse und begrenzt die Größe der Leistung. Sie macht euch blind und beraubt euch der kosmischen Sicht, die das höchste Ziel in uns hell erleuchtet.

Die konformistische Zeit wirft euch zu Boden und macht euch zu Zuschauern eures sinnlosen Lebens, zu fragwürdigen Darstellern einer schlechten Revue.

Die Liebe betrachtet die Zeit mit Verachtung. Liebe, mehr Liebe und noch mehr Liebe, das ist das endlose Rad, das unsere Glut schürt, flüchtige Zuckungen ersehnter Zeiten, erlesene Gebilde begehrter Atemlosigkeit. Lass uns einander umarmen und zart an der Hand halten. Lass uns in dieselbe Richtung blicken und uns einander öffnen, gemeinsames Verständnis empfinden und miteinander verschmelzen. Sehnsüchtige Liebkosungen, völlige Hingabe, ewige Hilfe, stete Bewegung, drängender Besitz, totale Verpflichtung, friedliche Rückkehr – da, alles ist geschehen. Ein Liebender, der im Schmerz des Getrenntseins die Augen schließt und im Geiste den sinnlichen Ruf der leidenschaftlichen Anziehungskraft hört, fürchtet ein Erwachen in schrecklicher Enttäuschung. Sich öffnende Augen, um nach dem geliebten Wesen zu suchen – wie wunderbar ist es, sich in der Liebe zu verlieren. Wie wunderbar, sich zu vergessen und auszulöschen, nur um neu geboren zu werden und dem geliebten Wesen zu unterwerfen, in der Gewissheit, sein Ideal zu sein. Das sind Augenblicke ewiger Herrlichkeit, pulsierender Harmonie – unvergesslich. Die Erinnerung lässt sie aufleuchten und rückt sie dann wieder zurecht.

Weshalb sollten die Ägypter anders sein? Sind wir Opfer des Geistes, berechnende Wesen? Was ist Gefühlskälte? Wir kennen sie nicht. Unsere Sinne sind gut entwickelt. Wir sind von Hemmungen frei, wenngleich die Achtung und Rücksicht anderen gegenüber in unserer Kultur an erster Stelle steht. Wir reden weder über Geschlechtlichkeit noch Körperfunktionen, egal ob es sich um Verdauung, Menstruation, Schwangerschaft oder Ähnliches handelt. Sie sind keine des Gesprächs würdige Themen. Das bedeutet nicht, dass wir uns nicht dafür interessieren, aber sie gehören zu unserer Privatsphäre. Leben, Tod und die Persönlichkeit des Menschen sind wichtig und faszinieren uns, sein Privatleben hingegen nicht. Wir schätzen Zurückhaltung, lassen anderen die Freiheit und sind selbst gerne frei. Für uns sind Sex, Leidenschaft und Liebe verschiedene Formen von Nähe, Empfindungen, die einen unendlichen kreativen Reichtum in uns wecken. Es sind Kontakte, durch die sich Gefühle ausbreiten und viele Emotionen wach werden. Als liebevolle Beobachter verlieren wir uns im himmlischen Zelt des Lebens. Leidenschaft pocht in uns auf der Suche nach dem geliebten Wesen. Wir wählen, verschmelzen und öffnen uns der Sonne. Die Wärme und die Aneignung haben eine fatale Anziehungskraft. Wir sind starke und sanfte Liebende, unvoreingenommene Sucher zarter Begegnungen. Verführte und Verführer mit unbändigen Fantasien. Wir tauschen spielerische und süße Zärtlichkeiten mit sinnlicher Hingabe aus und geben uns dem Rhythmus äußersten Trachtens hin, der ewigen Variation des Verlangens und den tausend Gesichtern der immer gleichbleibenden Liebe.«

Inzwischen hat mich Tehephron bis vor meine Tür begleitet.

»Ruh dich jetzt eine Weile aus«, rät er mir. Ich umarme ihn dankend. Angekleidet werfe ich mich auf mein Bett

und schlafe sofort tief ein. Als Anuphti mich holen
kommt, bin ich völlig erholt und erwarte voll Neugier den
heutigen Abend. Gemeinsam entspannen Anuphti und ich
uns in den Bädern und kehren in mein Gemach zurück. Sie
zeigt mir, wie ich mir ein gefälteltes Tuch um die Taille und
ein anderes um den Oberkörper lege. Dieses wird zuerst
über den Rücken geworfen, dann vorne gekreuzt und im
Rücken gebunden. Es sieht klassisch und modern, zeitlos
schön und elegant aus. Ich lege etwas von Sumhats Rosenparfüm auf, und wir gehen. Zwei Knaben begleiten uns mit
Fackeln zum Palmenhain der Schüler mit dem großen
Übungsbecken. Offenbar sind schon alle da. Trotz Mond
und Fackeln ist es recht dunkel. Wir sitzen auf Binsenmatten und Kissen um das Becken herum. Bequem und entspannt ergeben sich Gespräche. Die glückliche, knisternde
Stimmung in Verbindung mit einem ausgewählten und
recht aphrodisischen Essen verleihen dem Abend eine besondere Note. Gedämpft beginnt jemand auf der Trommel
zu schlagen. Augen wandern, lächeln, zwinkern. Die Trommel wird beschwörender. Körper beginnen, vom Rhythmus
bewegt, sich zu wiegen, pulsieren allmählich gleichermaßen
belebt. Zunehmend erregt gleiten wir alle ins Becken. Wol-
lüstige Bewegungen, instinktiver Tanz, kunstvolles Werben,
gewagtes Wiegen der Hüften, Sichwinden und -drehen, be-
nebelnde Düfte. Die Trommel, nun ohrenbetäubend, besses-
sen und magisch anziehend, schärft uns die Sinne, setzt
Sehnsüchte frei. Ermattet und atemlos kehren wir an den
Rand des Beckens zurück. Welch wunderbarer, ganz anderer Abend voller Spaß!

Mehervnut

Mehervnut ist Wasserbauingenieur für Stadt und Land und Agronom. Er hat ein rundes, lächelndes Gesicht mit pechschwarzen Augen und lockigem Haar. Er ist der jüngste meiner Freunde und schlank gebaut, feingliedrig und stark. Er trägt ein Gewand in verblichenem Indigo und einen dünnen, safranfarbenen Mantel dazu. Seine eiförmige Kopfbedeckung hat dieselbe Gelbtönung wie der Mantel.

Mehervnut ist fröhlich, sehr lebhaft und hat einen feinen Humor. Eine kleine Eule namens Hai-Kai sitzt stets auf seiner Schulter.

Siebter Ka
Mehervnut – der Wasserbauingenieur und Agronom

Meine Augen sind noch geschlossen, als HaiKai, Mehervnuts kleine Eule, diese gefiederte, rätselhafte kleine Botin, auf meinem Bett landet. Sie hüpft näher, und ich streichle sie. Das scheint sie sehr zu mögen. Kurz danach kommen Anuphti und Mehervnut mit einem Lächeln auf den Lippen herein.

»Welch festliches Erwachen!«, rufe ich aus.

»Ja, wir sind zusammen gekommen, damit wir gemeinsam frühstücken können. HaiKai sitzt schon seit Tagesanbruch auf deinem Fenstersims und hat ungeduldig darauf gewartet, dich zu wecken«, sagt Mehervnut.

»Gut, wenn ihr schon so begierig darauf seid, dann lasst uns gleich mit diesem köstlichen Frühstück beginnen!«, schlage ich vor.

HaiKai hat lustige Essgewohnheiten. Sie verstreut alles über den ganzen Tisch, aber unendlich charmant.

»Das reicht, genug jetzt«, sagt ihr Herr. Sie blickt ihn mit einer Mischung aus Unschuld und Zerknirschung an, hört aber sofort damit auf.

»Ich glaube, Mehervnut sollte deine Massagelektionen abschließen«, meint Anuphti.

»Gut«, willigt er ein, »aber ich glaube, es fehlen nur noch die Beine und die Harmonisierung des Körpers?«

»Ich sehe, du weißt ja schon alles!«, scherze ich.

»Alles!«, lacht mein Freund und legt mir den Arm um die Schultern. »Um das, was du gelernt hast, zu ergänzen, möchte ich dir noch zeigen, wie wir mit den Fingern Druck auf bestimmte Punkte ausüben.« Dann lächelt er und fordert mich auf: »Leg dich auf den Bauch, dann zeige ich dir, wie man die Beine massiert. Wir beginnen mit fortlaufenden, weichen Bewegungen bei den Fersen und fahren am Bein entlang nach oben bis zum Gesäß. Vorne fangen wir bei den Zehen an und massieren bis zu den Lenden. Wir arbeiten langsam und konzentriert und lassen Energie in den behandelten Körper fließen. Das erzeugt Wohlbefinden und Vitalität. Danach wird das ganze Bein leicht gekniffen. Die Gesäßmuskeln muss man mit Kreisbewegungen kneten und dabei stetig mit den Daumen mehr Druck auf das Steißbein geben, damit die gesamte untere Wirbelsäule sich entspannt. Das Steißbein ist – neben dem Kopf und den Gliedmaßen – ein überaus wichtiger Bereich bei der Massage.

Bevor ich dir zeige, wie wir den Körper zum Abschluss harmonisieren, erkläre ich dir noch kurz den Dreifingerdruck oder das Dreieckssystem. Die durch diesen Druck freigesetzte Energie bewirkt eine sofortige Tiefenreaktion, die seelische und körperliche Blockaden und chronische Leiden löst. Die Methode dient der Behandlung der tieferen Schichten, aus denen Fehlfunktionen und Krankheiten entstehen. Sie ist durchdringend und wohltuend und stellt durch Reinigung die Harmonie in Körper und Seele wieder her. Dazu hält man Daumen, Zeige- und Mittelfinger in einem Dreieck zusammen und übt weder zu lang noch zu kurz Druck damit aus. Die Länge bestimmt der Behandelnde. Intuition ist das Kennzeichen eines guten Heilers oder Masseurs. Wenn jemand verunglückt ist, sofortige Hilfe braucht oder einen Schock erlitten hat, wenden wir diesen Dreiecksdruck in der Mitte seiner Handflächen an.

Dieser Druck mit dem Daumen unter den anderen beiden Fingern über den ersten Halswirbeln tut den Nervenzentren gut und stabilisiert Gehirn, Kleinhirn und Rückenmark.

Im Rücken nutzen wir den Dreiecksdruck in Höhe des Sonnengeflechts zur Öffnung der Atemzentren.

Beim Steißbein arbeiten wir an der Kommunikationsfähigkeit mit dem Unbewussten und um visionär zu träumen.

Wird Druck der Wirbelsäule entlang zwischen den Wirbeln ausgeübt, werden alte Verkalkungen aufgelöst, was dem Patienten hilft, sich von der Vergangenheit zu lösen.

Vorne wird durch Druck auf die Stirn geistige Energie aufgetankt, und die Kräfte des dritten Auges werden gestärkt. Es tut den Ohren gut und hilft entspannen.

Leichter Druck über dem Sonnengeflecht steigert die Lebensenergie, regt Herz und Kreislauf an, während Druck auf das Schambein disharmonische Energien auflöst.

Wir behandeln auch fünf aufeinander folgende Druckpunkte hintereinander zur allgemeinen Belebung oder um Ängste oder Spannungen aufzulösen, und zwar setzen wir den Druck wie folgt ein:

Zuerst mit zwei Fingern auf dem Nacken an der Ansatzstelle des Kopfes.

Zweitens mit zwei Fingern an der Mitte des Hinterkopfes.

Drittens setzen wir mit den Zeigefingern hinter den Ohren an und legen dabei die Daumen übereinander auf den Scheitel.

Viertens legen wir Zeige- und Mittelfinger beider Hände über die Ohren und die Daumen auf den Scheitel.

Fünftens legen wir je drei Finger auf die Schläfen und die Daumen an den Haaransatz.

Übrigens kann man jemanden rasch wieder mit Energie versorgen, wenn man sich Rücken an Rücken mit ihm hinlegt. Dabei ballen beide die Hände zu Fäusten.

Jetzt will ich dir die allgemeine Harmonisierung zeigen. Du weißt ja, dass wir den Körper den drei Sonnen zuordnen. Die drei Bereiche werden nacheinander ins Gleichgewicht gebracht. Wir beginnen auf der Rückseite und an den Füßen, bei der untergehenden Sonne. Mit sieben langen Aufwärtsbewegungen fahren wir mit der Hand leicht über die Umrisse des Behandelten, als wollten wir seine Aura reinigen. Dabei drücken wir jedesmal mit den Daumen auf das Steißbein. Die sieben Bewegungen werden ein zweites Mal wiederholt. Danach kommt die Mittagssonne. Dazu setzen wir die Hände in der Mitte der Wirbelsäule auf Höhe des Sonnengeflechts an und machen ebenfalls zweimal sieben Kreisbewegungen nach oben. Für die aufgehende Sonne bewegen wir die offene Hand von der Mitte des Hinterkopfes aus strahlenförmig nach außen, wieder sieben- und dann nochmals siebenmal.

Vorne beginnen wir mit dem Gesicht, mit denselben Bewegungen, ausgehend von der Nase und gleich oft. Das Sonnengeflecht wird wie der Rücken behandelt, mit wiederum zweimal sieben Kreisbewegungen. Für die Beine und untergehende Sonne setzen wir an den Lenden an und streichen nach außen und unten, bis die Hände an den Zehen wieder zusammenkommen, auch dies sieben- und noch einmal siebenmal.

Wenn du nun aufstehst, schließen wir die Arbeit im Stehen ab. Wir fahren mit einem Finger von unten nach oben und von oben nach unten leicht über die Umrisse des Körpers. So laden wir Körper und Aura auf, harmonisieren sie und verbessern die Aufnahme und den Fluss der stärkenden, Freude und Gelassenheit verleihenden Energien.

Damit ist der Behandelte gereinigt und gekräftigt. Entwickelt er auf diese Weise die Kraft seiner drei Sonnen, kann er sein gesamtes Wesen reinigen, öffnen und es mit dynamischer Kreativität erfüllen. Er wird sich einer zunehmenden Sonnenstrahlkraft, Vitalität und Gesundheit erfreuen.

Doch gehen wir uns in den Bädern entspannen und genießen das feuchte Vergnügen«, fügt Mehervnut mit seinen Kirschenaugen, dem Lockenhaar und seiner flotten Erscheinung einladend hinzu und nimmt Anuphti und mich bei der Hand. Wir machen uns in bester Laune auf den Weg. Geschwind setzt sich HaiKai auf seine Schulter, auf der sie sich trotz ihrer Kleinheit stolz emporreckt.

Unsere morgendlichen Badevergnügungen machen mit unserem fröhlichen neuen Gefährten viel Spaß. Dann ziehen wir uns an, und ich schlüpfe mit noch nassen Haaren in mein inzwischen gewohntes weißes Kleid. Anuphti verlässt uns, und wir lenken unsere Schritte zum daneben liegenden Krankenhaus. Ein von Kräuter- und Blumenduft überdeckter Todesgeruch hängt in den Zimmern. Übelkeit übermannt mich. Mehervnut nimmt meinen Arm, als ich beinahe ohnmächtig umfalle und geht mit mir wieder an die frische Luft.

»Wir brauchen nicht länger dazubleiben. Ich wollte nur, dass du das siehst. Diese Erfahrungen sind wichtig.« Während er spricht, falle ich vollends in Ohnmacht. Ich komme in seinen Armen zu mir. Er trägt mich in mein Zimmer und legt mich aufs Bett.

»Es ist alles in Ordnung, mach dir keine Sorgen«, beruhigt er mich.

»Was ist passiert? Ich bin noch ganz benommen. Weshalb habe ich mich nie so gefühlt, nicht einmal in den Mumifizierungsgewölben?«, erkundige ich mich noch ganz verwirrt. »Es musste sein, mach dir nichts daraus. Jetzt kannst du mir intensiver zuhören. Deine Schwäche macht dich empfindsamer«, antwortet er und streichelt mir mit einer Hand über die Stirn, während er mit der anderen mitten auf den Brustkorb drückt. HaiKai schaut still, weise und mit wissender Miene zu. Bald fühle ich mich wieder besser, aber ich bleibe noch liegen, während Mehervnut bei mir sitzt. Langsam und milde hebt er an: »Jetzt machen wir einen Ausflug in dein Verdauungssystem.« Dabei steckt er mir ein kleines Stück Obst in den Mund. »Wie dir bekannt ist, bin ich für den Wasserbau in den städtischen Gebäuden, Tempeln und Wohnhäusern verantwortlich. Der Darm hängt mit dem Element Wasser zusammen, während die

Lungen zur Luft und das Herz zum Feuer gehören, der Geist zum Metall und die Fortpflanzungsorgane zur Erde. Alles, was wir aufnehmen, verwandelt sich durch Absorbieren von Materie in Energie, und das Überflüssige wird eliminiert. Durch den ständigen Kreislauf von Aufnehmen und Ausscheiden nehmen wir an einem Verfeinerungsprozess teil, der eine dauernde Wandlung mit sich bringt. Wir ernähren den Körper, experimentieren mit zahlreichen sich uns bietenden Erfahrungen. Manchmal achten wir darauf, manchmal sind wir uns des Schadens oder Nutzens nicht bewusst, den wir daraus ziehen.

Staunend öffnen sich die Lippen bei der Geburt. Sie werden feucht und saugen gierig das neue Leben ein. Der Mund – die Kindheit – ernährt sich von Liebe, genießt Freude und lernt erkennen, wie Dasein in seinen verschiedenen Formen schmeckt. Die Speiseröhre ist die flüchtige Jugend, eine Zeit der Desorientierung. Mit dem Magen – dem jungen Erwachsenen – setzt die Verarbeitung, Prüfung und Unterscheidung ein. Der Darm ist die Reife, die Fähigkeiten abwägt und Erfahrungen assimiliert, der Dickdarm das Greisenalter, Weisheit oder Reue, Wissen oder Vorahnung, Fülle oder Einsamkeit, Augenblick des Abschieds und der Hingabe. Der Anus ist der Tod, die Verbindung nach außen und das Ende als Erdenwesen. Der Kot ist der Stoff und Beweis des vollendeten Durchgangs durch den Darm, Anfang und Ende eines ewigen Werdens, das in uns und im Weltall wirkt. Der Kot zersetzt und wandelt sich und wird für Neues verwendet. Er geht durch die Dunkelheit und wird im Licht wiedergeboren.

Vielfach essen wir unachtsam schlechte oder verdorbene Nahrung und denken nicht an die Folgen. Durch eigenes Unwissen vergiften wir uns, indem wir Stoffe aufnehmen, die unserer seelischen und körperlichen Gesundheit schaden und das Wohlbefinden beeinträchtigen. Wir sind nicht, was wir essen, aber wir sind meistens die geistlosen Filter dessen, was wir verantwortungslos einnehmen, die nachlässigen Gefäße für Gärstoffe, die schwer in uns liegen und allmählich Körper und Geist zersetzen. Eine der ersten Lektionen, die wir unseren Kindern beibringen, ist, mit gesundem Menschenverstand auf die Ernährung zu achten, ohne davon besessen zu sein. Das geht natürlich nur, wenn wir aussuchen können, was wir essen und keinen Hunger leiden. Wahl und Genuss des Essens sind Zeichen zivilisierter Intelligenz. Schlecht und unvernünftig zu essen ist ein Zeichen von Rohheit. Den Geschmack zu verfeinern ist eine wichtige Disziplin, auf derselben Stufe wie Körperpflege und eine gesunde Lebensweise. Sie zeichnet den denkenden, verantwortungsvollen Menschen aus.

Für mich ist Dummheit ein ernsthafter Mangel, einer, für den wir mit dem eigenen und dem Leben anderer bezahlen. Viele sind oberflächlich in wichtigen Belangen, bei Belanglosem dagegen strikt. Die Wahlfreiheit wird häufig missverstanden. Das Leben ist schön und bietet unendlich viel Wunderbares, doch ist es unsere Pflicht, dieses Leben mit gesundem Menschenverstand und gut gelaunt zu führen. Das Glück ist nicht niederen Wesen beschieden, die sich von Müll ernähren und an Klatsch ergötzen. Solche Gewohnheiten zerstören Verstand und Erneuerungskräfte.

Bei fehlendem Gewahrsein macht sich die Krankheit zu Recht breit.

Das Leben ist ein anspruchsvoller Geliebter. Es will Menschen, die bereit sind, zu geben und zu verstehen. Es will vom wertlosen Überbau törichter Konformismen unbelastete Menschen und keine, die eigener Ideen und Meinungen unfähig sind. Vulgäres Verhalten benebelt die Sicht, Unwissen wird von Entbehrungen überrascht. Der Herdentrieb bewirkt ein wunderliches Verhalten und schafft nur verdummte Anhänger von Gemeinplätzen. Echtheit ist die Tugend der Größe, die Unschuld der Kinder, die Frische der Reinen. Wir müssen die Einfachheit lieben lernen, uns des Unnützen entledigen, um Licht und Lebensfülle zu erlangen.

Die Krankheit greift die Verdauungsorgane plötzlich an, damit wir auf unsere Fehler achten. Heimlich entfesselt sie ihren Schaden, macht uns hilflos, schürt die Angst. Schutzlos verschließen wir uns jeglicher Einsicht. Die Krankheit wütet und plagt unsere Eingeweide. Augenblicke oder eine Ewigkeit lang bringt Panik uns aus der Fassung, durchzucken uns Schmerzen. Langsam zersetzt sich die Materie in uns. Wir bergen den tödlichen Kot. Hätten wir bloß verstanden, reagiert und geliebt. Doch zu spät, jetzt hilft nichts mehr. Die Weisheit ist weg, Sinnlosigkeit entsteht durch die Herrschaft der Säure. Leider. Wer sich selbst nicht gibt, nicht großzügig, sondern egozentrisch gierig, eigensinnig und unwissend ist, bezahlt mit den eigenen Eingeweiden, dem grimmigen Richter unserer Unzulänglichkeiten.

In Ägypten wird das Volk von unzähligen Epidemien befallen, von allerlei Katastrophen, die auf einer Vielzahl von Ursachen beruhen. Dürre, Armut und mangelnde Hygiene sind die Hauptschuldigen, doch das eben Erwähnte spielt für alle und zu jeder historischen Zeit eine Rolle. Der Augenblick ist für uns gekommen, uns zu erkennen, zu achten, vor allem aber andere zu achten, die oft das Opfer unserer Willkür oder Gleichgültigkeit werden. Sich öffnen, Freude machen und Lachen sind die besten Heilmittel für den Darm.

Und wie geht es dir jetzt?«, fragt Mehervnut und fährt mir mit einer Hand vom Hals zum Magen.

»Besser, aber ich fühle mich noch etwas wackelig«, antworte ich.

»Anuphti wird dir starken, sehr süßen Tee bringen«, meint er, und schon ist sie da mit Tee, der nach Jasmin und Pfefferminze duftet, mit Zitrone und Honig.

»Schließ deine Augen und lass die Gedanken schweifen. Hör zu und stelle dir bildlich vor, was ich dir sage. Vergiss, wo du bist und komm mit mir«, fordert mein Freund mich auf.

Ich gleite dahin wie im Traum.

»Wir steigen jetzt in ein versiegeltes Grab«, erklärt Mehervnut.

Der Eingang ist sehr eng. Wir müssen uns von oben wie in einen Brunnen hinablassen. Danach kommen zwei ganz schmale Gänge. Ich bin nicht ganz sicher, aber mir scheint, es geht abwärts. Ein seltsamer Metallgeruch hängt in der Luft. Mehervnut hält einen kleinen Spiegel in der Hand, damit wir besser vorankommen, aber wir können sicheren

Schrittes weitergehen, bis wir ein Steinportal erreichen. Der Eingang sieht verriegelt aus, scheint unmöglich zu öffnen, aber Mehervnut macht eine Handbewegung, und er gleitet beiseite. Vielleicht hat ihm jemand geholfen, ich weiß es nicht. Wir gehen zwei, drei Stufen in einen kleinen Vorraum hinab, wo diverse Körbe mit getrockneten Blumen und Opfergaben stehen. Dann geht es in einen weiteren kleinen Raum mit mehr Opfergaben. Wir steigen eine sehr steile Treppe hinunter, treten durch eine Maueröffnung und stehen vor zwei riesigen Steinblöcken. Auch diese gleiten vor unserem Nahen zur Seite, und wir betreten die eigentliche Grabkammer. Darin stehen und liegen eine Ansammlung von Vasen, Skulpturen und Schmuck in scheinbarer Unordnung herum.

Mehervnut erklärt: »Hier befinden wir uns in einer trockenen Zone. Der Raum ist wie ein Vakuum. Mit Handauflegen sterilisieren wir alles, bevor wir es versiegeln, damit es intakt bleibt. Dies ist das Grab eines Mannes, aber das ist nicht wichtig. Wir möchten, dass die Anordnung des Rauminhaltes ungestört bleibt. Die Gegenstände haben nicht unbedingt alle dem hier zur Ruhe Gebetteten gehört. Durch die Auswahl möchten wir die Qualität unseres Kunsthandwerks und die erlangte Zivilisationsstufe demonstrieren. Im Verlauf des gesamten Lebens eines Pharaos oder einer Königin werden Kunstgegenstände geschaffen, die zum Zeitpunkt ihres Todes mit in ihr Grab gelegt werden. Besonderer Wert wird auf Geheimhaltung gelegt. Die Kunstwerke werden in der Regel im Laufe des Lebens des Betreffenden beiseite gelegt und bilden seinen Schatz.

Zusätzlich zu diesen Stücken legen wir alles hinein, was ihm zeit seines Lebens lieb war und der Beschreibung seiner Person dient. Den Toten begleitet die Fürsorge der ihn liebenden Menschen und Nächsten. Die Botschaft Ägyptens muss als Zeitdokument in ihm weiterleben und ist an den Zeitpunkt seines Todes geknüpft.

Ein Grab ist das Erbe, das wir der Nachwelt hinterlassen. Damit Menschen Bilanz ziehen und sich der Bande bewusst werden können, die sie mit dem Jenseits verbinden, brauchen sie das Rätsel des Todes. Das Trauma der Abwesenheit eines Menschen ist notwendig, damit die entstehenden intensiven Gefühle ihnen die im eigenen Innern wirkenden kosmischen Zyklen bewusst machen. Ein Wesen entwickelt sich nicht ohne ständige Wandlung, die sich durch eine Folge von Geburten, Leben und Tod ergibt und Verwirrung, Verlust- und Trennungsschmerz, aber auch Freuden bringt. Der Körper oder Leichnam in einem Grab ist der Brennpunkt, in dem sich der Tod materialisiert, der ihn menschlich und zum Bindeglied werden lässt. Er weckt unser Interesse, unsere Neugier und Angst.

Nicht immer sind wir uns dessen bewusst, dass uns der Tod von Geburt an durch das Leben begleitet. Leben und Tod sind die beiden Energien, aus denen wir bestehen. Sie verwandeln unsere Existenz beständig, und Besorgnis und Unsicherheit über unser Werden kommen auf. Die von ihnen in uns ausgestrahlte Kraft führt uns zum Licht und auf den Weg der Entwicklung. Geh weiter und vertraue darauf, dass das Licht in dir strahlt und dass die Reinheit dich befreit.

Die Grabstätten sind der Schatz, den wir hinter uns lassen und für ihre Entdecker hinterlegen. Sie sollen als Beispiel und Erklärung dienen und von unserem Erdendasein zeugen. Überflüssiger Pomp korrumpiert die Wahrheit über uns. Das Verlangen nach Besitz behindert den Aufstieg und bindet an die Illusion der Unsterblichkeit. Der Körper unserer Lieben ekelt uns an mit seinem Gestank. Der Leichnam stinkt, nicht der Geist.

Ein frohes Leben verbindet uns mit unserer Seele. Die Liebe schließt uns von Erinnerungen verzehrte leidenschaftliche Erdengeschöpfe alle ein. Die Erinnerung ist ein mühseliges Gebilde, ein Lagerhaus der Erfahrungen, Herrin unserer Niederlagen, die unsere Gefühle aufzeichnet. Vergangenheit, Gegenwart und Zukunft vermischen sich in ihr. Sie verbindet uns mit den verstorbenen Lieben. Die Kanopen sind irdische Erinnerungen für uns. Sie bergen die Verletzlichkeit des Lebens und schützen und verbergen den Verfall. Als treue Freunde hüten sie unsere Überreste bis zu unserer angenommenen Wiederkehr.

Mit Trennung, Vergessen und Neubeginn gilt es, freudig zu leben und verfügbar zu sein. Wir müssen lernen, zu nehmen und zu lassen, zu geben, zu überwinden, uns neu auszurichten und neu zu beginnen. Alchemie oder Strategie? Weder noch: Das ist Liebe, Glaube und Empfänglichkeit. Licht und Dunkelheit begleiten dich immer als Gehilfen deiner Gelassenheit. Freue dich an deinem Weg und deinen Liebesabenteuern. Setz dich und schau! Beobachte sorgsam, vergiss, vergib, lass dein Innerstes siegen und geläutert werden, bis es aufgeht im Absoluten.

Sieh, wie die Gegenstände in dieser Grabkammer absichtlich fragmentarisch und anscheinend zufällig angeordnet sind. Es ist das Ergebnis einer sorgfältigen Voraussicht, um beim Entdecker Spannung zu wecken. Es macht neugierig und stellt einen Kontakt her. Das Leben – nicht der Tod – ist der Faden, der den Verstorbenen mit dem Entdecker verbindet und das Neue einer die Zeit überdauernden Vergangenheit offenbart. Staunen ist das Gefühl, das den Graben überbrückt. Der Eindruck setzt diejenige Schwingung frei, die neue Bindeglieder schmiedet und eine gemeinsame Erinnerung reaktiviert. Die eigens ausgelassene Information zwingt künftige Generationen zur Erforschung und erneuert das Bündnis. Sie werden durch die unsichtbaren Fäden des raffinierten Rätsels mit uns verbunden. Wir haben das stille Gespräch so programmiert, dass nichts als selbstverständlich hingenommen wird. Wir wollen Verblüffung und Staunen auslösen sowie den Forschergeist wecken. Wir geben euch die Elemente, die ihr zusammensetzen müsst, um sie zu verstehen. Geheimhaltung ist der Schlüssel zum Rätsel der ägyptischen Kultur. Wir liefern keine Berichte, die bis in alle Einzelheiten gehen. Wir lassen Möglichkeiten offen. Der Entdecker muss die verborgenen Hinweise erforschen, welche die Bedeutung enthalten und die Nachricht vervollständigen. Das Ausgelassene ist wichtiger als das Mitgeteilte.

Jedes Grab hat etwas Eigenes zu offenbaren und ist ein Stück unserer Kultur. Doch die Botschaft, die wir übermitteln wollen, ist wissenschaftlich und theologisch, auch wenn sie sich anscheinend unter dem Mantel eines Kunstwerks verbirgt. Das Staunen über die Schönheit muss dem Wissen Platz machen, das aus der Suche nach unendlicher Tiefe stammt. Wir alle streben nach Vollendung, dem Treffpunkt der inneren Wahrheit aller, der eigentlichen Wahrheit, die sich uns allmählich durch Evolution offenbart. Der intelligente Instinkt bildet das Band zwischen euch und uns und schafft das unsichtbare Gebäude zum Vergleich unseres Geistes. Wir offenbaren uns dem aufmerksamen Beobachter und begegnen einander durch gegenseitige Achtung. Ihr versteht uns, indem ihr euch vergesst. Verständnis ergibt sich allein durch Liebe. Sturheit baut Schranken auf. Wie viele wertlose Erklärungen und nutzlose Informationen erzeugt sie, wie viele sterile Archive und unstimmige Museen. Im kürzlich entdeckten Grab der Nefertari wurden Sandalen gefunden. Es sind nicht die ihren, sondern viel größere, die dem Mann gehörten, den sie liebte. Die Frau folgt im Schatten des Mannes. Die Sandalen sind ein Symbol der Treue und wurden der Verstorbenen auf ihre Bitte hin mitgegeben als Erinnerung an ein Band, das der Tod wieder knüpft, und als Abschiedsgeste für ihr irdisches Glück.

Jetzt, hier in diesem Grab, ist es ganz passend, wenn ich dir kurz über das Ägyptische Totenbuch berichte. Es ist ein von den Priestern überlieferter Text zum Verständnis der ägyptischen Vorstellung des Todes, so wie ihn die Lebenden verstehen, und auch als Wandlung. Das Buch ist eine Sammlung unseres Wissens und beschreibt die Gesten vor und nach dem Augenblick der Trennung, eines lange vorbereiteten Augenblicks, der Ankunft und Weggang zugleich ist. Es ist in zwölf Abschnitte oder Stunden eingeteilt, welche die Auflösung der Bestandteile, aus denen der inkarnierte Mensch besteht, bezeichnen. Es ist ein Gang der Auflösung und dann einer erneuten Zusammensetzung in festgesetzten Stadien auf einer vorgegebenen Reiseroute.

Unser physischer Körper kennt Anfang und Ende. Er ist die Manifestation einer atmenden und sich unter irdischen Gegebenheiten entwickelnden Energiedichte. Der Mensch ist die Substanzwerdung von Energien, die durch Bewegung miteinander in Verbindung treten und über welche die Essenz herrscht. Diese lenkt die irdische Erfahrung, um eine zusehends größere Ausdehnung zu erlangen, ihr Potenzial auszuschöpfen und sich mit der absoluten Wahrheit wieder zu vereinen.

Wir setzen uns aus physischem Körper, Geist und Persönlichkeit zusammen und besitzen zudem noch die Lichtkörper. Diese Zusammensetzung hüllt unsere Essenz oder Seele ein und wird von Energie belebt, besser gesagt von Energie in verschiedenen Formen. Die Aura ist die leuchtende Äußerung unseres Wesens und spiegelt unseren momentanen Zustand. Das Magnetfeld ist Empfänger und Akkumulator all unserer Energien sowie das aktive Feld, in dem wir wirken. Der so genannte Astralkörper ist jener Teil der Lichtkörper, der in den kosmischen Welten fungiert und mit diesen in Kontakt steht.

Die in den zwölf Stadien oder Stunden des Ägyptischen Totenbuches beschriebenen Ereignisse zeigen eine Entwicklung auf, die jeder mit allem, woraus er besteht, zu durchlaufen hat, um vollkommenes Verständnis und Verbindung mit der göttlichen Erkenntnis zu erlangen. Jeder Teil des Weges ist eine strahlende Äußerung desselben ursprünglichen, lebendigen Wesens.

Das Totenbuch ist nichts anderes als ein Dokument für die Lebenden. Es analysiert, lenkt und erzeugt eine Vision, unser Potenzial in Richtung erleuchteten Wissens auszudehnen. Jede Facette des menschlichen Wesens wird darin besprochen. Seine Offenbarungen haben eine starke Ausstrahlung. Somit bildet die Todeserfahrung den Gipfel unserer zeitlichen Erkenntnis und manifestierten Energie, einer Erfahrung an sich, die das Ergebnis eines sich beschließenden Schicksals erwartet. Zwischen Geburt und Tod verläuft eine Energie namens ›Leben‹, die sich in einem mehr oder minder ausgeprägten Gleichgewicht in uns äußert. Der Wechsel im Energiefluss löst die Selbstvernichtung im Menschen aus, womit eine unaufhaltsame und unkontrollierbare Entwicklung einsetzt. Es ist zwecklos, sich vom Leben fernzuhalten. Vielmehr sollten wir uns öffnen und tief einatmen, denn dies sind die belebenden Mittel, die uns gestatten, unsere Sicht zu erweitern und zu vertrauen. Wir werden ein immer größeres Hilfspotenzial nutzen und damit unsere unendlichen Gaben fördern und stärken können. Wir werden fähig sein, die Energien in uns ständig zu regenerieren und im Verlauf der eigenen Wandlung vernünftig und flexibel zu bleiben. Wir müssen die Urenergien in vollem Umfang aufnehmen und den Geist überschwänglich werden lassen, um die Schranken des Mittelmaßes niederzureißen. Wir müssen die Freiheit wiedererlangen, die uns erlöst. Mut stärkt unsere Kraft und steigert ihre Fähigkeiten mit jugendlicher, furchtloser Energie, die unsere ehrgeizigsten Träume wahr werden lässt und uns hilft, das Ziel unseres Strebens zu erreichen.

Denk immer daran: Isis wacht über uns. Sie schützt ihre Kinder, die ihr Wissen weitergeben — Wunder der Liebe, das unbekannte Gefühle in uns wandelt. Sie hüllt uns ein und durchdringt uns, bis aus ihrer tödlichen Umarmung der Hauch der Wahrheit entströmt. Öffne die Augen. Sei weitblickend! Was du siehst, ist nur ein Versprechen dessen, was sein wird. Lass Kummer, Unsicherheit und Niederge-schlagenheit hinter dir. Sie sind die unverlässlichen, feigen Verbündeten des Zweifels. Sie beschleichen dich mit ihrem Gift und mehren deinen trüben Verdacht. Konzentriere dein Feuer und schüre es mutig. Erschrecke die Feinde mit entschlossener Reinheit, deren Macht sich durch kühne Geradheit entfesselt. Überfließend von Mitgefühl, großzü-gig in liebevoller Aufmerksamkeit, erstrahlend im Trost, wende dich ab vom Mittelmaß, zerstöre das Böse und er-tränke die Torheit. Lass alles das fahren, doch mit gütigem Lächeln. Geh unermüdlich voran, pflücke die Blumen des Leides, der Qual und der Angst, doch pflege die Stärke, den Mut und die Freude. Der Weitblick fürchtet nicht. Er führt zu der höchsten Wahrheit, die mutig über die Weiden der Liebe schweift, der herrlichen Reiterin, der keine Hür-de Einhalt gebietet und deren Lohn wiederum Liebe ist.«

Mehervnut lächelt mich an. Ich liege noch immer auf meinem Bett. Etwas Außergewöhnliches geschieht. Ein Teil meiner Selbst ist schwer, doch der andere löst sich und hebt sich ab wie eine Hülle. Ich werde aufgehoben und schwebe über meiner anderen, unbeweglichen Hälfte, die ich wie eine Zuschauerin betrachte. Ich erkenne mich, bin hier und dort zugleich, in zwei Teile gespalten. Plötzlich werde ich von einer Kraft mitgezogen. Mehervnuts Hand fasst nach der meinen. Wir kommen mit großer Geschwindigkeit voran. Nach einem Augenblick Verwirrung und Dunkelheit setzt ein wunderbares Strahlen ein. Wir sind schwerelos und von Licht umhüllt. Friede. Eine unbeschreiblich harmonische Musik. Alle meine Sinne haben sich miteinander vermischt, sodass ich nicht mehr weiß, ob ich höre oder sehe. Zahllose freudige Empfindungen verschmelzen in unvergleichlichem Staunen. Zauber. Intensität und Ekstase. Die Hand meines Freundes hält meine, er lächelt mich an. Wir sind vom Leuchten der Farben um uns völlig geblendet, von schimmernden Wolken, himmlischem Glanz und Lichtbündeln, die gleichsam aus tiefen Schluchten hervorbrechen. Morgenröte und Sonnenuntergang vermengen sich in einer irisierenden, sich ständig verwandelnden Landschaft. Ich bin überwältigt, entrückt.

Jemand kommt uns entgegen, nein, viele. Sie begrüßen uns. Ich kenne sie. Es sind unsere Lieben, die vor uns gegangen sind. Sie sind da.

Mehervnut wendet sich mir zu: »Wir sind nur zu Besuch und müssen leider zurück. Ich weiß, es gefällt dir hier sehr und du möchtest bleiben, aber noch gehören wir zur anderen Seite und müssen dorthin zurück. Doch bevor wir gehen, möchte ich dir etwas über diese Welt sagen. Wir sind an einem Ort, wohin nur die Glücklicheren kommen, diejenigen, die eine leichte Last tragen, die einfach abzulegen ist.

Alle werden dieses Stadium zu ihrer Zeit erreichen, wenn sie es wollen. Das Leben ist wie ein Kartenspiel. Am Ende darfst du nur noch wenige der ausgeteilten Karten in Händen halten, wenn du nicht zu viel bezahlen willst. Du musst die Karten ganz genutzt und begriffen haben, wann und wie du die Gelegenheit dazu bekamst.

Die Liebe lohnt alles, aber sie entschuldigt nicht alles. Großzügigkeit muss weitblickend sein. Vorsätzliches Unwissen und Gleichgültigkeit werden reichlich bestraft, wie auch die selbstzufriedene Einfalt. Geiz ist ein unüberwindliches Hindernis. Wir bekommen viele Gelegenheiten, uns zu erlösen und die weniger edlen Neigungen abzulegen. Wir haben auf bestmögliche Weise die meisten Karten aufzubrauchen. Wenn wir erst einmal auf dieser Seite sind, ist es sehr schwierig, begangene Kränkungen wieder gutzumachen. Dann sind viel Mühe und Hilfe vonnöten, sie abzuarbeiten und aufzulösen. Es ist viel besser, unsere Aufgabe im Leben zu erfüllen, der Botschaft mit gutem Willen zu folgen und flexibel und verständnisvoll auf unser Schicksal zu vertrauen. Wir sollten nichts fürchten. Alles wird sich harmonisch erfüllen und erleuchtete, intelligente und freie Wesen aus uns machen, stark in der Reinheit der Überzeugung, die stolz die aus dem Mittelmaß Befreiten leitet. Das Mittelmaß beschmutzt die törichten Massen, die selbstzufrieden in konformistischer Halbherzigkeit mitschwimmen, arrogante Richter, die in Scheinheiligkeit waten und sich im Übel suhlen, glücklich, zu Rängen zu gehören, die sich an die Spitze nicht existenter, unsichtbarer Klassen stellen.

Sieh nur die prachtvollen, unendlichen Ausblicke, die du von hier aus genießt. Welch lohnende Herrlichkeit. Sie ist kein leeres Versprechen, sondern vollkommen real. Sie erwartet die Weitblickenden, diejenigen, die trotz ihrer Leiden und Demütigungen Reinheit erkennen und entschlossen sind, ihr mit klugem Verständnis zu folgen.«

Welche Gelassenheit, Freude und Schönheit! Ich fühle mich wie in einem Regenbogen, als bewegte ich mich in den Farben des Wassers, des Himmels und der Sonne zugleich.

Ich bitte meinen Freund: »Ach lass uns doch bleiben. Ich will nicht zurück.«

Mehervnut legt mir die Hand auf die Schulter und führt mich sanft zurück. Ich sehe sein Lächeln und vergesse einen Augenblick, wo wir sind. Unsere Lieben verblassen und entschwinden unserer Sicht. Ich sehe meinen reglosen Körper. Ein Augenblick, eine Ewigkeit, und ich bin wieder auf meinem Bett. Mehervnut streichelt ernst und zärtlich mein Haar. Ich fühle mich wohl.

»Ich danke dir. Welch wunderbarer Ausflug!«, sage ich.

»Sorge dich nicht. Das alles gehört jetzt dir. Eine einmalige Erinnerung, die wenigen zuteil wird und ihr Erdendasein durch die Verheißung einer bewussten Wiederkehr verändert. Ruh dich jetzt aus. Ich bleibe bei dir.«

Eine nachdenkliche HaiKai macht es sich in meinem Haar bequem.

Nach einer Weile meint Mehervnut: »Ich überlasse dich jetzt Anuphtis Fürsorge. Wir treffen uns im großen Versammlungssaal mit den Säulen. Von dort gehen wir für unseren letzten Abend in den Garten des Pharaos.«

Mehervnut verabschiedet sich gerade, als Anuphti eintritt. Sie setzt sich zu mir auf das Bett, und bevor wir uns zu den Bädern aufmachen, unterhalten wir uns noch etwas. Ich bin glücklich und zufrieden. Auch Anuphti ist bester Dinge. Einen Moment lang fallen mir Uhren, Verkehr und geschäftiges Treiben ein, aber gereizt verbanne ich sie aus meinen Gedanken. Lachend und unbeschwert gehen wir in die Bäder und treffen dort eine ganze Reihe von Freundinnen und Freunden an. Wir lassen uns alle in das größte Becken mit lauwarmem Wasser gleiten. Ringsum sind kleine Kohlebecken mit brennenden Essenzen aufgestellt. Es duftet ausnehmend gut. Das Bad ist höchst erfreulich und heute auch etwas festlich. Wir bleiben eine Weile, waschen uns das Haar, reiben uns mit allerlei Duftölen ein und kehren schließlich in mein Zimmer zurück.

Anuphti und ich flechten uns die Haare zu Zöpfen und richten einander gegenseitig her. Ein junges Mädchen namens Tiyafnye bringt uns zwei Kleider. Sie sind weiß, gefältelt und sehen aus wie modelliert.

»Wie unglaublich, sie sind ganz wunderschön«, rufe ich aus.

»Ja«, antwortet Anuphti. »Weißt du, wie man das macht? Wir machen sie nass, dann breiten wir sie aus, ziehen sie mit Stecknadeln in Form und modellieren Rundungen und Strahlen hinein. Wenn sie trocknen, behalten sie die Form.«

Gemeinsam helfen sie mir in mein Kleid. Es ist atemberaubend schön, schmiegt sich vollkommen den Körperformen an und bildet ein ausgeklügeltes Wellenmuster. Um die

Knöchel ist es ausgestellt wie die gewellte Krone einer Glockenblume. Anuphti hat den Skarabäus, den ich von Isis bei meiner Ankunft zum Geschenk bekommen hatte, einfassen lassen. Ich hänge ihn an die Kette, die ich trage. Er gleicht einem großen irisierenden Wassertropfen. Betontheps Libelle trage ich im Haar. Anuphti legt mehrere Armreifen an und reicht mir einen mit zwei emaillierten Affen, die einander ansehen und mit Steinen besetzt sind. Wir sind bereit.

Meine Freundin sagt: »Geh nur. Sie erwarten dich im großen Versammlungssaal. Harmon, der junge Priester, der für Mehervnut arbeitet, ist da und will dich abholen.«

Tatsächlich steht Harmon vor der Tür und reicht mir eine prachtvolle, wunderbar duftende weiße Lilie.

Ich danke ihm und sage: »Die nehme ich mit.«

Als wir uns aufmachen, betrachte ich ihn von der Seite. Er hat erstaunlich längliche, schräge Augen und ein so klares Profil, dass er nicht nur gut, sondern geradezu vollkommen aussieht. Er lächelt mich an, als lese er meine Gedanken. Wir erreichen den Saal, und Harmon führt mich zum Großpriester Betonthep. Meine sieben Freunde sind alle in Weiß gekleidet und tragen die zeremonielle goldene Kopfbedeckung. Ich werde gebeten, mich zu setzen. Sie stehen da wie in einer V-Formation, mit Betonthep an der Spitze vor mir. Mein Stuhl steht auf einem kleinen Podest mit drei Stufen, und unsere Augen sind auf gleicher Höhe.

Betonthep beginnt zu sprechen: »Wir wollen dir jetzt zum Abschluss deiner Reise eine Botschaft mitgeben.« Es ist Betontheps Stimme, aber sie sprechen alle sieben aus einem Mund. Eine Stimme, sieben Schwingungen, ein siebenfaches Einverständnis, sieben miteinander und mit dem Echo unendlicher Gespräche verbundene Wesen. Ich habe das Gefühl, vor einer Menge zu sitzen, es ist die Illusion einer vielfachen Vermehrung.

»Dies ist kein Abschied, sondern der Anfang eines Bandes zwischen dir und uns. Du bist nur eine, aber du stehst für viele wie wir. Wir verbinden uns, um mit dir zusammenzuarbeiten und eine zweifache Realität zu bilden, eine, bei der jede Seite sich mit der anderen berät, um gemeinsam nach der einen Vollkommenheit zu streben. Es ist die Liebe zweier Hälften, die einander nur durch gegenseitiges Vertrauen erkennen. Wie Isis und Osiris verschmelzen sie im weitblickenden Ziel einer strahlenden Verbindung: Horus. Er ist der Übergang zur letztendlichen Einweihung, zur Geburt einer ständigen Wiedergeburt, die durch die Beteiligung freier, einander liebender Menschen fortgeführt wird: du und wir, Wesen, die in sich und in anderen das Wunder der Läuterung durch Liebe bewirken; Aufstieg zweier Seiten, vervielfältigt in alle Ewigkeit; Einsatz einer Macht, die eine schöpferische Auferstehung bewirkt; durchdringende Kraft der Intelligenz, die sich in ständiger Bewegung kenntnisreicher Evolution füllt, leert und erneut wie eine Welle füllt; Impuls von Schwingungen, die erworbene, inspirierte Weisheit freisetzen; Treffpunkt des Bewussten und Unbewussten, in dem sich die reinsten Absichten verbinden. Reiche uns deine Hände, dann ist uns durch Liebe Erfolg beschieden. Unsere gemeinsame Erfahrung wird das Chaos zerstören und Unwissen vernichten. Wir werden die ›ideale Welt‹ aufbauen können, eine Schöpfung, die ihr alle und wir alle bewohnen werden, in Erwartung dessen, dass sich das verheißene Kommen des göttlichen Lichtes erfüllt.«

Eine unendliche Freude durchflutet unsere Verbindung. Die duftende Stille bewegt mich. Ich halte noch die Lilie in der Hand, jetzt gebe ich sie Betonthep. »Für euch und für uns«, sage ich, als sich unsere Hände begegnen und halten. Inzwischen sind wir unendlich viele geworden, alle in Weiß.

Plötzlich fassen zwei kleine Hände die meinen. Es sind mein kleiner Freund Rhampu und seine Schwester.

»Wir gehen jetzt in den Garten des Pharaos«, informiert er mich wissend. Mehervnut und Harmon gehen mit uns. HaiKai, die kleine, doch unangefochtene Königin, hat eine würdige, wachsame Miene aufgesetzt und blickt sich mit ihren riesigen, neugierigen Augen überall um. Alle lächeln und sind festlich gestimmt. Mehervnut fasst mich um die Taille, da stößt Anuphti zu uns. Wir schlagen den Weg durch den Gang ein, der den Tempel mit dem Palast und den Gärten des Pharaos verbindet.

»Dieser Durchgang ist ausschließlich dem Pharao vorbehalten. Aber heute sind wir seine Gäste«, erläutert Mehervnut.

Der Tunnel verläuft unterirdisch. Ich halte Rhampus Hand, während wir langsam weitergehen. Die Wände ringsum sind mit Palmgeflecht und Lehm bedeckt, alle wunderbar vielfarbig bemalt und nur ab und zu mit einem Blumenmotiv dekoriert. Schließlich teilt sich der Weg, und wir wenden uns links den Gärten zu. Die rechte Abzweigung führt zum Palast.

Draußen bietet sich uns ein großartiger Anblick. Ich erkenne noch nicht, wie dieser bemerkenswerte Garten angelegt ist.

Doch beim Näherkommen erläutert Mehervnut:

»Dieser Garten ist einer unter mehreren Gärten des Pharaos. Es ist der viereckige Jahreszeitengarten, der durch einen in den Sand gezeichneten Stern mit vier Spitzen in vier Teile gegliedert ist. In der Mitte stellen drei große konzentrische Kreise Sonne, Wasser und Erde dar. Das Dreieck in der Mitte steht für die Luft und den Geist. Wir haben drei Jahreszeiten in Ägypten, aber hier sind vier dargestellt: warm-trocken, warm-feucht, kalt-trocken und kalt-feucht.«

Wir gehen weiter bis in die Mitte und den aus Sand gebildeten Sonnenkreis. Auch die anderen Muster sind aus Sand, Erde oder Wasser angelegt und aufs Schönste bepflanzt. Papyrusgruppen, Wasserhyazinthen und prachtvolle Lotosblüten gedeihen im Wasser. Jeder Abschnitt, egal ob in Sand oder Erde, ist auf ebenso unterschiedlich fantasievolle Weise angelegt. Es gibt Zwergpalmen, mit Rosen wechselnde Myrten, Wacholder und Zitronen-, Bananen- und Feigenbäume, ungewöhnliche, einfallsreiche Mischungen. Überall herrscht eine bezaubernde Harmonie, die von unerschöpflicher Kreativität und den zahllosen Jahreszeiten der Fantasie zeugt. Alles ist geheimnisvoll und rein wie das Spiel frühreifer, begabter Kinder. Der Himmel erglüht in Rosa und intensivem Orange. Violette Wolken schweben am Himmel, als wären sie mit Pinselstrichen auf eine helle, endlose Leinwand gemalt. Die surreale Landschaft vermischt sich mit den strahlenden Farben und bereitet uns auf einen freudigen Abend vor. Glücklich setzen wir uns. Rhampu jubelt. Eine prachtvolle Prozession weiß gekleideter Frauen und Männer kommt näher, die kunstvoll angeordnete Gerichte, Früchte und Blumen herbeitragen. Aufwendige Konstruktionen von Palmblättern, Blumenkränzen, Dattelrispen, schön angerichtetem Fisch und Geflügel und farbenprächtige Obstplatten ziehen unaufhörlich vor unseren anerkennenden Augen vorbei. Wir machen es uns bequem, und unsere Mutter Nut hüllt uns in ihren sternenbesetzten Mantel. Sanfte, sehnsüchtige Lieder schweben durch die laue Luft. Eine betörende Musik wie von Kinderstimmen weht an uns vorbei. Wir genießen das Glück und die Heiterkeit unseres Festes. Rhampu und HaiKai sind schon längst eingeschlafen. Meine sieben Freunde und ich bleiben noch. Bald wird es hell. Eine leuchtende Kutsche taucht am Horizont auf. Ist es ein Gott oder ein Mann in einem göttlichen Wagen?

»Es ist der Pharao. Er geht auf die Jagd«, sagen sie.

Gemächlich machen wir uns zum Nilufer auf. Eine weiß gekleidete Frau kommt uns lächelnd entgegen. Es ist Isis, die uns abholt. Ihr Schiff liegt am Ufer. Ich nehme meinen Platz hinter ihr ein, mit meinen sieben Freunden zusammen, die wieder Skorpione geworden sind. Wir treten die Rückreise nach Hause an.

Anhang
Meine Geschichte

Vielleicht interessiert es den Leser, etwas über die Hintergründe und Vorgeschichte zu erfahren, die zum Schreiben dieses Buches geführt haben.

Von den sieben spirituellen Führern, mit denen ich diese Reise durch das alte Ägypten unternommen habe, weiß ich, dass wir unsere Lebensumstände selbst wählen. Mit ihrer Hilfe habe ich demnach beschlossen, diese Aufgabe zu übernehmen, und ich will darzulegen versuchen, was mich dazu bewog, dieser Verpflichtung nachzukommen.

Nicht nur meine Familienmitglieder, sondern eine ganze Reihe von nicht mit mir verwandten Menschen haben einen großen, weitreichenden Einfluss auf mich ausgeübt. In meinen Augen sind die Gene nur beschränkt von Bedeutung. Wichtiger sind diejenigen Eigenschaften, dank deren wir wie ein Magnet eine Anziehungskraft auf Menschen ausüben, die für unsere Entwicklung und Evolution wesentlich sind. Wenngleich Verwandtschaft nicht das Wichtigste ist, bringt sie dennoch bestimmte Menschen im Laufe verschiedener Inkarnationen zusammen, was dem Fortschritt aller Beteiligten zugute kommt. Zudem festigt es Bande, die in aufeinander folgenden Leben geknüpft wurden. Liebe ist dabei das Wichtigste, weil sie uns ganz macht und das Wesen der Ewigkeit erahnen lässt.

Ich wurde in eine sehr traditionsbewusste Familie hineingeboren, die sowohl väterlicher- wie mütterlicherseits historisch von Bedeutung war. Die Colonnas gehören zu den ältesten und bekanntesten Familien Italiens und haben Päpste und Berühmtheiten auf allen Gebieten hervorgebracht, von der Kunst bis zum Schlachtfeld. Zu erwähnen sind insbesondere Papst Martin V. im frühen 15. Jahrhundert, Mercantonio Colonna, ein großer Feldherr im 16. Jahrhundert, und die Dichterin Vittoria Colonna, die eine lebenslange Freundschaft mit Michelangelo verband.

Dieses Buch widme ich meinem Vater, denn ihm verdanke ich meine Suche nach Integrität, Harmonie und Reinheit. Er ist mir um seiner moralischen Größe und seines Edelmutes willen zum strahlendsten Vorbild geworden. Heldenmütig im Alltag, war er jemand, der seine Führereigenschaften bescheiden und zurückhaltend zu wahren verstand und diese mit einer herrlichen, ruhigen Heiterkeit verband. Dieses Fundament hatte er seiner Familie zu verdanken, die guten wie schlechten Zeiten stets mit Mut und Würde begegnete.

Neben ihm hatte ich andere große Vorbilder, etwa den Architekten Luis Barragan, der vor einiger Zeit starb und jetzt — zusätzlich zu den in diesem Buch erwähnten — zu meinen Führern gehört. Luis war ein außergewöhnlicher Mensch. Ich war 15 Jahre alt, als mein Vater mich ihm in Mexiko vorstellte, wo wir damals lebten. Er war liebenswürdig, charmant, begabt, asketisch und ein leidenschaftlicher Liebhaber der Schönheiten der Natur. Als einer der ersten Minimalisten lehrte er mich im Bereich des Geschmacks frei zu wählen und bei der Suche nach Schönheit das Wesentliche zu erkennen. Flexibilität und Strenge verbinden sich in seinem Werk mit Harmonie und dem Geheimnisvollen. Diese Dualität liegt auch den Vorstellungen in diesem Buch zugrunde, der liebevollen Verbindung von Isis – die Intuition und die weibliche Seite verkörpert – mit Osiris – der logischen, männlichen Seite. Das ist ein Gleichgewicht, das in der heutigen Suche nach Rationalität verloren gegangen ist.

Eine weitere bemerkenswerte Persönlichkeit übte einen großen Einfluss auf meine gesamte Familie aus. Er wohnte jahrelang in unserem Haus in Rom und hatte somit die beste Gelegenheit, uns aus der Nähe zu beobachten. Er hieß Robert Grenel, war ein hervorragender Kenner des heiligen Augustinus und zudem Psychoanalytiker. Er war Amerikaner, Schüler von C. G. Jung und mit Fromm befreundet. Er hat mir geholfen, das Chaos unserer verwickelten Familienbande zu entwirren und sie in die richtige Perspektive zu rücken.

Außerordentlich dankbar bin ich meiner Schwester Fiorenza, die mir eher eine liebevolle Mutter als Schwester war und ist, und auch ihrem Mann David, der zu unserem unzertrennlichen Trio gehört. Seine unwiderstehlich liebenswerte Mutter Gertrude ist im jugendlichen Alter von 95 Jahren die modernste und mitreißendste Frau, die es gibt. Sie ist lebhaft, komisch und stets bester Dinge. Dann wäre noch Ida mit ihrer zarten mütterlichen Energie zu erwähnen. Sie verteidigt und beschützt mich und macht frohgemut unzählige Metamorphosen mit, eine mediterrane

Mutter mit lebenssprühendem, empfindsamem, süßem und sehr starkem Kern, großzügig und unendlich wie das Meer.

Ich habe die Schule eigentlich nie gemocht, auch nicht, in einer Gruppe eingepfercht zu sein. Ich bin Individualistin, und hätte ich die Wahl gehabt, wäre mir Privatunterricht viel lieber gewesen, wie ich ihn zwei Jahre lang bei der Nonne Mutter Lucia genießen durfte. Ich werde weder sie je vergessen noch das, was sie mir in meinem Wissensdurst alles beigebracht hat. Sie hat die Freude am Lernen und Hinterfragen in mir geweckt. Sie hat mich zu eigenständigem Denken und eigenen Schlussfolgerungen ermutigt.

Nach dem Abitur ging ich nach Paris, wo ich an der Grande Chaumière und im Atelier McAvoy malen lernte. Von Kindesbeinen an habe ich gemalt und modelliert. Ich habe auch die Pläne des Hauses, in dem ich mit meinem ersten Mann wohnte, selbst gezeichnet und den Bau überwacht. Es wurde in den prachtvollen, im 18. Jahrhundert angelegten Gärten eines sizilianischen Schlosses erbaut, das der Familie meines Mannes Giuseppe gehörte. Als es gerade fertig war, nannten es unsere Freunde im Spaß »Haus des Pharaos«. Wenn man es heute vom Meer aus erblickt, meint man, es sei uralt und schon immer da gewesen.

Ich bereue keinen Augenblick meines Lebens und versuche zu behalten, was ich daraus gelernt habe. Leider ist nicht alles Gold, was glänzt. Meine Schwester Fiorenza und ich hatten das Glück, einander in schweren Zeiten auffangen und aufeinander zählen zu können. Ich habe versucht, nicht so sehr die Gefühle, die mich bewegt haben, als vielmehr den Geist der Dinge hier wiederzugeben; nicht die

Schatten, Ungerechtigkeiten oder Emotionen im Klammergriff der Angst, sondern das, was ich gerne ohne bittere Enttäuschungen und nackte Verzweiflung erreicht hätte.

Heute lebe ich auf unserem Familiensitz auf dem Land unweit des Meeres. Es ist ein altes, interessantes Gebäude, das um eine Abtei in der Mitte angeordnet ist und schon jahrhundertelang der Familie gehört. Es birgt eine Welt von unvergänglichem Reiz, wo die Zeit manchmal stillsteht.

Ich habe gelernt, jeden Tag auf einmal zu leben, Schläge und Verlustschmerz zu überwinden, nicht zuletzt, weil ich im Kontakt mit den Menschen bleibe, die ich liebe. Ich habe mir selbst beigebracht, nachzudenken, abzuwägen und in einer sich ständig erneuernden Alchemie Harmonie zu erlangen. Wer weiß, wann Weisheit folgt?

Die eigentliche Lebensgeschichte eines jeden bleibt nahezu immer ein Rätsel, denn die vielen Schichten und Widersprüche bilden einen komplexen Kern, aus dem wir uns bei jeder neuen Erfahrung neu entfalten. Wir sind Wesen mit einem Unbewussten, Vorbewussten und Bewussten und ringen darum, uns selbst zu verstehen. Wir enthüllen das Geheimnis, das jeder Mensch in sich trägt und das jeder, der uns kennt, durch Gesten, Blicke, Facetten und Nuancen verschieden versteht. Doch jetzt möchte ich die Gründe, die zu diesem Buch geführt haben, genauer darlegen.

Von Kindesbeinen an war ich mir vieler Geistwesen bewusst, die ich sehen konnte, vor allem in dem Haus auf dem Land, wo alles seinen Anfang nahm. Vor nicht allzu langer Zeit erinnerte mich meine Schwester an eine solche Begebenheit: Ich hatte meiner Familie beschrieben, was und wen ich sah, und Mutter fragte: »Stören sie dich?«, worauf ich antwortete: »Nein, sie sind bloß merkwürdig.« Damals war ich etwa fünf Jahre alt. Meine Schwester Fiorenza war die einzige Zuhörerin, und wir führten lange Gespräche über das, was ich sah, und darüber, um wen es sich bei diesen Wesen wohl handelte. Darunter befand sich auch mein erster und geliebter Geistführer Adcem-Nut. Er ist bei mir, wo immer ich bin, und ich habe stets Kontakt zu ihm. Adcem-Nut hat mich allen Freunden vorgestellt, die in diesem Buch vorkommen.

Immer wieder werde ich gefragt, wie eine solche Kommunikation vor sich geht, angefangen bei meinem Schwager David. »Es ist wie ein normales Gespräch«, lautet die Antwort, und so erlebe ich es tatsächlich. Ich sehe meine Freunde, spüre sie und erkenne sie an ihrem Verhalten oder Humor, genauso, wie man Menschen erkennt. Manche, wie etwa Adcem-Nut, sind sehr komisch. Sie drücken sich ganz unterschiedlich aus. Kurz, sie sind wie wir alle, nur nimmt nicht jeder sie wahr. Ich bin über diese Beziehungen sehr glücklich und dankbar dafür und nehme mir regelmäßig Zeit für sie.

Meine Freunde beraten mich in vielen Lebenslagen und sind mir immer sehr zugetan, drängen sich aber nie auf. Ehe dieses Buch entstehen konnte, musste ich mich allerdings einem sehr harten Training unterziehen, um meine mediale oder übersinnliche Aufnahmefähigkeit zu entwickeln, die Aufnahmebereitschaft für neue Vorstellungen auszuweiten und um ohne raumzeitliche Begrenzungen leben zu lernen. Ich mache täglich eine Reihe von Übungen, um mich mit der kosmischen Energie zu verbinden und sie zur Stärkung meiner eigenen zu nutzen. Meine Freunde führen mich durch ihre Welt, und ich folge ihnen voller Vertrauen. Das soll nicht heißen, dass ich kein ganz normales Leben führe, ganz im Gegenteil. Ich habe mich bemüht, diese beiden Realitäten miteinander in Einklang zu bringen und kann durchaus gelassen damit umgehen. Ich habe viele positive, frohe, scharfsinnige Führer, die zu einem wesentlichen Bestandteil meines Alltags geworden sind, auch wenn ich sagen muss, dass sie während des Trainings unnachgiebige Lehrmeister waren. Viele Menschen haben mich angegriffen und die seltsamsten Schlüsse aus diesem Kontakt gezogen. Ich fliege nicht auf einem Besen herum. Ich bin durchaus fähig, zu kochen, zu waschen und zu bügeln, und bin nur dann unaufmerksam, wenn mich jemand wie eine Außerirdische behandelt.

Zu meinem Schutz haben mich »die Jungs«, wie wir sie liebevoll im Kreise derjenigen nennen, die über sie Bescheid wissen, mit einem großen elektromagnetischen Feld umgeben, das mich von negativen elektromagnetischen Strahlungen abschirmt und mir ermöglicht, ihre Mitteilungen ohne Schwierigkeiten zu empfangen. Dieses Magnetfeld hilft mir, sehr konzentriert zu sein und ihre Gedanken aufmerksam aufnehmen zu können, um sie dann auszuarbeiten. Meine Freunde übermitteln mir die Idee, mit der ich wie bei einem Studium weiterarbeite. Deswegen ist dieses Buch das Ergebnis einer so großen Anstrengung meinerseits. Ich habe sieben Jahre dafür gebraucht. Wenn ich schreibe, vertiefe ich mich und finde mich im Tempel wieder, in dem sich das Buch abspielt. Ich kann das Geschehen mit größter Sicherheit beschreiben. Wenn jemand reist, weiß er, was er sieht. Für mich ist es dasselbe. Ich durchlebe das Geschehen von Anfang bis Ende. Ich habe nur ein einziges Manuskript ohne Korrekturen von Hand niedergeschrieben. Meine Schwester Fiorenza hat es mit großer Hingabe redigiert und ins Englische übertragen.

Ich habe über 18 Jahre lang täglich mit Adcem-Nut kommuniziert. In anderen Leben war er Arzt, in einem noch nicht so lange vergangenen Neurologe. Ich weiß nicht viel mehr darüber, weil meine Führer nicht gerne über vergangene Leben berichten, wenn es nicht erforderlich ist, und auch dann nur vage. In all den Jahren vor dem Schreiben dieses Buches habe ich mit Hilfe von Adcem-Nut Krankheiten diagnostiziert. Er hat sich kaum je geirrt und viele Leben gerettet. Inzwischen tut er es nur noch für einige wenige Freunde.

Ich sollte noch nachtragen, dass ich als Kind eine intensive Abneigung gegen alles hatte, was das alte Ägypten betraf. Das war eine so unverrückbare Tatsache, dass Adcem-Nut bei meiner ersten Begegnung mit ihm die Tatsache verschwieg, dass er ägyptischer Priester und Obermumifizierer gewesen war. Als ich einst als Kind einige Zeit in der Schweiz verbrachte, luden mich ein paar Freundinnen ein, mit ihnen die Mumien anzuschauen, die in einer Bibliothek in St. Gallen ausgestellt wurden. Ich schlug die Einladung kategorisch mit der Erklärung ab, ich wolle weder wissen, was Mumien seien, noch wolle ich das Thema weiter verfolgen. Sie kamen völlig begeistert und mit vielen Neuigkeiten über das Gesehene von diesem Ausflug zurück, aber ich wandte mich ab und floh. Es scheint, dass ich selbst ein ägyptischer Priester gewesen war, noch dazu einer, der mit dem Mumifizieren zu tun hatte, zwar nicht direkt als Einbalsamierer, sondern als Forscher auf dem Gebiet der Ingredienzen, die für diese vollendete Kunst erforderlich sind.

Ich glaube, dass wir nach dem Tod unsere Individualität und Essenz bewahren und die eigene Entwicklung in einer anderen Dimension anhand anderer Erfahrungen weiterführen. Es ist möglich, auf Erden durch Bewusstseinserweiterung Kontakt zu anderen Bewusstseins- und Energieebenen zu pflegen, was eine kosmische Kommunikation ermöglicht. Das bedeutet nicht, dass wir unsere Pflichten vernachlässigen oder nicht getreulich die Aufgaben erfüllen, die wir uns vor unserer Inkarnation auf dieser Erde selbst gestellt haben. Wir müssen herausfinden, welches unsere Berufung in diesem Leben ist, damit wir die Gelegenheiten zum Nutzen unserer Entwicklung nicht vergeuden.

Adcem-Nut hat mich zuerst mit Sumhat und dann mit fünf weiteren Freunden bekannt gemacht, die ebenfalls Priester im alten Ägypten waren, und jeder war Spezialist auf seinem Gebiet. Ich war von ihnen und ihrem Wissen sehr eingenommen und habe meine anfängliche Scheu überwunden, ihre Geschichte aufzuzeichnen und sie auf dieser Reise zu begleiten.

Die sieben Hohepriester sind nach einer so langen Zeit wiedergekommen, um über ihre Kultur zu berichten und uns eine andere Sichtweise unseres Erdenlebens sowie der Möglichkeiten des menschlichen Geistes anzubieten. Anhand dieser Eröffnungen möchten sie uns helfen, unsere geistigen und spirituellen Fähigkeiten zu erweitern. Meine ägyptischen Freunde fühlen sich uns nicht überlegen, sondern hegen nur den Wunsch, uns mit ihrem Rat zur Seite zu stehen und in einer schwierigen Phase unserer Evolution zu begleiten.

Das Buch hat die Form einer Wanderung durch einen wichtigen Tempel neben dem Pharaonenpalast angenommen. Es ist in sieben Tage aufgeteilt. Jeden Tag begleitet mich einer meiner ägyptischen Freunde. Sieben ist für die Ägypter die vollkommene Zahl. Die sieben Tage entsprechen ebenfalls den sieben Ka oder Schwingungen, die den Lebenshauch bilden. Meine Führer übermitteln uns ihr Wissen aus dem goldenen Zeitalter Ägyptens vor der Einführung des Monotheismus. Die alten Ägypter waren sich wohl bewusst, dass ihre Kultur ein Ende haben würde, und verschiedene Entwicklungsstadien waren erforderlich, bevor das ägyptische Denken wieder zutage treten konnte.

Das Buch trägt den Titel »Die sieben Skorpione der Isis« und ist – neben meinem Vater – auch Isis gewidmet. Sie ist die große Magierin, Göttin des Wissens und der Wissenschaften. Die sieben Skorpione sind ihre Priester, die durch unsichtbare telepathische Bande mit ihr verbunden sind. Sie sind die Eingeweihten, die Hüter und Übermittler ihres Wissens.

Die Welt ist ein unerwarteter Ort voll Überraschungen. Sogar die unangenehmen darunter können zu etwas Positivem führen, wenn man sie von ihrer guten Seite betrachtet. Sterben ist ein Übergang, und was von uns bleibt, ist eine

Erinnerung. Aus meinem Leben ersehe ich, dass ich mich keiner Routine beuge. Ich lebe es in vollen Zügen und mit täglich neuer Begeisterung, auch wenn ich einen hohen Preis dafür zahlen muss. Eintönige Wiederholungen – nicht als Ritus, sondern aus Trägheit –, körperliches und seelisches Aufgeben, unbewusst sein: Das alles könnte man wohl Sterben nennen. Deshalb mache ich mich jeden Tag von neuem daran – zwar inzwischen mit etwas mehr Vorsicht und gelassener Akzeptanz –, mich auf der Suche nach »Weisheit« zu vervollkommnen.

Fiorenzas Anmerkung

Rückblickend erkennen wir meist den Schicksalsfaden in den kleinen Gegebenheiten und Ereignissen des eigenen Lebens oder im Leben der uns am nächsten stehenden Menschen. Ich bin meiner Schwester Livia von jeher sehr verbunden und habe mich, obwohl sie nur zwei Jahre jünger ist als ich, stets für sie verantwortlich gefühlt. Ich liebe sie seit den ersten Tagen ihres Lebens.

Als sie etwa zwei Jahre alt war, zogen meine Eltern in ein Haus am Meer. In jenem Sommer fand Livia eines Tages mehrere Skorpione unter einem Stein. Ich erschrak unwillkürlich und ging Vater holen, doch als wir zurückkamen, spielte sie fröhlich mit ihnen. Ganz offensichtlich fasziniert hielt sie die Skorpione mit ihren kleinen Händen wie in einem Schraubstock umklammert. Doch sie taten ihr nicht das geringste Leid an.

Livia war ein außergewöhnliches und begabtes Kind. Schon sehr früh machte sich eine beachtliche handwerkliche Begabung bei ihr bemerkbar, die mit einer unbändigen Kreativität und Konzentrationsfähigkeit bei der Arbeit einherging. Darin hat sie sich nicht verändert, nur ist sie auf dem harten Weg, den ihr das Leben vorbehielt, gereift.

Ich bin stolz und glücklich, dass ich ihr bei unserem »ägyptischen Abenteuer«, wie wir es nennen, helfen konnte. Ich liebe und bewundere unsere sieben ägyptischen Freunde, die für uns wie Familienmitglieder sind, und danke ihnen und Livia, dass sie mich an diesem Projekt haben teilhaben lassen. Außerdem möchte ich auch meinem Mann David danken, der den Weg mit uns gegangen ist und uns auf dieser Seite unterstützt hat.

Personenregister

Adcem-Nut	Hohepriester, Obermumifizierer und Magier
Amaïtis	Priesterin, Krankenschwester
Aneroferut	Künstler und Kunsthandwerker
Anuphti	Wichtige Priesterin
Arafut	Priester, Gärtner in der »Pfingstrosenlegende«
Atnephorep	Alter Priester
Betonthep	Großpriester, der das Mysterium der Isis offenbart
Chnaaru	Sumhats Schwester
Djevre	Tehephrons Assistent, Narkosearzt, Kräuterkundiger und Gärtner
HaiKai	Mehervnuts kleine Eule
Harakmunt	Schüler Kaharbnams
Harmon	Schüler Mehervnuts
Horus	Gott, Isis' Sohn; Osiris regeneriert sich als Horus
Isis	Göttin, Schwestergemahlin Osiris', Horus' Mutter

Iti	Junges Mädchen, Schwester Rhampus und Tochter Sanusits
Ka	Der Lebenshauch sowie die sieben Schwingungen des Lebenshauchs
Kaharbnam	Hohepriester, Astronom und Physiker
Kousphre	Priesterin
Mehervnut	Hohepriester, Wasserbauingenieur und Agronom
Metnophem	Sumhats Schwester
Nebdukhem	Hohepriester, Architekt, Städteplaner, Denkmalentwerfer und Ästhet
Nephutis	Priester, Physiker und Freund Betontheps
Nut	Himmelsgöttin, Mutter von Isis und Osiris
Nobthpe	Schüler Kaharbnams
Omisete	Alter Priester
Opceft	Junge Priesterin, Schülerin des Schmuck- und Objektherstellers Nebdukhem
Osiris	Brudergemahl und Sohn der Isis, der sich durch sie als Horus regeneriert
Rhampu	Sanusits Sohn und Itis Bruder
Sahanktepet	Sumhats Schwester
Sanusit	Mutter von Rhampu und Iti, Schwester des Pharaos
Sehevdukhar	Junger Schüler

Seth	Bruder von Isis und Osiris, der Osiris tötet und zerstückelt
Sitis	Priesterin
Stohor	Priester und Lehrer der jungen Schüler
Sumhat	Hohepriester, Pharmakologe und Naturheilkundiger, Bruder von Chnaaru, Metnophem und Sahanktepet
Tehephron	Hohepriester, Chirurg, Zahnarzt und Physiker
Tigitphe	Freund Anuphtis
Tiyafnye	Junges Mädchen
Udak	Schüler Betontheps
Uznupher	Obergärtner Sumhats
Wedjat (Udjat)	Auge des Horus
Vitniti	Prinzessin in der »Pfingstrosenlegende«

Die sieben Ka
oder die sieben Atemzüge
des Geistes

1. Öffne deinen Geist durch Abbauen der Schranken von Raum und Zeit.
2. Verbinde dich mit dem kosmischen Geist.
3. Nutze den Einklang der göttlichen Übermittlung.
4. Empfange die Botschaft, die dir weiterhilft, dich intelligent zu entfalten.
5. Reinige dich vom Unrat, der dich an irdische Nichtigkeiten fesselt.
6. Lege deine festgefahrenen Denkmuster ab und erneuere deine Sichtweise.
7. Werde ein emporstrebendes Wesen mit Weitblick und Liebe dir und anderen gegenüber.

Das aktuelle Standardwerk von
Deutschlands Tarot-Spezialisten Nr. 1

Hajo Banzhaf
Das Tarotbuch
ISBN 3-442-33646-5
208 Seiten, vierfarbig, gebunden

ARKANA
GOLDMANN